Die Mitbestimmung des Betriebsrats bei der Änderungskündigung zur innerbetrieblichen Versetzung

Europäische Hochschulschriften

Publications Universitaires Européennes
European University Studies

Reihe II
Rechtswissenschaft

Série II Series II
Droit
Law

Bd./Vol. 4607

PETER LANG
Frankfurt am Main · Berlin · Bern · Bruxelles · New York · Oxford · Wien

Elke Müller

Die Mitbestimmung des Betriebsrats bei der Änderungskündigung zur innerbetrieblichen Versetzung

PETER LANG
Internationaler Verlag der Wissenschaften

Bibliografische Information der Deutschen Nationalbibliothek
Die Deutsche Nationalbibliothek verzeichnet diese Publikation in der Deutschen Nationalbibliografie; detaillierte bibliografische Daten sind im Internet über <http://www.d-nb.de> abrufbar.

Zugl.: Marburg, Univ., Diss., 2007

D 4
ISSN 0531-7312
ISBN 978-3-631-56646-6

www.peterlang.de

Vorwort

Die vorliegende Arbeit ist im Wintersemester 2006/2007 vom Fachbereich Rechtswissenschaften der Philipps-Universität Marburg als Dissertation angenommen worden. Sie entstand parallel zu meiner Tätigkeit als wissenschaftliche Mitarbeiterin in einer international tätigen Wirtschaftskanzlei in Frankfurt am Main.

Ich danke meinem Doktorvater Herrn Prof. Dr. Winfried Mummenhoff für die Betreuung und Begutachtung der Arbeit sowie Herrn Prof. Dr. Ralph Backhaus für die Erstellung des Zweitgutachtens.

Ilka Heinemeyer, Silke Berghoff, Martina August und Claudia Bopp danke ich für ihre Diskussionsbereitschaft und ihre hilfreichen Anregungen von den ersten Anfängen des Promotionsvorhabens bis zur Fertigstellung des Manuskripts.

Mein ganz besonderer Dank gilt Andreas Hagenbring, der mich während meines Studiums und der Promotion stets unterstützt und motiviert hat und der in dieser Zeit auf viele Stunden gemeinsamer Freizeit verzichten musste, sowie meinen Eltern Christel und Lothar Müller, die mir mein Studium ermöglicht haben.

Marburg, im Juni 2007 — Elke Müller

Inhaltsverzeichnis

Abkürzungsverzeichnis

a.A.	anderer Ansicht
abl.	ablehnend
Abs.	Absatz
AiB	Arbeitsrecht im Betrieb (Zeitschrift)
Anm.	Anmerkung
AP	Arbeitsrechtliche Praxis – Nachschlagewerk des Bundesarbeitsgerichts
ArbG	Arbeitsgericht
ArbGG	Arbeitsgerichtsgesetz
AR-Blattei	Arbeitsrechts-Blattei
Art.	Artikel
AuA	Arbeit und Arbeitsrecht (Zeitschrift)
Aufl.	Auflage
AuR	Arbeit und Recht (Zeitschrift)
BAG	Bundesarbeitsgericht
BAGE	Entscheidungen des Bundesarbeitsgerichts - Amtliche Sammlung
BAT	Bundesangestelltentarifvertrag
BayObLG	Bayerisches Oberstes Landesgericht
BB	Betriebs-Berater (Zeitschrift)
bearb.	bearbeitet
Begr.	Begründer
BetrVG	Betriebsverfassungsgesetz
BGB	Bürgerliches Gesetzbuch
BGBl.	Bundesgesetzblatt
Bl.	Blatt
BPersVG	Bundespersonalvertretungsgesetz
BT-Drcks.	Bundestags-Drucksache

DB	Der Betrieb (Zeitschrift)
ders.	derselbe
dies.	dieselbe
DStR	Deutsches Steuerrecht (Zeitschrift)
etc.	et cetera
EWiR	Entscheidungen zum Wirtschaftsrecht (Zeitschrift)
EzA	Entscheidungssammlung zum Arbeitsrecht
f./ff.	folgend(e)
Festschr.	Festschrift
GG	Grundgesetz
GK	Gemeinschaftskommentar
GS	Großer Senat
h.M.	herrschende Meinung
Hrsg.	Herausgeber
Hs.	Halbsatz
i.E.	im Ergebnis
JArbSchG	Jugendarbeitsschutzgesetz
JuS	Juristische Schulung (Zeitschrift)
JZ	Juristenzeitung (Zeitschrift)
krit.	kritisch
KSchG	Kündigungsschutzgesetz
LAG	Landesarbeitsgericht (mit Ortsnamen)
LAGE	Entscheidungen der Landesarbeitsgerichte (Sammlung)
m.	mit
m.w.N.	mit weiteren Nachweisen
MDR	Monatsschrift für Deutsches Recht
MuSchG	Mutterschutzgesetz
NJW	Neue Juristische Wochenschrift (Zeitschrift)

NJW-RR	NJW-Rechtsprechungsreport (Zeitschrift)
Nr.	Nummer
Nrn.	Nummern
NZA	Neue Zeitschrift für Arbeitsrecht
NZA-RR	NZA-Rechtsprechungsreport (Zeitschrift)
OLG	Oberlandesgericht (mit Ortsnamen)
R	Rückseite
RdA	Recht der Arbeit (Zeitschrift)
RG	Reichsgericht
Rn.	Randnummer
S.	Satz / Seite
SAE	Sammlung Arbeitsrechtlicher Entscheidungen (Zeitschrift)
SchwerBeschG	Schwerbeschädigtengesetz
SGB	Sozialgesetzbuch
st. Rspr.	ständige Rechtsprechung
TVG	Tarifvertragsgesetz
u.a.	unter anderem / und andere
vgl.	vergleiche
ZfA	Zeitschrift für Arbeitsrecht
ZIP	Zeitschrift für Wirtschaftsrecht und Insolvenzpraxis
zit.	zitiert
ZPO	Zivilprozessordnung
ZTR	Zeitschrift für Tarifrecht
zust.	zustimmend

A. Einleitung

I. Problemstellung

Der Inhalt eines Arbeitsverhältnisses wird im Rahmen der gesetzlichen Regelungen bestimmt durch den Arbeitsvertrag auf der einen Seite sowie kollektive Regelungen und Maßnahmen auf der anderen Seite. Im Arbeitsverhältnis ist daher zwischen einer individualrechtlichen und einer kollektivrechtlichen Ebene zu unterscheiden. Kommen diese beiden Ebenen in Bezug auf einen zu regelnden Punkt zu verschiedenen Ergebnissen, muss der dadurch entstehende Konflikt aufgelöst werden, damit eine klare Rechtslage für die Arbeitsvertragsparteien besteht.

Probleme im Zusammenhang mit der Existenz dieser beiden Ebenen im Arbeitsverhältnis tauchen dann auf, wenn durch eine bestimmte Maßnahme beide Ebenen gleichzeitig berührt werden. Dies ist insbesondere dann der Fall, wenn der Arbeitgeber auf der individualrechtlichen Ebene eine Änderungskündigung ausspricht, um eine Änderung der Arbeitsbedingungen herbeizuführen, und er dabei auf der kollektivrechtlichen Ebene Beteiligungsrechte des Betriebsrats beachten muss, weil die Änderung dieser Arbeitsbedingungen eine personelle Einzelmaßnahme im Sinne von § 99 Abs. 1 BetrVG darstellt oder eine soziale Angelegenheit im Sinne von § 87 Abs. 1 BetrVG betrifft. Bei einer Änderungskündigung kann es somit zu Konflikten an der Schnittstelle zwischen individuellem und kollektivem Arbeitsrecht kommen. Die Probleme, die bei einer Änderungskündigung aus dem Zusammenspiel zwischen individualrechtlicher und kollektivrechtlicher Ebene entstehen, sollen in der vorliegenden Arbeit näher beleuchtet werden.

Bei der arbeitgeberseitigen Änderungskündigung gemäß § 2 KSchG handelt es sich um ein individualrechtliches Instrument zur Änderung der Arbeitsbedingungen. Die Änderungskündigung besteht aus einer Kündigung und einem im Zusammenhang mit der Kündigung abgegebenen Änderungsangebot. Neben der Annahme und der Ablehnung des Änderungsangebots eröffnet § 2 KSchG dem Arbeitnehmer die Möglichkeit, das Angebot unter dem Vorbehalt der sozialen Rechtfertigung anzunehmen. Durch die Vorbehaltsannahme kommt ein zunächst vorläufig wirksamer Änderungsvertrag zustande. Die soziale Rechtfertigung der Änderungskündigung kann der betroffene Arbeitnehmer im Wege einer Änderungsschutzklage gemäß § 4 S. 2 KSchG überprüfen lassen.

Betriebsverfassungsrechtlich knüpft primär nur § 102 BetrVG an die Änderungskündigung an. Danach muss der Betriebsrat vor jeder Kündigung, also auch vor jeder Änderungskündigung, angehört werden. In bestimmten Fällen können Änderungskündigungen aber auch die Voraussetzungen anderer Beteiligungsvorschriften des Betriebsverfassungsgesetzes erfüllen. So liegt zum Beispiel bei einer Änderungskündigung zur Versetzung oder Umgruppierung eine personelle Einzelmaßnahme im Sinne von § 99 Abs. 1 BetrVG vor, eine Änderungskündigung zur Änderung der Lage der Arbeitszeit kann den Mitbestimmungstatbestand des § 87 Abs. 1 Nr. 2 BetrVG erfüllen. Verwirklicht eine Änderungskündigung außer § 102 BetrVG noch andere Mitbestimmungstatbestände, führt dies nach herrschender Meinung zu einer Verdoppelung der Beteiligungsrechte des Betriebsrats, weil keiner der Mitbestimmungstatbestände als vorrangig angesehen wird.[1]

Missachtet der Arbeitgeber ein Beteiligungsrecht, kommen zunächst betriebsverfassungsrechtliche Sanktionen in Betracht, beispielsweise bei personellen Einzelmaßnahmen die §§ 101, 23 Abs. 3 BetrVG.[2] Im Zentrum der hier angestellten Betrachtungen stehen demgegenüber die individualrechtlichen Auswirkungen der Missachtung eines Beteiligungsrechts des Betriebsrats auf die Änderungskündigung als individualrechtliche Maßnahme. In verschiedenen Urteilen hat sich der 2. Senat des Bundesarbeitsgerichts bereits zu der Änderungskündigung ohne vorherige Beteiligung des Betriebsrats gemäß §§ 87, 99 BetrVG geäußert.[3] Die vorliegende Arbeit setzt sich mit dem vom Bundesarbeitsgericht vertretenen Lösungsweg auseinander.

In einem Urteil vom 30.9.1993 hatte der 2. Senat über eine Änderungskündigung zur Versetzung und Umgruppierung zu entscheiden.[4] Im zugrunde liegenden Fall sollte der Betriebskontrolleur einer Brauerei in Zukunft nur noch als Probenholer beschäftigt werden. Der Arbeitgeber sprach zu diesem Zweck eine Änderungskündigung zur Versetzung und Umgruppierung aus. Neben einer Anhörung des Betriebsrats gemäß § 102 BetrVG war somit die Unterrichtung des Betriebsrats sowie die Einholung seiner Zustimmung gemäß § 99 Abs. 1 BetrVG erforderlich. Der Arbeitgeber hatte den Betriebsrat zwar gemäß § 102 Abs. 1 BetrVG angehört, die Zustimmung des Betriebsrats zu der Versetzung und Umgruppierung aber vor dem Ausspruch der Änderungskündigung weder eingeholt noch gemäß § 99 Abs. 4 BetrVG ersetzen lassen.

---

1 ErfK/*Ascheid/Oetker*, § 2 KSchG Rn. 24, 24a, 29; APS/*Künzl*, § 2 KSchG Rn. 139; KR-*Rost*, § 2 KSchG Rn. 125-127.

2 BAGE 57, 242 (253) = EzA § 99 BetrVG 1972 Nr. 58, S. 12 m. Anm. *Christoph Weber*; *Raab*, ZfA 1995, 479 (482).

3 Urteil des 2. Senats zu § 99 BetrVG vom 30.9.1993, BAGE 74, 291 ff.; Urteil des 2. Senats zu § 87 BetrVG vom 17.6.1998, BAGE 89, 149 ff.

4 BAGE 74, 291 ff. = AR-Blattei ES 1700 Nr. 21 m. Anm. *von Hoyningen-Huene* = EzA § 99 BetrVG 1972 Nr. 118 m. Anm. *Kania* = AiB 1994, 424 m. Anm. *Silberberger* = SAE 1995, 360 ff. m. Anm. *Waltermann* = AP Nr. 33 zu § 2 KSchG 1969 m. Anm. *Wlotzke*.

Eine Änderungskündigung zur Umgruppierung ist dogmatisch wenig interessant, weil § 99 Abs. 1 BetrVG in diesem Fall kein Mitgestaltungsrecht, sondern lediglich ein Mitbeurteilungsrecht des Betriebsrats begründet und seine Verletzung daher keine individualrechtlichen Rechtsfolgen zeitigt.[5] Es stellt sich allerdings die Frage, wie sich die fehlende Zustimmung des Betriebsrats zu einer Versetzung auf eine zugrunde liegende Änderungskündigung auswirkt.

Das Bundesarbeitsgericht geht in seiner Rechtsprechung bei der Verletzung von Beteiligungsrechten des Betriebsrats grundsätzlich von der Theorie der Wirksamkeitsvoraussetzung aus.[6] Nach dieser Theorie, die auch Theorie der notwendigen Mitbestimmung genannt wird, ist eine ohne die erforderliche Beteiligung des Betriebsrats durch den Arbeitgeber getroffene Maßnahme grundsätzlich unwirksam. Der 2. Senat hält diese Theorie, die zunächst für die Beteiligung des Betriebsrats gemäß § 87 Abs. 1 BetrVG entwickelt wurde, in seiner Entscheidung vom 30.9.1993 auch auf die Fälle des § 99 Abs. 1 BetrVG für anwendbar. Demnach wäre die im vorliegenden Fall ausgesprochene Änderungskündigung unwirksam, weil sie ohne die Zustimmung des Betriebsrats gemäß § 99 Abs. 1 BetrVG ausgesprochen wurde.

Der 2. Senat kommt allerdings zu einem anderen Ergebnis. Mitbestimmungspflichtige Maßnahme im Sinne der Theorie der Wirksamkeitsvoraussetzung sei nicht die Änderungskündigung selbst, sondern die Zuweisung des neuen Ar-

---

5 BAGE 42, 121 (126) = BAG AP Nr. 6 zu § 101 BetrVG 1972 Bl. 3 m. zust. Anm. *Löwisch*; BAGE 57, 242 (255); 74, 291 (306); *Boewer*, RdA 1974, 72 (77 f.); *Dütz*, AuR 1993, 33 (37 f.); *Galperin/Löwisch*, BetrVG, § 99 Rn. 122; *von Hoyningen-Huene*, RdA 1982, 205 (213 f.); *Kraft/Raab*, GK-BetrVG, § 99 Rn. 128; *Matthes*, DB 1975, 1651 (1653 f.); *Veit*, RdA 1990, 325 (330 f.).

6 Diese Sichtweise hatte sich schon zu § 56 BetrVG 1952 durchgesetzt und wird bis heute von der Rechtsprechung vertreten: BAG AP Nr. 1 zu § 56 BetrVG 1952 Bl. 3; BAGE 3, 207 (212); BAGE 34, 331 (354); BAGE 38, 365 (370); BAGE 58, 156 (165); BAG AP Nr. 4 zu § 87 BetrVG 1972 – Lohngestaltung Bl. 3; BAGE (GS) 69, 134 (144); BAG AP Nr. 50 zu § 87 BetrVG 1972 – Lohngestaltung Bl. 3 ff.; zust. *Gutzeit*, AR-Blattei SD 530.14.2 Rn. 77 ff.; *Miersch*, Rechtsfolgen, S. 111, 154; *Wiese*, GK-BetrVG, § 87 Rn. 98 ff.; *ders.*, Festschr. Kraft, 1998, S. 683 (686); nach der von *Dietz* begründeten Theorie der erzwingbaren Mitbestimmung kann der Arbeitgeber dagegen so lange alleine verfahren, bis der Betriebsrat eine mitbestimmte Regelung verlangt. Der Betriebsrat hat somit lediglich einen Anspruch auf eine gemeinsame Regelung der in § 87 Abs. 1 BetrVG genannten sozialen Angelegenheiten, vgl. *Dietz*, BetrVG, 4. Aufl., § 56 Rn. 7 ff.; *ders.*, Festschr. Nipperdey, 1955, S. 147 (159); *ders.*, Probleme des Mitbestimmungsrechts, S. 7 ff., 23; ähnlich Richardi/*Richardi*, BetrVG, § 87 Rn. 104 ff.; *ders.*, Festgabe von Lübtow, 1970, S. 755 (759 ff.); *ders.*, RdA 1983, 278 (282 ff.); sowie *Worzalla*, in: HSWG, § 87 Rn. 80 ff., 91; *Hromadka*, DB 1991, 2133 (2134 f.); *Leinemann*, BB 1989, 1905 (1907 f.); differenzierend nach der Schutzrichtung der einzelnen Tatbestände des § 87 BetrVG: *Hurlebaus*, Mitbestimmung, S. 55 ff., 83 ff.

beitsbereichs als Versetzung im Sinne von § 95 Abs. 3 BetrVG. Daher sei die Kündigung wirksam. Aufgrund der fehlenden Zustimmung des Betriebsrats sei der Arbeitgeber jedoch daran gehindert, dem Arbeitnehmer tatsächlich die neue Tätigkeit zuzuweisen. Bis zu der nachträglichen Erteilung der Zustimmung durch den Betriebsrat oder der Ersetzung der Zustimmung gemäß § 99 Abs. 4 BetrVG durch das Arbeitsgericht müsse der Arbeitnehmer daher zu den alten Arbeitsbedingungen weiter beschäftigt werden.

In dogmatischer Hinsicht stellt sich vor allem die Frage, auf welcher Grundlage eine Beschäftigung zu den alten Arbeitsbedingungen bis zur endgültigen Klärung der Rechtslage im Änderungsschutzverfahren und im Zustimmungsersetzungsverfahren erfolgen soll. Ein Rückgriff auf den alten Arbeitsvertrag erscheint ausgeschlossen, wenn der Arbeitnehmer das Änderungsangebot unter dem Vorbehalt der sozialen Rechtfertigung angenommen hat und infolgedessen die Änderungsvereinbarung vorläufig wirksam zustande gekommen ist. Als Folgeproblem ist zu klären, in welcher Höhe ein Vergütungsanspruch des Arbeitnehmers besteht, solange das Änderungsschutzverfahren und das Zustimmungsersetzungsverfahren noch nicht abgeschlossen sind.

Fraglich ist zudem, ob die dargestellte Rechtsprechung des 2. Senats des Bundesarbeitsgerichts noch mit der Theorie der Wirksamkeitsvoraussetzung übereinstimmt, derzufolge eine unter Missachtung des Mitbestimmungsrechts des Betriebsrats getroffene Maßnahme des Arbeitgebers unwirksam ist.[7] Der 2. Senat betont zwar, dass an der Theorie der Wirksamkeitsvoraussetzung festzuhalten sei, bejaht aber trotz der fehlenden vorherigen Beteiligung des Betriebsrats die Wirksamkeit der Änderungskündigung. Stattdessen verneint der 2. Senat die tatsächliche Durchsetzbarkeit der individualrechtlich veränderten Arbeitsbedingungen. Diese umständlichen Bemühungen des 2. Senats, die Theorie der Wirksamkeitsvoraussetzung anzuwenden, lassen Zweifel an der Richtigkeit der Verkoppelung von individualrechtlicher und kollektivrechtlicher Ebene, wie sie durch die Theorie der Wirksamkeitsvoraussetzung bewirkt wird, aufkommen.[8] Weiter erscheint problematisch, ob die Theorie der Wirksamkeitsvoraussetzung auf diese Fälle überhaupt anwendbar ist.

Ziel der Arbeit ist es zunächst, der Frage nachzugehen, ob die fehlende vorherige Beteiligung des Betriebsrats gemäß § 99 Abs. 1 BetrVG die Wirksamkeit einer entsprechenden Änderungskündigung beeinflusst. Sodann soll ein Weg für die Beschäftigung und Vergütung des Arbeitnehmers nach Ausspruch einer

---

7 Vgl. *H. Hanau*, Anm. zu BAG 2 AZR 336/98, AP Nr. 49 zu § 2 KSchG 1969 Bl. 11; DKK-*Klebe*, BetrVG, § 87 Rn. 5; KR-*Rost*, § 2 KSchG Rn. 145; *Wolter*, RdA 2006, 137 (140).

8 Vgl. KR-*Rost*, § 2 KSchG Rn. 145b.

Änderungskündigung bis zur endgültigen Klärung der Rechtslage entwickelt werden. Hierzu kommen einerseits Ansätze auf rechtsgeschäftlicher Ebene in Betracht, andererseits kann eine Auslegung des § 2 KSchG nach seiner *ratio legis* zu Rate gezogen werden.

Das Urteil des 2. Senats vom 30.9.1993 gibt somit Anlass dazu, die Lösung über die Theorie der Wirksamkeitsvoraussetzung noch einmal zu überdenken und nach alternativen Lösungsmöglichkeiten zu suchen. Die vorliegende Arbeit soll sich dabei auf den Fall der ordentlichen Änderungskündigung zur innerbetrieblichen Versetzung beschränken.

II. Gang der Untersuchung

Zur Einführung in die aufgeworfene Problematik werden die Struktur der ordentlichen Änderungskündigung sowie die Reaktionsmöglichkeiten des Arbeitnehmers aufgezeigt,[9] weil sich aus den Besonderheiten des Rechtsinstituts der Änderungskündigung spezielle Folgeprobleme ergeben. Sodann werden allgemeine Probleme aus dem Bereich der Mitbestimmungsrechte des Betriebsrats erörtert. Zunächst ist dabei das Verhältnis der einzelnen Mitbestimmungstatbestände zueinander zu klären.[10] Anschließend ist der Frage nachzugehen, zu welchem Zeitpunkt der Arbeitgeber den Betriebsrat jeweils beteiligen muss.[11]

Im Anschluss daran wird auf die Auswirkungen der Verletzung der verschiedenen Beteiligungsrechte auf die Änderungskündigung eingegangen. Als erstes wird dabei der vergleichsweise unproblematische Fall der Missachtung des Anhörungserfordernisses aus § 102 BetrVG dargestellt.[12] Dabei wird zwischen den aus § 102 Abs. 1 S. 3 BetrVG resultierenden Rechtsfolgen bezüglich des Kündigungselements und des Angebotselements der Änderungskündigung unterschieden.

Im Hauptteil der Arbeit wird auf die Auswirkungen der fehlenden vorherigen Beteiligung des Betriebsrats gemäß § 99 Abs. 1 BetrVG auf die Änderungskündigung zur Versetzung eingegangen.[13] Dabei muss zunächst differenziert werden zwischen den Auswirkungen auf der kollektivrechtlichen[14] und der individualrechtlichen[15] Ebene. Bezüglich der individualrechtlichen Ebene muss dann wiederum unterschieden werden zwischen den Auswirkungen auf das Ände-

---

9 Siehe B., S. 7 ff.
10 Siehe C.I., S. 21 ff.
11 Siehe C.II., S. 24 ff.
12 Siehe D., S. 27 ff.
13 Siehe E., S. 35 ff.
14 Siehe E.II.1, S. 40 ff.
15 Siehe E.II.2, S. 45 ff.

rungsangebot[16] einerseits und das Kündigungselement[17] andererseits. Ziel dieser Untersuchungen ist es zu klären, ob der Aussage des 2. Senats in seinem Urteil vom 30.9.1993 gefolgt werden kann, dass die Änderungskündigung trotz fehlender vorheriger Zustimmung des Betriebsrats gemäß § 99 Abs. 1 BetrVG wirksam ist.

Anschließend wird erörtert, ob der Arbeitnehmer nach Ausspruch der Änderungskündigung aber vor Erteilung beziehungsweise Ersetzung der Zustimmung auf dem alten oder dem neuen Arbeitsplatz weiter zu beschäftigen ist. Wie noch zu zeigen ist, ergibt sich in kollektivrechtlicher Hinsicht ein Beschäftigungsverbot zu den neuen Arbeitsbedingungen, solange die Zustimmung des Betriebsrats zur Versetzung nicht vorliegt.[18] Es muss daher eine Rechtsgrundlage für die Beschäftigung des Arbeitnehmers während dieses Schwebezustands gefunden werden.[19] Als Folgeproblem ist zu klären, wonach sich der Entgeltanspruch des Arbeitnehmers während dieser Zeit richtet.[20]

Weiter muss untersucht werden, wie eine individualrechtlich wirksame Änderungskündigung rückgängig gemacht werden kann, wenn der Arbeitgeber im Zustimmungsersetzungsverfahren gemäß § 99 Abs. 4 BetrVG unterliegt und deshalb zur Beschäftigung des Arbeitnehmers zu den neuen Arbeitsbedingungen betriebsverfassungsrechtlich endgültig nicht berechtigt ist.[21] Zudem ist darauf einzugehen, ob das Änderungsschutzverfahren bis zum Abschluss des Zustimmungsersetzungsverfahrens auszusetzen ist.[22] In Betracht kommt diesbezüglich eine analoge Anwendung von § 148 ZPO.

---

16 Siehe E.II.2.a), S. 49 ff.
17 Siehe E.II.2.b), S. 54 ff.
18 Siehe E.II.1, S. 40 ff.
19 Siehe E.II.3.a), S. 66 ff.
20 Siehe E.II.3.b), S. 102 ff.
21 Siehe E.III., S. 106 ff.
22 Siehe E.IV., S. 121 ff.

B. Die Struktur der Änderungskündigung

Die Änderungskündigung weist strukturelle Unterschiede zur Beendigungskündigung auf. Diese Unterschiede kommen als Ursache der aufgezeigten Probleme in Betracht. Daher sind zunächst die Besonderheiten der Änderungskündigung zu analysieren.

Nach der Legaldefinition des § 2 S. 1 KSchG liegt eine Änderungskündigung vor, wenn der Arbeitgeber das Arbeitsverhältnis kündigt und dem Arbeitnehmer im Zusammenhang mit der Kündigung die Fortsetzung des Arbeitsverhältnisses zu geänderten Arbeitsbedingungen anbietet. Es handelt sich somit bei der Änderungskündigung um ein aus zwei Willenserklärungen zusammengesetztes Rechtsgeschäft.[23] Die Änderungskündigung hat eine dichotome Natur.[24] Da es sich bei der Kündigung und dem Änderungsangebot um zwei grundsätzlich selbständige Willenserklärungen handelt, muss hier zunächst näher auf diese beiden Elemente der Änderungskündigung eingegangen werden. Des weiteren führt die Zweigliedrigkeit dazu, dass im Folgenden bei der Erörterung der Rechtsfolgen der fehlenden Mitbestimmung des Betriebsrats gemäß § 102 BetrVG beziehungsweise § 99 BetrVG zwischen den Auswirkungen auf das Kündigungselement und den Auswirkungen auf das Angebotselement zu unterscheiden ist.

Die Änderungskündigung kann zulässigerweise auch als außerordentliche Kündigung gemäß § 626 BGB ausgesprochen werden.[25] Die vorliegende Arbeit soll sich jedoch auf die Untersuchung der ordentlichen Änderungskündigung beschränken.

Hervorzuheben sind weiter die verschiedenen Reaktionsmöglichkeiten des Arbeitnehmers auf die Änderungskündigung. Lehnt der Arbeitnehmer das Änderungsangebot ab, kommt eine Durchführung der damit einhergehenden betriebsverfassungsrechtlichen Maßnahme ohnehin nicht mehr in Betracht, so dass es auf die ordnungsgemäße Durchführung des Beteiligungsverfahrens

---

23 BAGE 91, 22 (27); BAG EzA § 620 BGB Nr. 3 – Kündigung S. 6; *Bröhl*, BB 2007, 437 (440); *Galperin*, DB 1958, 799 (800); *Hohmeister*, BB 1994, 1777 (1778); Stahlhacke/*Preis* Rn. 1258; *Schaub*, RdA 1970, 230 (231); sog. Trennungstheorie, vgl. MünchArbR/*Berkowsky* § 145 Rn. 31.

24 *Henssler*, Anm. zu BAG 2 AZR 336/97, SAE 2000, 247.

25 BAGE 80, 185 (189 f.) = BAG EzA § 15 KSchG 1969 Nr. 43, S. 4 f. m. Anm. *Bernstein*; LAG Köln LAGE § 2 KSchG Nr. 10 S. 4; *Adomeit*, DB 1969, 2179; ErfK/*Ascheid/Oetker*, § 2 KSchG Rn. 6; *von Hoyningen-Huene/Linck*, KSchG, § 2 Rn. 15; *Schwerdtner*, Festschr. 25 Jahre BAG, 1979, S. 555 (558).

gemäß § 99 BetrVG nicht mehr ankommt.[26] Nimmt der Arbeitnehmer das Änderungsangebot vorbehaltlos an, findet eine Überprüfung der Änderungskündigung im Wege der Änderungsschutzklage gemäß § 4 S. 2 KSchG nicht statt. Probleme treten dagegen vor allem dann auf, wenn der Arbeitnehmer das Änderungsangebot unter dem Vorbehalt der sozialen Rechtfertigung gemäß § 2 S. 1 KSchG angenommen hat und im Rahmen des Änderungsschutzverfahrens deshalb die Frage geklärt werden muss, ob die fehlende Beteiligung des Betriebsrats sich auf die Wirksamkeit der Änderungskündigung auswirkt.

I. Das Kündigungselement

1. Bedingter oder unbedingter Ausspruch der Kündigung

Nach dem Wortlaut des § 2 S. 1 KSchG muss der Arbeitgeber dem Arbeitnehmer eine Kündigung aussprechen und ihm im Zusammenhang mit der Kündigung die Fortsetzung des Arbeitsverhältnisses zu geänderten Bedingungen anbieten. Dieser Wortlaut spricht dafür, dass der Arbeitgeber die Kündigung unbedingt ausspricht und daneben die Fortsetzung des Arbeitsverhältnisses zu geänderten Arbeitsbedingungen anbietet.[27] Allgemein anerkannt ist jedoch, dass der Arbeitgeber die Kündigung auch unter der aufschiebenden Bedingung aussprechen kann, dass der Arbeitnehmer das Änderungsangebot ablehnt.[28] Gegen die zweite Variante spricht auf den ersten Blick, dass die Kündigung als Gestaltungsrecht grundsätzlich bedingungsfeindlich ist. Allerdings handelt es sich bei dieser Bedingung um eine Potestativbedingung, der Bedingungseintritt ist also allein vom Willen des Erklärungsempfängers abhängig.[29] Der Arbeitnehmer als Erklärungsempfänger wird daher durch den Ausspruch einer bedingten Änderungskündigung nicht in eine ungewisse Lage über den Fortbestand seines Arbeitsverhältnisses versetzt. Im Falle der Änderungskündigung darf die Kündigung folglich unter der aufschiebenden Bedingung der Ablehnung des

---

26 BAG, Urteil vom 3.7.1985, 2 AZR 343/85 (unveröffentlicht); HaKo-*Pfeiffer*, § 2 KSchG Rn. 70c; KR-*Rost*, § 2 KSchG Rn. 136.

27 *Adomeit*, DB 1969, 2179; APS/*Künzl*, § 2 KSchG Rn. 11; KR-*Rost*, § 2 KSchG Rn. 14; *Schmidt*, NJW 1971, 684 (685).

28 BAG AP Nr. 1 zu § 626 BGB – Bedingung Bl. 1 R; ErfK/*Ascheid/Oetker*, § 2 KSchG Rn. 10; *Hohmeister*, BB 1994, 1777 (1778); *von Hoyningen-Huene/Linck*, KSchG, § 2 Rn. 6; APS/*Künzl*, § 2 KSchG Rn. 11; *Linck*, AR-Blattei SD 1020.1.1 Rn. 15; *Nikisch*, Festschr. Sitzler, 1956, S. 265 (272); HK-KSchG/*Weller/Hauck*, § 2 Rn. 9; vgl. auch *Löwisch/Spinner*, KSchG, § 2 Rn. 16, demzufolge neben der durch die Nichtannahme des Änderungsangebots aufschiebend bedingten Kündigung auch eine durch die Annahme des Änderungsangebots auflösend bedingte Kündigung möglich ist; so auch *Hromadka*, DB 2002, 1322 (1323); HaKo-*Pfeiffer*, § 2 KSchG Rn. 10.

29 *Backmeister*/Trittin/Mayer, KSchG, § 2 Rn. 8; *Hohmeister*, BB 1994, 1777 (1778); *von Hoyningen-Huene/Linck*, KSchG, § 2 Rn. 7; HaKo-*Pfeiffer*, § 2 KSchG Rn. 10; KR-*Rost*, § 2 KSchG Rn. 15.

Änderungsangebots ausgesprochen werden. Der Arbeitgeber kann die Kündigung somit unbedingt oder bedingt aussprechen.

2. Vollwertigkeit der Kündigung

Der Begriff Änderungskündigung lässt zunächst vermuten, dass die Änderungskündigung keine vollwertige, sondern nur eine abgeschwächte Form der Kündigung ist. Schließlich ist das primäre Ziel des Arbeitgebers regelmäßig nicht die Beendigung des Arbeitsverhältnisses, sondern die Änderung der Arbeitsbedingungen.[30] Der Arbeitgeber setzt die Kündigung lediglich als Druckmittel ein, um eine einvernehmliche Änderung der Arbeitsbedingungen zu erreichen.

Gegen die Annahme, dass es sich um eine abgeschwächte Form der Kündigung handelt, spricht jedoch bereits, dass die Änderungskündigung aus einer Kündigung und einem Änderungsangebot zusammengesetzt ist. Eine „Abschwächung" der Rechtsfolgen für den betroffenen Arbeitnehmer erfolgt nur durch das Änderungsangebot, nicht durch die Kündigung selbst. Nimmt der Arbeitnehmer das Änderungsangebot vorbehaltlos oder unter Vorbehalt an, wird das Arbeitsverhältnis – im Falle der Vorbehaltsannahme zumindest vorläufig – zu den geänderten Bedingungen fortgeführt, die Beendigung steht nicht mehr in Frage.[31]

Die Änderungskündigung ist folglich eine echte Kündigung, die zur Beendigung des Arbeitsverhältnisses führen kann, wenn der Arbeitnehmer das Änderungsangebot nicht annimmt.[32] Die ausgesprochene Kündigung ist in ihrer Wirkungsweise für sich genommen identisch mit jeder Beendigungskündigung. Sie ist als vollwertige Kündigung anzusehen.[33]

---

30 Vgl. aber BAG DB 1984, 620: Eine Änderungskündigung liegt auch dann vor, wenn der Arbeitgeber zwar in erster Linie eine Beendigung des Arbeitsverhältnisses herbeiführen will, er aber an der Alternative Beendigung oder Nichtbeendigung des Arbeitsverhältnisses die Kündigung nicht scheitern lassen will und deshalb auch eine Fortführung des Arbeitsverhältnisses zu geänderten Bedingungen in Kauf nimmt.

31 HaKo-*Pfeiffer*, § 2 KSchG Rn. 26; KR-*Rost*, § 2 KSchG Rn. 85; HK-KSchG/ *Weller/Hauck*, § 2 Rn. 115.

32 BAG AP Nr. 10 zu § 620 BGB – Änderungskündigung Bl. 2 R; BAG AP Nr. 8 zu § 611 BGB – Arzt-Krankenhaus-Vertrag; APS/*Künzl*, § 2 KSchG Rn. 7; KR-*Rost*, § 2 KSchG Rn. 9; Stahlhacke/*Preis* Rn. 1260.

33 *Hohmeister*, BB 1994, 1777 (1778); Stahlhacke/*Preis* Rn. 1260; KR-*Rost*, § 2 KSchG Rn. 9.

II. Das Angebotselement

Im Zusammenhang mit der Kündigung bietet der Arbeitgeber dem Arbeitnehmer die Fortsetzung des Arbeitsverhältnisses zu geänderten Bedingungen an. Das Änderungsangebot ist ein Vertragsangebot im Sinne von § 145 BGB. Es liegt damit neben der Kündigungserklärung eine zweite Willenserklärung vor. Das Angebot muss inhaltlich bestimmt oder sein Inhalt muss durch Auslegung gemäß §§ 133, 157 BGB bestimmbar sein.[34] Dies ist nur dann der Fall, wenn der Arbeitnehmer dem Änderungsangebot entnehmen kann, welche Bedingungen nach dem Willen des Arbeitgebers in Zukunft für sein Arbeitsverhältnis gelten sollen.[35] Das Änderungsangebot muss also Aufschluss darüber geben, inwiefern welche Arbeitsbedingungen geändert werden sollen und ab wann diese Änderung gelten soll. Das Änderungsangebot muss schriftlich erfolgen, weil es als Bestandteil der Änderungskündigung dem Schriftformerfordernis des § 623 BGB unterliegt.[36]

III. Zeitlicher Zusammenhang zwischen Kündigung und Änderungsangebot

Nach dem Gesetzeswortlaut muss das Änderungsangebot im Zusammenhang mit der Kündigung gemacht werden. Dieser Formulierung lässt sich nicht entnehmen, ob eine bestimmte zeitliche Reihenfolge einzuhalten ist.

Unproblematisch kann die Kündigung zeitgleich mit dem Änderungsangebot ausgesprochen werden. Diese Konstellation kommt in der Praxis am häufigsten vor und entspricht dem Gesetzeswortlaut am ehesten.[37] Es gibt allerdings auch Fälle, in denen Kündigung und Änderungsangebot zeitlich auseinander fallen.

Der Arbeitgeber kann die Kündigung aussprechen, nachdem er dem Arbeitnehmer zuvor das Änderungsangebot unterbreitet hat.[38] Dies wird insbesondere dann der Fall sein, wenn der Arbeitgeber zunächst vergeblich versucht hat, eine einvernehmliche Vertragsänderung mit dem Arbeitnehmer herbeizuführen. Will

---

34 *Von Hoyningen-Huene/Linck*, KSchG, § 2 Rn. 18; APS/*Künzl*, § 2 KSchG Rn. 17.

35 LAG Hamm LAGE § 2 KSchG Nr. 4.

36 Bader/*Bram*/Dörner/Wenzel, KSchG, § 2 Rn. 17b; Kittner/Däubler/Zwanziger – *Däubler*, KSchR, § 623 BGB Rn. 11; *ders.*, AiB 2000, 188 (190); *B. Gaul*, DStR 2000, 691; ErfK/*Müller-Glöge*, § 623 BGB Rn. 22; *Preis/Gotthardt*, NZA 2000, 348 (351); *Richardi/Annuß*, NJW 2000, 1231 (1233); *Bauer/Winzer*, BB 2006, 266 (268); KR-*Rost*, KSchG, § 2 Rn. 28a; a.A. KR-*Spilger*, § 623 BGB Rn. 136.

37 APS/*Künzl*, § 2 KSchG Rn. 24; vgl. BAG AP Nr. 90 zu §§ 22, 23 BAT, wonach die Kündigung zwingend gleichzeitig mit dem Änderungsangebot erfolgen muss.

38 ErfK/*Ascheid/Oetker*, § 2 KSchG Rn. 10; *von Hoyningen-Huene/Linck*, KSchG, § 2 Rn. 27; KR-*Rost*, § 2 KSchG Rn. 18 ff.

der Arbeitgeber daraufhin die Vertragsänderung im Wege der Änderungskündigung durchsetzen, muss er beim Ausspruch der Kündigung deutlich machen, dass er das Änderungsangebot aufrechterhält.[39]

Problematisch sind die Fälle, in denen der Arbeitgeber dem Arbeitnehmer das Änderungsangebot erst nach dem Ausspruch der Kündigung unterbreitet. Dies kommt in Betracht, wenn die neuen Arbeitsbedingungen noch nicht feststehen und der Arbeitgeber dem Arbeitnehmer daher nur ankündigt, dass er ihm noch ein Änderungsangebot unterbreiten wird.[40] Wird die Änderungskündigung als bedingte Kündigung ausgesprochen, ist die Möglichkeit des Nachschiebens des Änderungsangebots schon deshalb abzulehnen, weil es an einer bestimmten Bedingung fehlt.[41] Aber auch bei einer unbedingten Kündigung sprechen gewichtige Gründe gegen die Möglichkeit eines nachfolgenden Änderungsangebots: Gemäß § 2 S. 2 KSchG muss der Arbeitnehmer innerhalb von drei Wochen die Annahme des Änderungsangebots unter Vorbehalt gemäß § 2 S. 1 KSchG erklären. Dies setzt denknotwendig voraus, dass das Änderungsangebot spätestens mit dem Zugang der Kündigungserklärung vorliegt.[42] Andernfalls könnte der Arbeitgeber die dreiwöchige Überlegungsfrist des § 2 S. 2 KSchG in unzumutbarer Weise verkürzen.[43] Zudem ist der maßgebliche Zeitpunkt für die Beurteilung der Wirksamkeit einer Änderungskündigung der Zeitpunkt ihres Zugangs.[44] In die Prüfung der sozialen Rechtfertigung ist das Änderungsangebot mit einzubeziehen.[45] Es kann daher nur ein Änderungsangebot berücksichtigt werden, das spätestens zum Zeitpunkt des Zugangs der Kündigungserklärung vorliegt.

---

39 BAGE 47, 26 (39) = BAG AP Nr. 8 zu § 2 KSchG 1969 Bl. 5 R m. Anm. *von Hoyningen-Huene*; ErfK/*Ascheid/Oetker*, § 2 KSchG Rn. 10; KR-*Rost*, § 2 KSchG Rn. 18b; *Bröhl*, BB 2007, 437 (440).

40 BAG EzA § 620 BGB Nr. 3 – Kündigung S. 6; KR-*Rost*, § 2 KSchG Rn. 20.

41 APS/*Künzl*, § 2 KSchG Rn. 27; *Nikisch*, Festschr. Sitzler, 1956, S. 265 (274); KR-*Rost*, § 2 KSchG Rn. 21; *Schaub*, RdA 1970, 230 (231).

42 APS/*Künzl*, § 2 KSchG Rn. 28.

43 *Von Hoyningen-Huene/Linck*, KSchG, § 2 Rn. 25; HK-KSchG/*Weller/Hauck*, § 2 Rn. 21; a.A. *Löwisch/Spinner*, KSchG, § 2 Rn. 17, demzufolge es dem Arbeitnehmer offen stehen muss, auch ein nachträgliches Änderungsangebot anzunehmen, um den Bestand seines Arbeitsverhältnisses zu retten; die Überlegungsfrist des § 2 S. 2 KSchG beginnt demnach erst mit dem Zugang des Änderungsangebots, entsprechend verlängert sich auch die Frist zur Erhebung der Änderungsschutzklage.

44 APS/*Künzl*, § 2 KSchG Rn. 125; KR-*Rost*, § 2 KSchG Rn. 106g; *Bauer/Winzer*, BB 2006, 266 (270).

45 BAG AP Nr. 1 zu § 75 BPersVG Bl. 6 f.; BAGE 38, 348 (352); ErfK/*Ascheid/Oetker*, § 2 KSchG Rn. 45; *von Hoyningen-Huene/Linck*, KSchG, § 2 Rn. 128; KR-*Rost*, § 2 KSchG Rn. 84; *Wallner*, Änderungskündigung, S. 161 ff.; a.A. MünchArbR/*Berkowsky*, § 145 Rn. 41 ff.; *ders.*, NZA-RR 2003, 449 (450 f.).

Das Änderungsangebot muss daher vor oder gleichzeitig mit dem Zugang der Kündigungserklärung erfolgen.

IV. Reaktionsmöglichkeiten des Arbeitnehmers

Wie jedes Angebot kann der Arbeitnehmer das Änderungsangebot des Arbeitgebers annehmen oder ablehnen. Darüber hinaus erweitert § 2 S. 1 KSchG seine Reaktionsmöglichkeiten dahingehend, dass er das Änderungsangebot auch unter dem Vorbehalt der sozialen Rechtfertigung annehmen kann.

Nimmt der Arbeitnehmer das Änderungsangebot vorbehaltlos an, ist die ausgesprochene Kündigung hinfällig.[46] Hat der Arbeitgeber nämlich die Kündigung unter der Bedingung der Ablehnung des Änderungsangebots ausgesprochen, kann die Kündigung keine Wirksamkeit entfalten, da es am Bedingungseintritt fehlt. Eine unbedingt ausgesprochene Kündigung geht hingegen mangels Realisierbarkeit ins Leere, weil Arbeitgeber und Arbeitnehmer das Beschäftigungsverhältnis einverständlich durch die Änderungsvereinbarung geändert haben.[47] Der Zeitpunkt der Änderung des Arbeitsvertrags richtet sich grundsätzlich nach den Vorgaben des Änderungsangebots.[48] Soweit das Änderungsangebot keine zeitliche Bestimmung enthält, gelten die neuen Arbeitsbedingungen ab dem Zeitpunkt, zu dem die Kündigung nach der Kündigungsfrist für den Fall der Ablehnung des Änderungsangebots hätte wirksam werden sollen.[49] Ab diesem Zeitpunkt muss der Arbeitnehmer zu den neuen Arbeitsbedingungen tätig werden.

Im Falle einer Ablehnung des Änderungsangebots wirkt sich die Änderungskündigung als Beendigungskündigung aus.[50] Der Arbeitnehmer muss vom Arbeitgeber bis zum Ablauf der Kündigungsfrist zu den alten Arbeitsbedingungen weiter beschäftigt werden, weil eine Änderungsvereinbarung nicht zustande gekommen ist. Der Arbeitnehmer kann im Wege der Kündigungsschutzklage gemäß § 4 S. 1 KSchG die Unwirksamkeit der Kündigung geltend machen.[51] Er geht hierbei jedoch das Risiko ein, dass die Kündigungsschutzklage abgewiesen wird und das Arbeitsverhältnis endet.

Schließlich kann der Arbeitnehmer das Änderungsangebot unter Vorbehalt annehmen. Voraussetzung dafür ist, dass das Kündigungsschutzgesetz anwend-

---

46 ErfK/*Ascheid/Oetker*, § 2 KSchG Rn. 34; *Hohmeister*, BB 1994, 1777 (1778).

47 Vgl. *Hohmeister*, BB 1994, 1777 (1778).

48 ErfK/*Ascheid/Oetker*, § 2 KSchG Rn. 34; HaKo-*Pfeiffer*, § 2 KSchG Rn. 27.

49 Kittner/Däubler/Zwanziger – *Zwanziger*, KSchR § 2 KSchG Rn. 128.

50 *Von Hoyningen-Huene/Linck*, KSchG, § 2 Rn. 115; APS/*Künzl*, § 2 KSchG Rn. 177.

51 ErfK/*Ascheid/Oetker*, § 2 KSchG Rn. 37; HaKo-*Pfeiffer*, § 2 KSchG Rn. 28; KR-*Rost*, § 2 KSchG Rn. 89; HK-KSchG/*Weller/Hauck*, § 2 Rn. 112.

bar ist.[52] Die Vorschrift des § 2 S. 1 KSchG eröffnet dem Arbeitnehmer die Möglichkeit, das Angebot des Arbeitgebers abweichend von § 150 Abs. 2 BGB unter dem Vorbehalt anzunehmen, dass die Änderung der Arbeitsbedingungen nicht sozial ungerechtfertigt ist.[53] Die Vorbehaltsregelung bezweckt, dass der Arbeitnehmer die Änderung der Arbeitsbedingungen als sozial ungerechtfertigt angreifen kann, ohne das Risiko eingehen zu müssen, seinen Arbeitsplatz ganz zu verlieren.[54] Der Bestand des Arbeitsverhältnisses ist durch die Vorbehaltsannahme gesichert, weshalb die Möglichkeit eines Auflösungsantrags gemäß § 9 KSchG für diesen Fall nicht vorgesehen ist.[55] Im Änderungsschutzverfahren geht es nur noch um die Frage, zu welchen Bedingungen das Arbeitsverhältnis fortgeführt wird.

Auch im Falle einer Annahme des Änderungsangebots unter Vorbehalt ist die ausgesprochene Kündigung hinfällig, unabhängig davon, ob sie bedingt oder unbedingt ausgesprochen wurde.[56] Durch die Vorbehaltsannahme kommt der Änderungsvertrag zustande, allerdings unter der rückwirkend auflösenden Bedingung im Sinne von § 158 Abs. 2 BGB, dass die Sozialwidrigkeit der Änderung der Arbeitsbedingungen gerichtlich festgestellt wird.[57] Der Vertrag über die neuen Arbeitsbedingungen ist mithin schwebend wirksam. Dies lässt

---

52 Bader/*Bram*/Dörner/Wenzel, KSchG, § 2 Rn. 30.

53 BAGE 89, 149 (156); BAGE 47, 26 (39) = BAG AP Nr. 8 zu § 2 KSchG 1969 Bl. 5 R m. Anm. *von Hoyningen-Huene*; BAGE LAG Rheinland-Pfalz LAGE § 2 KSchG Nr. 14 S. 3; ErfK/*Ascheid/Oetker*, § 2 KSchG Rn. 40; *Boewer*, RdA 2001, 380 (393); HaKo-*Pfeiffer*, § 2 Rn. 30; KR-*Rost*, § 2 KSchG Rn. 57 f.

54 LAG Rheinland-Pfalz LAGE § 2 KSchG Nr. 14 S. 3; *von Hoyningen-Huene/Linck*, KSchG, § 2 Rn. 99; HaKo-*Pfeiffer*, § 2 Rn. 29; Stahlhacke/*Preis* Rn. 1263; KR-*Rost*, § 2 KSchG Rn. 55.

55 Ein Auflösungsantrag gemäß § 9 KSchG ist nach einer Änderungskündigung nur möglich, wenn der Arbeitnehmer das Änderungsangebot abgelehnt und Kündigungsschutzklage gemäß § 4 S. 1 KSchG erhoben hat, LAG Berlin DB 1984, 2464; LAG Rheinland-Pfalz LAGE § 2 KSchG Nr. 2 S. 9; LAG München DB 1988, 866; LAG Hannover, Urteil vom 24.3.1993, 5 Sa 547/92 (unveröffentlicht); LAG Düsseldorf NZA-RR 1998, 111 (114); ErfK/*Kiel*, § 9 KSchG Rn. 4; APS/*Biebl*, § 9 KSchG Rn. 14; *von Hoyningen-Huene/Linck*, KSchG, § 9 Rn. 20; KR-*Spilger*, § 9 KSchG Rn. 30; Stahlhacke/*Vossen* Rn. 2061; offen gelassen von BAGE 35, 30 ff.; a.A. *Corts*, Anm. zu BAG 2 AZR 1055/78, SAE 1982, 103 (104).

56 *Wernery*, Mitbestimmung, S. 338; vgl. auch LAG Rheinland-Pfalz LAGE Nr. 14 zu § 2 KSchG 1969 S. 3: „Mit der Annahme des Änderungsangebotes unter dem Vorbehalt des § 2 KSchG gerät die zugleich ausgesprochene Kündigung in Wegfall."

57 BAGE 47, 26 (39) = BAG AP Nr. 8 zu § 2 KSchG 1969 Bl. 5 R m. Anm. *von Hoyningen-Huene*; ErfK/*Ascheid/Oetker*, § 2 KSchG Rn. 39; *ders.*, Kündigungsschutzrecht, Rn. 470; *von Hoyningen-Huene/Linck*, KSchG, § 2 Rn. 100; anders *Enderlein*, ZfA 1992, 21 (35 ff.), demzufolge die Änderungskündigung im Fall der Annahme des Änderungsangebots unter Vorbehalt die Ausübung der Befugnis des Arbeitgebers zur einseitigen positiven Vertragsumgestaltung darstellt.

sich insbesondere § 8 KSchG entnehmen, wonach im Falle der Feststellung der Sozialwidrigkeit die Änderung als von Anfang an unwirksam gilt. Über den Wortlaut des § 8 KSchG hinaus ist eine rückwirkende Unwirksamkeit des Änderungsvertrags auch dann anzunehmen, wenn das Gericht eine sonstige Unwirksamkeit der Änderungskündigung feststellt, beispielsweise wegen fehlender Anhörung gemäß § 102 Abs. 1 S. 3 BetrVG.[58]

Aus der schwebenden Wirksamkeit der Änderungsvereinbarung folgt, dass der Arbeitnehmer vorläufig zu den neuen Arbeitsbedingungen weiterarbeiten muss, solange über die Änderungsschutzklage gemäß § 4 S. 2 KSchG noch nicht entschieden worden ist.[59] Es erscheint dem Arbeitnehmer zumutbar, zumindest vorübergehend die neuen Arbeitsbedingungen zu akzeptieren, weil mit der Vorbehaltsannahme der Fortbestand seines Arbeitsverhältnisses sichergestellt ist. Der Beginn der vorläufigen Geltung der neuen Arbeitsbedingungen richtet sich auch hier nach dem Änderungsangebot beziehungsweise dem Ende der Kündigungsfrist. Bis zum Ende des Änderungsschutzverfahrens besteht danach grundsätzlich kein Weiterbeschäftigungsanspruch des Arbeitnehmers zu den bisherigen Bedingungen.[60] Ansonsten wäre die Regelung des § 8 KSchG überflüssig, wonach im Falle der Feststellung der Sozialwidrigkeit der Änderung der Arbeitsbedingungen die ursprünglichen Arbeitsbedingungen rückwirkend wieder herzustellen sind und der Arbeitnehmer so zu stellen ist, als habe er ununterbrochen zu den alten Bedingungen gearbeitet.[61]

V. Bindung an die Annahme unter Vorbehalt

Hat der Arbeitnehmer das Änderungsangebot des Arbeitgebers unter dem Vorbehalt der sozialen Rechtfertigung angenommen, kommt in Betracht, dass er später seine Vorbehaltsannahme zurücknehmen will, um im Wege der Kündigungsschutzklage gemäß § 4 S. 1 KSchG gegen die Änderungskündigung vorzugehen.[62] Dies wäre für den Arbeitnehmer insbesondere dann vorteilhaft, wenn er nach Annahme des Änderungsangebots unter Vorbehalt erkennt, dass die Kündigungsgründe nicht zur Rechtfertigung der Änderungskündigung

---

58 Zu dieser weiten Auslegung des § 8 KSchG: KPK-*Ramrath*, § 8 Rn. 1; KR-*Rost*, § 8 KSchG Rn. 7 f.; HK-KSchG/*Hauck*, § 8 Rn. 4

59 *Von Hoyningen-Huene/Linck*, KSchG, § 2 Rn. 111; HaKo-*Pfeiffer*, § 2 KSchG Rn. 34; Kittner/Däubler/Zwanziger – *Zwanziger*, KSchR, § 2 KSchG Rn. 128.

60 BAGE 64, 24 (32); BAG, Urteil vom 19.12.1991, 2 AZR 280/91 (unveröffentlicht); a.A. *Enderlein*, ZfA 1992, 21 (48 f.), der von einem Anspruch des Arbeitnehmers auf Weiterbeschäftigung zu den alten Arbeitsbedingungen ausgeht, wenn die Änderung sozialwidrig ist.

61 BAGE 64, 24 (32).

62 Vgl. KR-*Rost*, § 2 KSchG Rn. 76.

geeignet sind.[63] Es ist daher zu klären, ob der Arbeitnehmer an seine Vorbehaltsannahme gebunden ist.

Theoretisch erscheint eine Umentscheidungsmöglichkeit des Arbeitnehmers bis zum Ende der dreiwöchigen Frist des § 2 S. 2 KSchG beziehungsweise darüber hinaus sogar bis zum Zeitpunkt der letzten mündlichen Verhandlung im Änderungsschutzverfahren möglich. Der Arbeitnehmer ist an die Annahme unter Vorbehalt jedoch sowohl während des Laufs der dreiwöchigen Frist des § 2 S. 2 KSchG als auch während der Dauer des Änderungsschutzverfahrens gebunden.[64] Durch die Annahme des Änderungsangebots unter Vorbehalt ist eine materiell-rechtliche wirksame Vereinbarung zwischen Arbeitnehmer und Arbeitgeber zustande gekommen, von der der Arbeitnehmer sich nicht einseitig lossagen kann. Bei der Vorbehaltsannahme handelt es sich um eine empfangsbedürftige Willenserklärung, die nach ihrem Zugang nicht mehr zurückgenommen werden kann (§ 130 Abs. 1 S. 2 BGB).[65] Eine Rücknahme ist daher nur mit Zustimmung des Arbeitgebers möglich.[66] Eine „Rücknahme" oder ein „Widerruf" des Vorbehalts kann ansonsten lediglich als Angebot des Arbeitnehmers aufgefasst werden, den vorläufig wirksam zustande gekommenen Änderungsvertrag wieder aufzuheben oder abzuändern.[67] Die spätere Erkenntnis des Arbeitnehmers, dass die vom Arbeitgeber vorgebrachten Gründe die ausgesprochene Änderungskündigung nicht rechtfertigen, führt auch nicht zu einer Anfechtungsmöglichkeit des Arbeitnehmers.[68] Die tatbestandlichen Voraussetzungen eines Erklärungs- oder Inhaltsirrtums gemäß § 119 Abs. 1 BGB sind regelmäßig nicht erfüllt.[69] Dies lässt sich damit begründen, dass die Änderung der Arbeitsbedingungen zunächst einmal gewollt ist.[70] Denn der Arbeitnehmer will

---

63 Vgl. LAG Rheinland-Pfalz LAGE § 2 KSchG Nr. 14 S. 2 f. unter Hinweis auf die Urteilsbegründung der Vorinstanz: ArbG Mainz, Urteil vom 21.12.1993, 5 Ga 9/93 (unveröffentlicht).

64 ArbG Mönchengladbach DB 1986, 2088; ErfK/*Ascheid/Oetker*, § 2 KSchG Rn. 43; *von Hoyningen-Huene/Linck*, KSchG, § 2 Rn. 103; APS/*Künzl*, § 2 KSchG Rn. 230; HaKo-*Pfeiffer*, § 2 Rn. 34; KR-*Rost*, § 2 KSchG Rn. 76.

65 APS/*Künzl*, § 2 KSchG Rn. 230; anders zur Rechtsnatur der Vorbehaltsannahme: *Enderlein*, ZfA 1992, 21 (26 ff., 35 ff.).

66 LAG Rheinland-Pfalz LAGE § 2 KSchG Nr. 14 S. 3; *Löwisch/Spinner*, KSchG, § 2 Rn. 32; HaKo-*Pfeiffer*, § 2 Rn. 34; Stahlhacke/*Preis* Rn. 1263.

67 LAG Rheinland-Pfalz LAGE § 2 KSchG Nr. 14 S. 3; *Löwisch/Spinner*, KSchG, § 2 Rn. 32.

68 *Von Hoyningen-Huene/Linck*, KSchG, 13. Aufl. 2002, § 2 Rn. 40a, 41; anders Kittner/Däubler/Zwanziger – *Zwanziger*, KSchR, § 2 KSchG Rn. 187, der davon ausgeht, dass der Arbeitnehmer, wenn er von der fehlenden Beteiligung des Betriebsrats erfährt, seine Annahme unter Vorbehalt gemäß § 119 Abs. 1 BGB anfechten könne, weil er sich ohne den Druck der Kündigung nicht auf die Änderung eingelassen hätte.

69 Vgl. LAG Rheinland-Pfalz LAGE § 2 KSchG Nr. 14 S. 4.

70 APS/Künzl, § 2 KSchG Rn. 138.

sich durch die Annahme unter Vorbehalt gerade erst die Möglichkeit einer Überprüfung der Änderungskündigung im Wege der Änderungsschutzklage eröffnen.

Der Arbeitnehmer kann sich somit nicht einseitig von der Vorbehaltsannahme lösen und statt mit einer Änderungsschutzklage mit einer Kündigungsschutzklage gemäß § 4 S. 1 KSchG gegen die Änderungskündigung vorgehen.[71] Ein Übergang vom Änderungsschutzverfahren in das Kündigungsschutzverfahren ist nur mit Zustimmung des Arbeitgebers möglich.[72] Stimmt der Arbeitgeber der Rücknahme der Vorbehaltsannahme zu, so ist darin eine weitere einvernehmliche Vertragsänderung zu sehen. Die im Änderungsschutzverfahren gestellten Anträge sind dann in Kündigungsschutzanträge zu ändern.[73]

Hat der Arbeitnehmer bereits Änderungsschutzklage erhoben und nimmt er dann die Klage zurück, führt dies zum Erlöschen des Vorbehalts gemäß § 7 Hs. 2 KSchG.[74] Diese Vorschrift gilt ihrem Wortlaut nach zwar nur für den Fall, dass die Kündigungsschutz- beziehungsweise Änderungsschutzklage nicht innerhalb der dreiwöchigen Klagefrist des § 4 KSchG erhoben wird. Die Wirkungen des § 7 KSchG treten aber auch dann ein, wenn der Arbeitnehmer die zunächst erhobene Änderungsschutzklage zurücknimmt.[75] Die zurückgenommene Klage gilt als nicht erhoben (§ 269 Abs. 3 S. 1 ZPO), Nichterhebung und Rücknahme der Klage werden mithin gleichgestellt. Mit dem Erlöschen des Vorbehalts ist die Annahme des Änderungsangebots endgültig wirksam, so dass feststeht, dass für das Arbeitsverhältnis die neuen Arbeitsbedingungen gelten.[76] Nimmt der Arbeitnehmer die Klage zurück, treten die Wirkungen des § 7 KSchG rückwirkend auf den Tag des Ausspruchs der Kündigung ein.[77] Der Arbeitnehmer kann die Kündigungsschutz- beziehungsweise Änderungsschutz-

---

71 ArbG Elmshorn NZA 1987, 130; KR-*Rost*, § 2 KSchG Rn. 76; vgl. auch *Becker-Schaffner*, BB 1991, 129 (132 f.), der diese Aussage auf die Zeit nach Ablauf der Dreiwochenfrist der §§ 4, 7 KSchG beschränkt.

72 APS/*Künzl*, § 2 KSchG Rn. 230; KR-*Rost*, § 2 KSchG Rn. 76; a.A. ArbG Elmshorn NZA 1987, 130; *Kiel/Koch*, Die betriebsbedingte Kündigung, Rn. 424.

73 APS/*Künzl*, § 2 KSchG Rn. 230.

74 HK-KSchG/*Weller/Hauck*, § 7 Rn. 28 f.

75 HK-KSchG/*Weller/Hauck*, § 7 Rn. 26; zur Rücknahme einer Kündigungsschutzklage gemäß § 4 S. 1 KSchG: LAG Hamm BB 1997, 1799; *von Hoyningen-Huene/Linck*, KSchG, § 7 Rn. 4; KR-*Rost*, § 7 KSchG Rn. 8; Kittner/Däubler/Zwanziger – *Zwanziger*, KSchR, § 7 KSchG Rn. 1a.

76 *Von Hoyningen-Huene/Linck*, KSchG, § 7 Rn. 11; KR-*Rost*, § 7 KSchG Rn. 14c-f.

77 ErfK/*Kiel*, § 7 KSchG Rn. 2; KR-*Rost*, § 7 KSchG Rn. 8; HK-KSchG/*Weller/Hauck*, § 7 Rn. 26; vgl. auch *von Hoyningen-Huene/Linck*, KSchG, § 7 Rn. 4, die von einer Rückwirkung auf den Tag des Zugangs der Kündigung ausgehen.

klage bis zum Stellen der Anträge ohne Einwilligung des Arbeitgebers zurücknehmen (§ 54 Abs. 2 S. 1 ArbGG).

Als Ergebnis bleibt somit festzuhalten, dass der Arbeitnehmer an die Vorbehaltsannahme gebunden ist. Eine Rücknahme der Änderungsschutzklage bewirkt nur das Erlöschen des Vorbehalts mit der Folge, dass die Änderungsvereinbarung endgültig wirksam ist.

VI. Folgen der Zweigliedrigkeit der Änderungskündigung für den Prüfungsmaßstab

Ausgehend von der zweigliedrigen Struktur der Änderungskündigung stellt sich die Frage, welcher Prüfungsmaßstab bei der Änderungskündigung anzulegen ist. Zu differenzieren ist dabei, ob der Arbeitnehmer das Änderungsangebot unter Vorbehalt angenommen hat und im Wege der Änderungsschutzklage gemäß § 4 S. 2 KSchG angreift oder ob er das Änderungsangebot abgelehnt hat und gegen die Kündigung im Wege der Kündigungsschutzklage gemäß § 4 S. 1 KSchG vorgeht. Die Beurteilung des Kündigungselements der Änderungskündigung als vollwertige Kündigung[78] lässt dabei auf den ersten Blick vermuten, dass die soziale Rechtfertigung der Änderungskündigung wie die einer Beendigungskündigung zu prüfen ist.[79]

Zunächst soll hier der Fall betrachtet werden, dass der Arbeitnehmer das Änderungsangebot unter dem Vorbehalt der sozialen Rechtfertigung angenommen hat. Der Arbeitnehmer kann dann innerhalb von drei Wochen eine Änderungsschutzklage erheben. Dazu muss er gemäß § 4 S. 2 KSchG Klage auf Feststellung erheben, dass die Änderung der Arbeitsbedingungen nicht sozial gerechtfertigt ist. Für die Prüfung der sozialen Rechtfertigung der Änderung der Arbeitsbedingungen verweist § 2 S. 1 KSchG auf § 1 Abs. 2 S. 1 bis 3, Abs. 3 S. 1 und 2 KSchG. Schon dem Wortlaut des § 2 S. 1 KSchG lässt sich entnehmen, dass es für die Wirksamkeit der Änderungskündigung nicht auf die soziale Rechtfertigung der Beendigung des Arbeitsverhältnisses, sondern auf die soziale Rechtfertigung der Änderung der Arbeitsbedingungen ankommt.[80] Dies kann auch damit begründet werden, dass sich der Arbeitnehmer mit der Vorbehaltsannahme den Bestand des Arbeitsverhältnisses gesichert hat. In der Änderungsschutzklage wird nur noch geklärt, ob zukünftig die neuen oder die alten Ar-

---

78 Siehe oben B.I.2, S. 9 f.

79 So MünchArbR/*Berkowsky* § 145 Rn. 44; *ders.*, Änderungskündigung, S. 87; *ders.*, NZA-RR 2003, 449 (450 f.); ähnlich *Boewer*, RdA 2001, 380 (395); krit. dazu *von Hoyningen-Huene/Linck*, KSchG, § 2 Rn. 127.

80 So das Bundesarbeitsgericht in st. Rspr., vgl. nur BAGE 25, 213 (219); BAGE 73, 151 (157); BAGE 80, 185 (195); vgl. auch KR-*Rost*, § 2 KSchG Rn. 85; HK-KSchG/*Weller/Hauck*, § 2 Rn. 140 f.

beitsbedingungen gelten sollen.[81] Die Beendigung des Arbeitsverhältnisses steht nicht mehr in Rede, ihre soziale Rechtfertigung kann folglich keine Rolle spielen. Bei der Änderungsschutzklage geht es primär um Inhaltsschutz, nur mittelbar um Bestandsschutz.[82]

Im Falle der Ablehnung des Änderungsangebots könnte demgegenüber ein anderer Prüfungsmaßstab anzulegen sein. Lehnt der Arbeitnehmer das Änderungsangebot ab, bleibt nur noch eine Beendigungskündigung übrig, die der Arbeitnehmer im Wege einer Kündigungsschutzklage gemäß § 4 S. 1 KSchG überprüfen lassen kann. Man könnte daher annehmen, dass diese Beendigungskündigung nur dann wirksam ist, wenn die Beendigung des Arbeitsverhältnisses sozial gerechtfertigt ist. Bei einer solchen Betrachtung würde allerdings außer Acht gelassen, dass der Arbeitgeber ursprünglich eine Änderungskündigung ausgesprochen hatte.

Zu klären ist daher, ob das Änderungsangebot auch im Falle seiner Ablehnung mit in die Prüfung der sozialen Rechtfertigung der Kündigung einbezogen werden kann. Dies kann nicht allein deshalb abgelehnt werden, weil § 2 KSchG unmittelbar nur den Prüfungsmaßstab für die Änderungskündigung bei Vorbehaltsannahme festlegt und die Wirksamkeit der Beendigungskündigung sich daher nach § 1 KSchG richtet.[83] Vielmehr muss berücksichtigt werden, dass der Arbeitgeber dem Arbeitnehmer mit dem Änderungsangebot ein milderes Mittel im Vergleich zur Beendigungskündigung offeriert hat, der Arbeitnehmer diese Alternative jedoch durch die Ablehnung des Angebots ausgeschlagen hat. Bei einer Ablehnung des Änderungsangebots ist daher der gleiche Prüfungsmaßstab anzulegen wie bei einer Vorbehaltsannahme durch den Arbeitnehmer. Für die Wirksamkeit der Kündigung kommt es auch hier auf das Änderungsangebot und seine soziale Rechtfertigung an.[84] Für die Prüfung der sozialen Rechtfertigung einer Änderungskündigung sind Kündigung und Änderungsangebot als innere Einheit anzusehen, die zusammen betrachtet werden muss.[85] Diese innere Einheit wird auch nicht dadurch aufgehoben, dass der Arbeitnehmer das ihm

---

81 *Von Hoyningen-Huene/Linck*, KSchG, § 2 Rn. 92a.

82 *Heinze*, Festschr. von Maydell, 2002, S. 269 (270); differenzierend *Hromadka*, NZA 1996, 2 (3): Der Inhaltsschutz erfolge auch nach Einfügung des § 2 KSchG weiterhin durch § 1 KSchG.

83 *Von Hoyningen-Huene/Linck*, KSchG, § 2 Rn. 126 f.

84 BAGE 25, 213 (220); BAGE 73, 151 (157); *Adomeit*, DB 1969, 2179 (2181); *Hromadka*, NZA 1996, 1 (7); KR-*Rost*, § 2 KSchG Rn. 92; HK-KSchG/*Weller/Hauck*, § 2 Rn. 143; a.A. MünchArbR/*Berkowsky*, § 145 Rn. 41 ff.

85 *Heinze*, Festschr. von Maydell, 2002, S. 269 (272); *von Hoyningen-Huene/Linck*, KSchG, § 2 Rn. 126; APS/*Künzl*, § 2 KSchG Rn. 185, 234; KR-*Rost*, § 2 KSchG Rn. 86.

durch § 2 KSchG eingeräumte Wahlrecht ausübt, indem er das Änderungsangebot ablehnt.[86]

Der ganz herrschenden Rechtsprechung[87] und Literatur[88] folgend bietet sich daher für die Prüfung der sozialen Rechtfertigung ein zweistufiges Prüfungsverfahren an: Im ersten Schritt ist zu prüfen, ob das Änderungsangebot durch Gründe in der Person oder im Verhalten des Arbeitnehmers oder durch dringende betriebliche Erfordernisse bedingt ist, § 1 Abs. 2 KSchG. In einem zweiten Schritt ist dann zu klären, ob der Arbeitgeber sich bei dem Änderungsangebot auf solche Änderungen beschränkt hat, die unter Berücksichtigung des Kündigungsgrunds dem Verhältnismäßigkeitsgrundsatz entsprechen.[89]

Beinhaltet das Änderungsangebot des Arbeitgebers eine Änderung der Arbeitsbedingungen in mehreren Punkten, bezieht sich die soziale Rechtfertigung auf jede einzelne Vertragsänderung. Ist eine der geplanten Änderungen sozial ungerechtfertigt, zieht dies die Unwirksamkeit der gesamten Änderungskündigung nach sich.[90]

VII. Ergebnis

Die Änderungskündigung ist ein zweigliedriges Rechtsgeschäft und besteht aus einer Kündigung und einem zuvor oder gleichzeitig ausgesprochenen Änderungsangebot. Bei der Kündigung handelt es sich um eine vollwertige Kündigung, die bedingt oder unbedingt ausgesprochen werden kann. Aus der Zwei-

---

86 HaKo-*Pfeiffer*, § 2 Rn. 36; KR-*Rost*, § 2 KSchG Rn. 90.

87 BAGE 90, 182 (185 f.); BAG AP Nr. 6 zu § 1 KSchG 1969 – Soziale Auswahl Bl. 3 R m. Anm. *Löwisch* = EzA § 1 KSchG 1969 Nr. 34 – Betriebsbedingte Kündigung S. 259 m. Anm. *von Hoyningen-Huene*; AP Nr. 19 zu § 15 KSchG 1969 Bl. 5 f. m. Anm. *Schlaeper*;BAG EzA § 2 KSchG 1969 Nr. 6, S. 46 m. Anm. *Löwisch/Bernards*; kritisch zur Rechtsprechung des Bundesarbeitsgerichts: *Heinze*, Festschr. von Maydell, 2002, S. 269 (273 ff.).

88 ErfK/*Ascheid/Oetker*, § 2 KSchG Rn. 48; *von Hoyningen-Huene/Linck*, KSchG, § 2 Rn. 128 ff.; *Löwisch/Spinner*, KSchG, § 2 Rn. 39; Stahlhacke/*Preis* Rn. 1270; KR-*Rost*, § 2 KSchG Rn. 96; HK-KSchG/*Weller/Hauck*, § 2 Rn. 144; Kittner/Däubler/Zwanziger – *Zwanziger*, KSchR, § 2 KSchG Rn. 134; ablehnend hinsichtlich der Prüfung der Zumutbarkeit der beabsichtigten Änderungen für den Arbeitnehmer: *Precklein*, Prüfungsmaßstab bei der Änderungskündigung, S. 36 ff., 74 ff.; für einen mehrstufigen Prüfungsaufbau: *Hromadka*, NZA 1996, 2 (12); *ders.*, DB 2002,1322 (1326).

89 Zur Anwendung des Verhältnismäßigkeitsgrundsatzes vgl. *von Hoyningen-Huene/Linck*, KSchG, § 2 Rn. 129a; APS/*Künzl*, § 2 KSchG Rn. 195; KR-*Rost*, § 2 KSchG Rn. 98; *Bröhl*, BB 2007, 437 (440).

90 Bader/*Bram*/Dörner/Wenzel, KSchG, § 2 Rn. 53; *Boewer*, RdA 2001, 380 (395); KR-*Rost*, § 2 KSchG Rn. 106e; zur außerordentlichen Änderungskündigung: BAGE 25, 213 (221 f.); BAGE 51, 200 (213 f.); LAG Brandenburg LAGE § 2 KSchG Nr. 22 S. 2.

gliedrigkeit der Änderungskündigung folgt, dass bei der Erörterung der Rechtsfolgen der fehlenden Mitbestimmung des Betriebsrats gemäß § 102 BetrVG beziehungsweise § 99 BetrVG zwischen den Auswirkungen auf das Kündigungselement und den Auswirkungen auf das Angebotselement zu unterscheiden ist.

Der Arbeitnehmer kann das Änderungsangebot annehmen, ablehnen oder unter dem Vorbehalt der sozialen Rechtfertigung annehmen. Nimmt der Arbeitnehmer das Änderungsangebot unter Vorbehalt gemäß § 2 S. 1 KSchG an, ist er vorläufig zu den neuen Bedingungen zu beschäftigen, solange über die Änderungsschutzklage gemäß § 4 S. 2 KSchG noch nicht entschieden ist. An eine Annahme des Änderungsangebots unter Vorbehalt bleibt der Arbeitnehmer gebunden.

Unabhängig davon, ob der Arbeitnehmer das Änderungsangebot abgelehnt oder unter Vorbehalt angenommen hat, ist das Änderungsangebot mit in die Prüfung der sozialen Rechtfertigung der Kündigung einzubeziehen. Das Arbeitsgericht prüft daher in jedem Fall, ob die Änderung der Arbeitsbedingungen sozial gerechtfertigt ist.

C. Beteiligungsrechte des Betriebsrats bei der Änderungskündigung

Spricht der Arbeitgeber eine Änderungskündigung zur Durchführung einer personellen Einzelmaßnahme aus, kommen Beteiligungsrechte des Betriebsrats aus § 102 BetrVG sowie § 99 BetrVG in Betracht. Bevor die Rechtsfolgen der Verletzung eines dieser beiden Mitbestimmungsrechte im Einzelnen erörtert werden, ist zunächst zu klären, in welchem Verhältnis sie zueinander stehen und wann der Arbeitgeber den Betriebsrat jeweils beteiligen muss.

I. Verhältnis der Mitbestimmungstatbestände zueinander

Bei einer Änderungskündigung ist der Betriebsrat gemäß § 102 Abs. 1 S. 1 BetrVG anzuhören. Daneben ist das Beteiligungsrecht des Betriebsrats aus § 99 BetrVG einschlägig, wenn mit der Änderungskündigung die Voraussetzungen für die Durchführung einer personellen Einzelmaßnahme geschaffen werden sollen. Es stellt sich infolgedessen die Frage, ob beide grundsätzlich einschlägigen Beteiligungsverfahren durchgeführt werden müssen. Sofern dies zu bejahen ist, muss weiter geklärt werden, ob der Betriebsrat in zwei getrennten Verfahren zu beteiligen ist oder ob die Verfahren verbunden werden können.

1. Gleichrangigkeit der Mitbestimmungstatbestände

Sind die Beteiligungsrechte aus § 102 BetrVG und § 99 BetrVG einschlägig, muss geklärt werden, ob der Betriebsrat nach beiden Mitbestimmungstatbeständen zu beteiligen ist oder ob einer der beiden vorrangig und eine Beteiligung nach dem anderen daher hinfällig ist. In Betracht kommt beispielsweise, dass einer der Mitbestimmungstatbestände als spezieller anzusehen ist.[91]

Gegen die Vorrangigkeit eines der Mitbestimmungstatbestände spricht, dass sie hinsichtlich ihrer Voraussetzungen und Wirkungen unterschiedlich sind.[92]

---

91 *P. Hanau*, BB 1972, 451 (455) sieht in § 99 BetrVG die gegenüber § 102 BetrVG speziellere Regelung; *Fitting*, BetrVG, 17. Aufl., § 102 Rn. 7 sowie *Stahlhacke*, Kündigung und Kündigungsschutz im Arbeitsverhältnis, 3. Aufl., Rn. 276 sprechen sich dafür aus, nur § 99 BetrVG anzuwenden, wenn der Arbeitnehmer das Änderungsangebot unter Vorbehalt annimmt, § 102 BetrVG finde im Fall der Ablehnung des Änderungsangebots Anwendung; krit. dazu *Schwerdtner*, Festschr. 25 Jahre BAG, 1979, S. 555 (578 f.); vgl. auch *Kallmeyer*, DB 1973, 970 (971), der § 102 BetrVG bei der Änderungskündigung nicht für anwendbar hält und infolgedessen nur ein Beteiligungsrecht aus § 99 BetrVG bejaht.

92 BAG, Urteil vom 3.7.1985, 2 AZR 343/85 (unveröffentlicht); *Kania*, Anm. zu BAG 2 AZR 283/93, EzA § 99 BetrVG 1972 Nr. 118, S. 19; KR-*Rost*, § 2 KSchG Rn. 125-127.

§ 102 Abs. 1 BetrVG schreibt die Anhörung des Betriebsrats vor jeder Kündigung vor. Demgegenüber sind die Voraussetzungen für eine Beteiligung des Betriebsrats gemäß § 99 Abs. 1 BetrVG bei jeder Versetzung oder Umgruppierung erfüllt, gleichgültig, ob diese individualrechtlich auf einer Ausübung des Direktionsrechts durch den Arbeitgeber, auf einer einvernehmlichen Vertragsänderung oder auf einer Änderungskündigung beruht.[93] Zwar kann der Betriebsrat in beiden Fällen widersprechen, jedoch sind die aufgezählten Widerspruchs- beziehungsweise Zustimmungsverweigerungsgründe in § 102 Abs. 3 BetrVG und § 99 Abs. 2 BetrVG unterschiedlich ausgestaltet.[94] Auch wirken sich Widerspruch und Zustimmungsverweigerung verschieden aus: Während der Arbeitgeber im Falle eines Widerspruchs nach § 102 Abs. 3 BetrVG die Kündigung trotzdem aussprechen kann, hat die Zustimmungsverweigerung nach § 99 Abs. 2 BetrVG blockierende Wirkung.[95] Weder § 102 BetrVG noch § 99 BetrVG kann daher als das speziellere Beteiligungsrecht angesehen werden.[96] Wäre § 99 BetrVG als die speziellere Norm anzusehen, hätte dies im Übrigen zur Folge, dass die Form der Beteiligung von der Betriebsgröße abhinge: Während in Betrieben mit 20 oder weniger wahlberechtigten Arbeitnehmern nur eine Anhörung gemäß § 102 BetrVG durchzuführen wäre, wäre in Betrieben mit mehr als 20 wahlberechtigten Arbeitnehmern das Anhörungserfordernis durch das Zustimmungserfordernis aus § 99 BetrVG verdrängt.[97]

Die Beteiligungsverfahren gemäß § 102 BetrVG auf der einen Seite und § 99 BetrVG auf der anderen Seite sind somit gleichrangig und daher nebeneinander durchzuführen.[98]

---

93 BAG, Urteil vom 3.7.1985, 2 AZR 343/85 (unveröffentlicht); KR-*Rost*, § 2 KSchG Rn. 125-127.

94 KR-*Rost*, § 2 KSchG Rn. 128; vgl. auch *Kania*, Anm. zu BAG 2 AZR 283/93, EzA § 99 BetrVG 1972 Nr. 118, S. 19: Über den Widerspruch gegen die (Änderungs-) Kündigung gemäß § 102 Abs. 3 BetrVG hinaus kann der Betriebsrat im Anhörungsverfahren gemäß § 102 Abs. 1 BetrVG auch sämtliche anderen Einwände gegen die (Änderungs-) Kündigung vorbringen.

95 *Backmeister*/Trittin/Mayer, KSchG, § 2 Rn. 35; KR-*Rost*, § 2 KSchG Rn. 124, 129.

96 BAGE 89, 149 (158); BAGE 74, 291 (296); *Griese*, BB 1995, 458 (463); *Meisel*, BB 1973, 944 (945 f.); HaKo-*Pfeiffer*, § 2 KSchG Rn. 70; KR-*Rost*, § 2 KSchG Rn. 130; *Schwerdtner*, Festschr. 25 Jahre BAG, 1979, S. 555 (578 f.); *Stege*, DB 1975, 1506 (1510); vgl. auch BAG AP Nr. 1 zu § 75 BetrVG Bl. 3 ff. zu den entsprechenden Beteiligungsrechten des Personalrats.

97 BAG, Urteil vom 3.7.1986, 2 AZR 343/85 (unveröffentlicht); KR-*Rost*, § 2 KSchG Rn. 125-127.

98 Gleiches gilt für die Fälle, in denen die Beteiligungsrechte aus § 102 BetrVG und § 87 BetrVG zusammentreffen, vgl. BAGE 89, 149 (159) = SAE 2000, 238 (242) m. zust. Anm. *Henssler*; *Stoffels*, ZfA 2002, 401 (424).

2. Getrenntes oder verbundenes Verfahren

Wenn beide Beteiligungsverfahren nebeneinander durchgeführt werden müssen, stellt sich die weitere Frage, ob der Arbeitgeber die Verfahren miteinander verbinden darf oder ob die Verfahren getrennt voneinander durchgeführt werden müssen.

An dem Anhörungsverfahren gemäß § 102 BetrVG einerseits und dem Zustimmungsverfahren gemäß § 99 BetrVG andererseits sind immer der Arbeitgeber und der Betriebsrat beteiligt. Eine Ausnahme bilden insoweit nur die Fälle, in denen gemäß § 50 Abs. 1 BetrVG der Gesamtbetriebsrat für die Wahrnehmung des Beteiligungsrechts aus § 99 BetrVG zuständig ist.[99] Die in der Regel vorliegende Identität der Parteien bei den durchzuführenden Beteiligungsverfahren spricht für die Möglichkeit einer Verbindung beider Verfahren. Zudem erscheint es zweckmäßig, dass der Betriebsrat sich einmal umfassend mit dem zugrunde liegenden Sachverhalt auseinander setzt, anstatt sich zweimal mit verschiedenen Teilaspekten desselben Sachverhalts beschäftigen zu müssen. Erforderlich ist allerdings, dass der Arbeitgeber dem Betriebsrat gegenüber kenntlich macht, dass er beide Beteiligungsverfahren einleiten will.[100] Die Mitteilung des Arbeitgebers an den Betriebsrat muss dann den Anforderungen an die Anhörung im Sinne von § 102 BetrVG und an die Unterrichtung nach § 99 BetrVG entsprechen.[101] Nur so wird gewährleistet, dass der Betriebsrat beide Beteiligungsrechte adäquat wahrnehmen kann. Ist der Arbeitgeber diesen Anforderungen gerecht geworden, beginnt für den Betriebsrat in den Fällen der §§ 99, 102 BetrVG jeweils eine Frist von einer Woche, innerhalb der er zu der geplanten Maßnahme Stellung nehmen kann, §§ 99 Abs. 3, 102 Abs. 2 S. 1 BetrVG. Die Verbindung beider Beteiligungsverfahren kann somit als zulässig angesehen werden.

Fraglich ist allerdings, ob aus diesen Gründen ein verbundenes Verfahren zwingend oder ob auch ein getrenntes Verfahren zulässig ist. Für die zwingende Verbindung beider Verfahren könnte sprechen, dass auf diese Weise verhindert werden könnte, dass die Entscheidungen des Betriebsrats gegenläufig ausfallen. In Betracht kommt beispielsweise, dass der Betriebsrat einer Versetzung gemäß § 99 Abs. 1 BetrVG zustimmt, der zugrunde liegenden Änderungskündigung aber gemäß § 102 Abs. 3 BetrVG widerspricht. Zu beachten ist allerdings, dass die Zustimmungsverweigerungsgründe in § 99 Abs. 2 BetrVG und die Wider-

---

99 Dies kann beispielsweise dann der Fall sein, wenn das Arbeitsverhältnis mehreren Betrieben eines Unternehmens zuzuordnen ist, vgl. *Kreutz*, GK-BetrVG, § 50 Rn. 43.

100 BAG AP Nr. 1 zu § 75 BPersVG Bl. 5; KR-*Rost*, § 2 KSchG Rn. 131.

101 Zu den jeweiligen Anforderungen vgl. *Kraft/Raab*, GK-BetrVG, § 99 Rn. 84; *Raab*, GK-BetrVG, § 102 Rn. 46 ff.

spruchsgründe in § 102 Abs. 3 BetrVG unterschiedlich ausgestaltet sind. Es ist daher gesetzesimmanent, dass die Entscheidungen des Betriebsrats nicht zwangsläufig einheitlich ausfallen. Die Gefahr auseinander fallender Entscheidungen des Betriebsrats besteht insbesondere dann, wenn in dem betreffenden Betrieb zwar Kündigungsrichtlinien im Sinne von § 95 Abs. 1 BetrVG vorhanden sind, nicht aber Versetzungsrichtlinien.[102] Eine zwingende Verbindung beider Beteiligungsverfahren ist aus diesem Gesichtspunkt folglich nicht erforderlich.[103] Zudem kann es vorkommen, dass der Betriebsrat im Anhörungsverfahren nach § 102 BetrVG geltend macht, dass er auch nach § 99 BetrVG zu beteiligen ist. Es spricht nichts dagegen, dem Arbeitgeber zu gestatten, die Beteiligung gemäß § 99 BetrVG dann noch nachzuholen.

Die Verbindung beider Beteiligungsverfahren ist somit zulässig, nicht aber zwingend.[104]

II. Zeitpunkt der Beteiligung

Des Weiteren ist bei einer Änderungskündigung, die im Zusammenhang mit der Durchführung einer personellen Einzelmaßnahme ausgesprochen wird, zu klären, wann der Arbeitgeber jeweils den Betriebsrat beteiligen muss.

Eindeutig ist die Lage hinsichtlich der Anhörung des Betriebsrats zur Änderungskündigung. Gemäß § 102 Abs. 1 S. 1 BetrVG ist der Betriebsrat vor jeder Kündigung zu hören, gemäß § 102 Abs. 1 S. 3 BetrVG ist eine ohne Anhörung ausgesprochene Kündigung unwirksam. Daraus folgt, dass das Anhörungsverfahren zwingend vor dem Ausspruch der Kündigung abgeschlossen sein muss.[105] Spricht der Arbeitgeber die Kündigung aus, ohne das Anhörungsverfahren durchgeführt zu haben oder ohne den Ablauf der Frist zur Stellungnahme gemäß § 102 Abs. 2 S. 1 BetrVG abzuwarten, ist die Kündigung unheilbar nichtig.[106] Auch wenn der Betriebsrat der Kündigung nachträglich zustimmt,

---

[102] *Kania*, Anm. zu BAG 2 AZR 283/93, EzA § 99 BetrVG 1972 Nr. 118, S. 19.

[103] BAG AP Nr. 1 zu § 75 BPersVG Bl. 4 R f.; *Fitting*, BetrVG, § 102 Rn. 9; MünchArbR/*Matthes*, § 354 Rn. 31 f.; *Raab*, GK-BetrVG, § 102 Rn. 30; *Wlotzke*, Anm. zu BAG 2 AZR 283/93, AP Nr. 33 zu § 2 KSchG 1969 Bl. 10 R.

[104] BAG, Urteil vom 3.7.1985, 2 AZR 343/85 (unveröffentlicht); Bader/*Bram*/Dörner/Wenzel, KSchG, § 2 Rn. 94; *Bartels*, Rechtsfolgen, S. 115 f.; *Hoß*, MDR 2000, 562 (569); *Kania*, Anm. zu BAG 2 AZR 283/93, EzA § 99 BetrVG 1972 Nr. 118, S. 20; *Ulrich Weber/Ehrich*, BB 1996, 2246 (2253).

[105] KR-*Etzel*, § 102 BetrVG Rn. 77; ErfK/*Kania*, § 102 BetrVG Rn. 3; APS/*Koch*, § 102 BetrVG Rn. 61; *Raab*, GK-BetrVG, § 102 Rn. 38.

[106] BAGE 28, 81 (83); DKK-*Kittner/Bachner*, § 102 Rn. 105; *Raab*, GK-BetrVG, § 102 Rn. 42; Richardi/*Thüsing*, BetrVG, § 102 Rn. 111.

kann dies die Nichtigkeit der ausgesprochenen Kündigung nicht heilen.[107] Die Anhörung des Betriebsrats gemäß § 102 BetrVG ist folglich immer vor Ausspruch der (Änderungs-) Kündigung durchzuführen.

Unbeantwortet lässt das Betriebsverfassungsgesetz die Frage, ob auch die Beteiligung des Betriebsrats nach § 99 Abs. 1 BetrVG vor Ausspruch der Änderungskündigung durchgeführt sein muss. Der Arbeitgeber muss den Betriebsrat gemäß § 99 Abs. 1 S. 1 BetrVG vor der geplanten personellen Maßnahme unterrichten und seine Zustimmung einholen. Dem Gesetzeswortlaut lässt sich nicht entnehmen, ob die Zustimmung vor dem Ausspruch der Änderungskündigung eingeholt werden muss oder auch noch danach eingeholt werden kann. Zur Klärung könnten die §§ 182 ff. BGB herangezogen werden. Das Bürgerliche Gesetzbuch bezeichnet die vorherige Zustimmung als Einwilligung (§ 183 BGB), die nachträgliche Zustimmung als Genehmigung (§ 185 BGB). Der Begriff Zustimmung ist nach dieser Konzeption ein Oberbegriff für Einwilligung und Genehmigung.[108] Demnach lässt sich dem Begriff Zustimmung auch unter Heranziehung der §§ 182 ff. BGB nicht entnehmen, ob die Zustimmung gemäß § 99 BetrVG vor dem Ausspruch der Änderungskündigung vorliegen muss.

Zur Klärung der Frage könnte jedoch ein Blick auf den Anknüpfungspunkt des jeweiligen Beteiligungsrechts beitragen. § 102 BetrVG knüpft direkt an die Kündigung an. Das Anhörungsverfahren muss daher vor Ausspruch der Kündigung durchgeführt worden sein. Demgegenüber ist gemäß § 99 Abs. 1 S. 1 Hs. 2 BetrVG die Zustimmung des Betriebsrats zu der geplanten personellen Einzelmaßnahme einzuholen. § 99 BetrVG knüpft daher an die personelle Einzelmaßnahme und nicht an die Änderungskündigung an, die der Arbeitgeber im Einzelfall zur Umsetzung der personellen Einzelmaßnahme ausspricht. Im Falle einer Änderungskündigung zur Versetzung im Sinne von § 95 Abs. 3 BetrVG muss daher die Zustimmung zu der tatsächlichen Beschäftigung des Arbeitnehmers eingeholt werden. Aufgrund der Einhaltung von Kündigungsfristen erfolgt die tatsächliche Beschäftigung des Arbeitnehmers im neuen Arbeitsbereich regelmäßig erst einige Zeit nach dem Ausspruch der Änderungskündigung. Es ist daher im Regelfall nicht erforderlich, dass bereits zum Zeitpunkt des Ausspruchs der Änderungskündigung die Zustimmung des Betriebsrats zur personellen Einzelmaßnahme vorliegt.

---

107 BAGE 26, 27 (32 f.); BAGE 27, 273 (276); *Fitting*, BetrVG, § 102 Rn. 59; *Raab*, GK-BetrVG, § 102 Rn. 42; *Schlochauer*, in: HSWG, § 102 Rn. 19; a.A. *Adomeit*, DB 1971, 2360 (2362).

108 BAG AP Nr. 1 zu § 184 BGB Bl. 1 R m. krit. Anm. *Larenz*.

Ein vorgeschaltetes Zustimmungsverfahren würde den Ausspruch der Kündigung darüber hinaus in unnötiger Weise verzögern. Im Falle der Verweigerung der Zustimmung müsste der Arbeitgeber den Abschluss des Zustimmungsersetzungsverfahrens abwarten. Zudem kommt es auf eine Zustimmung des Betriebsrats zu der Versetzung nicht an, wenn der Arbeitnehmer das Änderungsangebot ablehnt und deshalb eine Versetzung ohnehin ausscheidet. Ein vorher durchgeführtes Zustimmungsersetzungsverfahren würde sich dann im Nachhinein als überflüssig herausstellen.

Die Zustimmung des Betriebsrats gemäß § 99 BetrVG muss daher erst zum Zeitpunkt der Durchführung der personellen Maßnahme vorliegen.[109]

III. Ergebnis

Im Falle einer Änderungskündigung zur Versetzung sind die Beteiligungsverfahren gemäß § 102 BetrVG und § 99 BetrVG nebeneinander durchzuführen. Die Verbindung beider Beteiligungsverfahren ist dabei zulässig, aber nicht zwingend.

Die Anhörung des Betriebsrats ist ausweislich des Wortlauts des § 102 Abs. 1 BetrVG vor dem Kündigungsausspruch durchzuführen. Demgegenüber muss die Zustimmung des Betriebsrats gemäß § 99 Abs. 1 BetrVG erst zur Durchführung der personellen Einzelmaßnahme eingeholt werden und nicht bereits zum Zeitpunkt des Ausspruchs der Änderungskündigung vorliegen.

---

[109] Zur gegenteiligen Auffassung, die beim Fehlen der Beteiligung des Betriebsrats zum Zeitpunkt des Ausspruchs der Änderungskündigung diese als sozial ungerechtfertigt ansieht, siehe *Meisel,* BB 1973, 944 (947).

D. Rechtsfolgen der fehlenden Beteiligung des Betriebsrats gemäß § 102 BetrVG für die Änderungskündigung

Gemäß § 102 Abs. 1 S. 1 BetrVG ist der Betriebsrat vor jeder Kündigung anzuhören. Wie bereits gezeigt, handelt es sich bei der Änderungskündigung um eine vollwertige Kündigung,[110] die zur Beendigung des Arbeitsverhältnisses führen kann. Eine Anhörung des Betriebsrats im Sinne von § 102 BetrVG ist daher auch bei einer Änderungskündigung durchzuführen.[111] Dabei hat der Arbeitgeber dem Betriebsrat die Gründe für die Änderung der Arbeitsbedingungen sowie den Inhalt des Änderungsangebots mitzuteilen.[112]

Im Gegensatz zu §§ 87, 99 BetrVG ordnet § 102 BetrVG selbst die Rechtsfolge der nicht erfolgten Anhörung an: Gemäß § 102 Abs. 1 S. 3 BetrVG ist eine ohne vorherige Anhörung des Betriebsrats ausgesprochene Kündigung unwirksam. Der fehlenden Anhörung wird die fehlerhafte Anhörung gleichgestellt, sofern der Fehler im Anhörungsverfahren dem Zuständigkeits- und Verantwortungsbereich des Arbeitgebers zuzuordnen ist.[113] Die Anhörung ist somit zivilrechtliche Wirksamkeitsvoraussetzung für die Kündigung.[114] Angesichts dieser klaren gesetzlichen Regelung scheint die fehlende Beteiligung des Betriebsrats im Falle des § 102 BetrVG auf den ersten Blick keine weiteren Probleme aufzuwerfen.

Bei näherer Betrachtung ergeben sich jedoch Schwierigkeiten aus der zweigliedrigen Struktur der Änderungskündigung. Die Änderungskündigung besteht aus einer Kündigungserklärung und einem Änderungsangebot. Es stellt sich die Frage, ob sich die Unwirksamkeitsfolge nur auf das Kündigungselement oder auf die Änderungskündigung als Gesamtheit erstreckt. In diesem Fall wäre auch das Änderungsangebot unwirksam. Infolgedessen wäre bei einem Einverständnis des Arbeitnehmers mit dem Änderungsangebot der Änderungsvertrag un-

---

110 Siehe oben B.I.2, S. 9 f.

111 KR-*Etzel*, § 102 BetrVG Rn. 30; *von Hoyningen-Huene/Linck*, KSchG, § 2 Rn. 184; Richardi/*Thüsing*, BetrVG, § 102 Rn. 11; KR-*Rost*, § 2 KSchG Rn. 113; *Raab*, GK-BetrVG, § 102 Rn. 30; ausführlich *Hohmeister*, BB 1994, 1777 (1780 ff.); a.A. *Kallmeyer*, DB 1973, 970 (971).

112 BAG AP Nr. 1 zu § 75 BPersVG Bl. 5; BAGE 38, 106 (117); BAG AP Nr. 14 zu § 2 KSchG 1969 Bl. 3; BAGE 73, 151 (165); *von Hoyningen-Huene/Linck*, KSchG, § 2 Rn. 186; APS/*Künzl*, § 2 KSchG Rn. 129; HaKo-*Pfeiffer*, § 2 KSchG Rn. 69; KR-*Rost*, § 2 KSchG Rn. 115; HK-KSchG/*Weller/Hauck*, § 2 Rn. 169; *Bröhl*, BB 2007, 437 (446).

113 BAGE 74, 185 (194); BAG AP Nr. 129 zu § 102 BetrVG 1972 Bl. 2 R; *Fitting*, BetrVG, § 102 Rn. 56; Richardi/*Thüsing*, BetrVG, § 102 Rn. 119; differenzierend *Oetker*, in: Festschr. Kraft, 1998, S. 429 (442 ff.); *Raab*, GK-BetrVG, § 102 Rn. 77 ff.; *ders.*, ZfA 1995, 479 (524 ff.).

114 *Fitting*, BetrVG, § 102 Rn. 57; Richardi/*Thüsing*, BetrVG, § 102 Rn. 111.

wirksam, wodurch Probleme in Bezug auf die Weiterbeschäftigung sowie den Entgeltanspruch des Arbeitnehmers auftauchen könnten.

I. Relevanz der Auswirkungen von § 102 Abs. 1 S. 3 BetrVG auf das Änderungsangebot

Die Frage, ob sich die Unwirksamkeit gemäß § 102 Abs. 1 S. 3 BetrVG nur auf das Kündigungselement oder auf die gesamte Änderungskündigung, und damit auch auf das Änderungsangebot bezieht, muss nur dann erörtert werden, wenn es auf die Wirksamkeit des Änderungsangebots ankommt. Dies hängt wiederum von der Reaktion des Arbeitnehmers auf die Änderungskündigung ab.[115]

Wenn der Arbeitnehmer das Änderungsangebot des Arbeitgebers ablehnt, kommt kein Änderungsvertrag zustande. Ob das Änderungsangebot mangels vorheriger Anhörung wirksam oder unwirksam war, ist dann unerheblich. Im Kündigungsschutzprozess kommt es nur noch darauf an, ob die Kündigung, die dann als Beendigungskündigung wirkt, wegen der unterlassenen Anhörung gemäß § 102 Abs. 1 S. 3 BetrVG unwirksam ist.[116] Die soziale Rechtfertigung der Kündigung muss darüber hinaus nicht mehr geprüft werden, so dass es keine Rolle spielt, ob sie gegebenenfalls wegen eines unwirksamen Änderungsangebots zu verneinen ist. In diesem Fall ist die Frage nach den Auswirkungen des § 102 Abs. 1 S. 3 BetrVG auf das Änderungsangebot folglich irrelevant.

Nimmt der Arbeitnehmer das Änderungsangebot vorbehaltlos an, kommt ein Änderungsvertrag zustande. Die Kündigung ist damit hinfällig.[117] Auf ihre Unwirksamkeit wegen § 102 Abs. 1 S. 3 BetrVG kommt es nicht an. Die Wirksamkeit des Änderungsvertrags setzt allerdings zwingend voraus, dass das Änderungsangebot des Arbeitgebers wirksam war. Hier erlangt mithin die Zweigliedrigkeit der Änderungskündigung Bedeutung.[118] Im Falle der vorbehaltlosen Annahme des Änderungsangebots ist die Frage nach den Auswirkungen des § 102 Abs. 1 S. 3 BetrVG auf das Änderungsangebot daher relevant.

Schließlich kann der Arbeitnehmer das Änderungsangebot gemäß § 2 S. 1 KSchG unter dem Vorbehalt der sozialen Rechtfertigung der Änderung der Arbeitsbedingungen annehmen. Der dadurch zustande gekommene Änderungsvertrag steht unter der rückwirkend auflösenden Bedingung im Sinne des § 158 Abs. 2 BGB, dass die Sozialwidrigkeit oder sonstige Unwirksamkeit der

---

115 Vgl. HaKo-*Pfeiffer*, § 2 Rn. 69; Stahlhacke/*Vossen* Rn. 2044.
116 Vgl. *von Hoyningen-Huene/Linck*, KSchG, § 2 Rn. 1899.
117 Siehe oben B.IV., S. 12 ff.
118 Vgl. Stahlhacke/*Vossen* Rn. 2045.

Änderungskündigung durch das Arbeitsgericht rechtskräftig festgestellt wird.[119] Hat der Arbeitgeber den Betriebsrat nicht oder nicht ordnungsgemäß angehört, wird das Arbeitsgericht die Unwirksamkeit der Kündigung gemäß § 102 Abs. 1 S. 3 BetrVG feststellen, so dass die auflösende Bedingung der Unwirksamkeit der Änderungskündigung eintritt.[120] Die Änderungskündigung gilt dann gemäß § 8 KSchG als von Anfang an unwirksam. Infolge des Eintritts der auflösenden Bedingung für den Änderungsvertrag kommt es auf die Wirksamkeit des Änderungsangebots nicht mehr an. Hat der Arbeitnehmer das Änderungsangebot unter Vorbehalt angenommen und der Arbeitgeber gegen § 102 Abs. 1 S. 1 BetrVG verstoßen, liegt somit unabhängig von der sozialen Rechtfertigung der Änderungskündigung im Ergebnis kein wirksamer Änderungsvertrag vor, so dass es auf die Auswirkungen des Verstoßes gegen § 102 Abs. 1 S. 1 BetrVG auf das Änderungsangebot nicht ankommt.

Als Zwischenergebnis ist daher festzuhalten, dass es bei einem Verstoß gegen § 102 Abs. 1 S. 1 BetrVG auf die Wirksamkeit des Änderungsangebots nur dann ankommt, wenn der Arbeitnehmer das Änderungsangebot vorbehaltlos angenommen hat.

II. Auswirkungen auf das Änderungsangebot

Für den Fall der vorbehaltlosen Annahme muss daher die Frage der Wirksamkeit des Änderungsangebots trotz fehlender Anhörung des Betriebsrats untersucht werden.

1. Unwirksamkeit gemäß § 102 Abs. 1 S. 3 BetrVG

Zunächst kommt in Betracht, dass sich die Unwirksamkeitsfolge des § 102 Abs. 1 S. 3 BetrVG auf das Änderungsangebot erstreckt. Dies wäre der Fall, wenn die beiden Elemente der Änderungskündigung nur als Gesamtheit betrachtet werden könnten und das Änderungsangebot infolgedessen das Schicksal der Kündigung teilt.

---

[119] Siehe oben B.IV., S. 12 ff.; *von Hoyningen-Huene/Linck*, KSchG, § 2 Rn. 100; KR-*Rost*, § 8 KSchG Rn. 3 f.

[120] Zur Anwendbarkeit des § 102 BetrVG auf die Änderungskündigung, wenn der Arbeitnehmer das Änderungsangebot unter Vorbehalt annimmt: BAG EzA § 2 KSchG 1969 Nr. 3, S. 5; *von Hoyningen-Huene/Linck*, KSchG, § 2 Rn. 191; *Raab*, GK-BetrVG, § 102 Rn. 30; nach a.A. unterliegt eine unter Vorbehalt angenommene Änderungskündigung nicht dem Anhörungserfordernis gemäß § 102 BetrVG, vgl. *Fitting*, BetrVG, 17. Aufl., § 102 Rn. 7 sowie *Stahlhacke*, Kündigung und Kündigungsschutz im Arbeitsverhältnis, 3. Aufl., Rn. 276; zum Streitstand: *Hohmeister*, BB 1994, 1777 (1779 ff.).

Im Wortlaut des § 102 Abs. 1 BetrVG ist von der Unwirksamkeit der Kündigung die Rede, so dass man zunächst annehmen könnte, dass nur das Kündigungselement gemeint sei. Gegen diese Sichtweise spricht jedoch, dass § 102 Abs. 1 BetrVG allgemein von „Kündigung" spricht, um alle Arten der Kündigung zu erfassen. So fallen unter diesen Oberbegriff ordentliche und außerordentliche Kündigung, aber auch Beendigungs- und Änderungskündigung.[121] Aus dem Wortlaut des § 102 Abs. 1 BetrVG kann daher nicht geschlossen werden, ob die Unwirksamkeitsfolge nur das Kündigungselement betrifft oder auch das Änderungsangebot.

Die Änderungskündigung besteht aus einer Kündigungserklärung und einem Änderungsangebot. Für eine Gesamtbetrachtung beider Willenserklärungen könnte sprechen, dass die Änderungskündigung trotz ihrer Zweigliedrigkeit als ein „im tatsächlichen wie im rechtlichen Sinne" einheitlicher Tatbestand angesehen wird.[122] Daraus, dass diese beiden Willenserklärungen ein einheitliches Rechtsgeschäft bilden, folgt jedoch nicht, dass ihre Wirksamkeit zwangsläufig einheitlich beurteilt werden muss. Das Kündigungselement kann beispielsweise wegen § 85 SGB IX oder § 9 MuSchG unwirksam sein. Es ist nicht ersichtlich, warum diese Normen auch zu einer Unwirksamkeit des Änderungsangebots führen sollten. Der Arbeitnehmer kann mit den geänderten Arbeitsbedingungen durchaus einverstanden sein. In diesem Fall muss er das Angebot annehmen können.[123] Dies spricht für eine getrennte Betrachtung des Kündigungs- und des Angebotselements.

Für eine Gesamtbetrachtung ließe sich dennoch argumentieren, dass ein vom Arbeitgeber abgegebenes unwirksames Änderungsangebot zur Unwirksamkeit der ganzen Änderungskündigung, also auch des Kündigungselements, führt.[124] Dies liegt daran, dass für die Prüfung der Sozialwidrigkeit der Änderungskündigung auf die soziale Rechtfertigung der Änderung der Arbeitsbedingungen und nicht auf die soziale Rechtfertigung der Beendigung des Arbeitsverhältnisses abzustellen ist.[125] Infolgedessen ist bei Unwirksamkeit des Änderungsangebots auch das Kündigungselement unwirksam. Kündigungs- und Angebotselement sind über den Prüfungsmaßstab eng verwoben, womit eine Gesamtbetrachtung begründet werden könnte. Aus der Tatsache, dass ein unwirksames

---

121 KR-*Etzel*, § 102 BetrVG Rn. 28 ff.; *Fitting*, BetrVG, § 102 Rn. 5; ErfK/*Kania*, § 102 BetrVG Rn. 2; APS/*Koch*, § 102 BetrVG Rn. 23; Richardi/*Thüsing*, BetrVG, § 102 Rn. 10 f.

122 *Galperin*, DB 1958, 799 (800); KR-*Rost*, § 2 KSchG Rn. 12 m. Verweis auf BAGE 25, 213 (219).

123 Vgl. APS/*Künzl*, § 2 KSchG Rn. 311 f.

124 BAGE 91, 22 (26 f.); *Henssler*, Anm. zu BAG 2 AZR 336/97, SAE 2000, 247.

125 Zum Prüfungsmaßstab siehe oben B.VI., S. 17 ff.

Änderungsangebot zur Unwirksamkeit der ganzen Änderungskündigung führt, lässt sich umgekehrt jedoch nicht folgern, dass im Falle der Unwirksamkeit des Kündigungselements automatisch auch das Änderungsangebot unwirksam sein muss.

Für eine isolierte Betrachtung der Elemente der Änderungskündigung kann schließlich der Sinn und Zweck des § 102 BetrVG herangezogen werden, der von der Art der ausgesprochenen Kündigung abhängt. Im Falle einer Beendigungskündigung schützt die Anhörung den Arbeitnehmer davor, durch eine Kündigung in ungerechtfertigter Weise seinen Arbeitsplatz zu verlieren und gewährt dadurch Bestandsschutz. Demgegenüber schützt die Anhörung den Arbeitnehmer im Falle einer Änderungskündigung vor einem einseitigen Eingriff des Arbeitgebers in das Arbeitsverhältnis und gewährt dadurch Inhaltsschutz. Stimmt der Arbeitnehmer dem Änderungsangebot des Arbeitgebers vorbehaltlos zu, ist dieser Schutz überflüssig.

Es überwiegen daher die Argumente, die für eine getrennte Betrachtung von Kündigungs- und Angebotselement in Bezug auf die Verletzung des Anhörungserfordernisses sprechen. § 102 Abs. 1 S. 3 BetrVG bewirkt daher nur die Unwirksamkeit des Kündigungselements, nicht die Unwirksamkeit des Angebotselements.[126]

2. Unwirksamkeit gemäß § 139 BGB

Das Änderungsangebot könnte allerdings wegen Teilnichtigkeit des Rechtsgeschäfts gemäß § 139 BGB unwirksam sein.

a) Voraussetzungen des § 139 BGB

Voraussetzung für die Anwendbarkeit von § 139 BGB ist das Vorliegen eines teilweise nichtigen Rechtsgeschäfts. Die Änderungskündigung ist ein aus den Willenserklärungen Kündigung und Änderungsangebot zusammengesetztes Rechtsgeschäft.[127] Dieses Rechtsgeschäft müsste teilweise nichtig sein. Unter § 139 BGB fallen nicht nur die Fälle der Teilnichtigkeit, sondern auch alle Formen der Teilunwirksamkeit eines Rechtsgeschäfts.[128] Bei einer Änderungs-

---

126 *Stege/Weinspach*, BetrVG, § 102 Rn. 202d; Stahlhacke/*Vossen* Rn. 2045.

127 BAG EzA § 620 BGB Nr. 3, S. 6; *Galperin*, DB 1958, 799 (800); *Schaub*, RdA 1970, 230 (231); zur Definition des Rechtsgeschäfts vgl. *Brox*, Allgemeiner Teil des BGB, Rn. 96; Palandt/*Heinrichs*, BGB, Überbl v § 104 Rn. 2; Erman/*Palm*, BGB, Einl § 104 Rn. 2.

128 BGH WM 1964, 1125 (1126); OLG Zweibrücken NJW-RR 1993, 1478 (1479); Palandt/*Heinrichs*, BGB, § 139 Rn. 2; Erman/*Palm*, BGB, § 139 Rn. 26; Staudinger/*Roth*, BGB, § 139 Rn. 33.

kündigung ohne vorherige Anhörung des Betriebsrats ist das Kündigungselement gemäß § 102 Abs. 1 S. 3 BetrVG unwirksam, so dass ein teilunwirksames Rechtsgeschäft im Sinne des § 139 BGB vorliegt.

Zudem setzt § 139 BGB voraus, dass es sich um ein einheitliches Rechtsgeschäft handelt.[129] Ein aus zwei Willenserklärungen zusammengesetztes Rechtsgeschäft ist dann als einheitlich anzusehen, wenn die Willenserklärungen von den Parteien derart zu einer Einheit zusammengefasst sind, dass sie nach dem Willen der Parteien[130] „miteinander stehen und fallen" sollen.[131] Eine Änderungskündigung liegt gemäß § 2 KSchG vor, wenn der Arbeitgeber dem Arbeitnehmer im Zusammenhang mit der Kündigung ein Änderungsangebot unterbreitet. Grundsätzlich ist das Ziel der Änderungskündigung primär nicht die Beendigung des Arbeitsverhältnisses, sondern die Änderung der Arbeitsbedingungen. Die Kündigung wird dabei nur als Druckmittel eingesetzt, damit sich der Arbeitnehmer auf die Änderung der Arbeitsbedingungen einlässt. Kündigung und Änderungsangebot stellen somit einen einheitlichen Tatbestand dar.[132] Eine Änderungskündigung ist daher ein einheitliches Rechtsgeschäft im Sinne von § 139 BGB.

Schließlich muss es sich um ein teilbares Rechtsgeschäft handeln.[133] Ist die Teilbarkeit zu verneinen, führt jede Teilnichtigkeit zur gänzlichen Nichtigkeit des Rechtsgeschäfts.[134] Ein Rechtsgeschäft ist dann teilbar, wenn es in einer Weise zerlegt werden kann, dass ein der selbständigen Geltung fähiger Teil übrig bleibt.[135] Nach der Abtrennung muss ein Teil zurückbleiben, der als selbständiges Rechtsgeschäft für sich bestehen kann.[136] Das Änderungsangebot käme ohne die Kündigung aus, wenn der Arbeitgeber wüsste, dass der Arbeitnehmer der Vertragsänderung zustimmen wird. Demgegenüber kann die Kün-

---

129 Palandt/*Heinrichs*, BGB, § 139 Rn. 5; MünchKommBGB/*Busche*, § 139 Rn. 16 ff.; Staudinger/*Roth*, BGB, § 139 Rn. 36.

130 Entscheidend für die Einheitlichkeit ist der Wille der Parteien, vgl. BGH, NJW 1990, 1473, 1474; *Brox*, Allgemeiner Teil des BGB, Rn. 354; Palandt/*Heinrichs*, BGB, § 139 Rn. 5; Erman/*Palm*, BGB, § 139 Rn. 21.

131 Abweichend *Musielak*, Grundkurs BGB, Rn. 275, wonach es für die Einheitlichkeit des Rechtsgeschäfts darauf ankommen soll, dass die einzelnen Teilgeschäfte gemeinsam betrachtet eine sinnvolle Einheit ergeben.

132 BAGE 25, 213 (219); *Galperin*, DB 1958, 799 (800); KR-*Rost*, § 2 KSchG Rn. 12.

133 Palandt/*Heinrichs*, BGB, § 139 Rn. 10; MünchKommBGB/*Busche*, § 139 Rn. 23 ff.; Staudinger/*Roth*, BGB, § 139 Rn. 60.

134 BGH NJW 1999, 351; Staudinger/*Roth*, BGB, § 139 Rn. 60.

135 RGZ 146, 234 (236); BGH NJW 1962, 913; MünchKommBGB/*Busche*, § 139 Rn. 24; Staudinger/*Roth*, BGB, § 139 Rn. 60.

136 RGZ 146, 234 (236); BGH NJW 1962, 913; *Wendtland*, in: Bamberger/Roth, BGB, § 139 Rn. 13.

digung nicht ohne das Änderungsangebot ausgesprochen werden, weil sie in diesem Fall am *ultima-ratio*-Prinzip scheitert. Somit ist zwar das Änderungsangebot ohne die Kündigung, nicht aber die Kündigung ohne das Änderungsangebot der selbständigen Geltung fähig. Die Änderungskündigung ist somit ein bedingt teilbares Rechtsgeschäft, weil zumindest das Änderungsangebot von der Kündigung abtrennbar ist. § 139 BGB findet daher hinsichtlich des Änderungsangebots Anwendung, wenn der Arbeitgeber unter Verstoß gegen § 102 Abs. 1 S. 1 BetrVG eine Änderungskündigung ausgesprochen hat.

b) Rechtsfolge

Gemäß § 139 BGB ist infolge der Teilnichtigkeit das ganze Rechtsgeschäft nichtig, sofern nicht anzunehmen ist, dass es auch ohne den nichtigen Teil vorgenommen sein würde. Es ist daher im Wege der Auslegung zu ermitteln, ob nach dem hypothetischen Parteiwillen das Rechtsgeschäft trotz der Teilnichtigkeit im Übrigen Bestand haben oder insgesamt nichtig sein soll.[137] § 139 BGB ist eine Auslegungsvorschrift, derzufolge in der Regel von der Gesamtnichtigkeit des Rechtsgeschäfts auszugehen ist, während nur ausnahmsweise eine Restgültigkeit in Betracht kommt.[138]

Primär zielt die Änderungskündigung auf eine Änderung der Arbeitsbedingungen ab, nicht auf eine Beendigung des Arbeitsverhältnisses.[139] In der Regel wird es daher so sein, dass der Arbeitgeber an einer Fortsetzung des Arbeitsverhältnisses zu geänderten Bedingungen interessiert ist. Dann ist davon auszugehen, dass das Änderungsangebot vom Arbeitgeber gewollt ist, auch wenn die Kündigung wegen des Verstoßes gegen § 102 Abs. 1 S. 1 BetrVG unwirksam ist.[140] Im Regelfall ist das Änderungsangebot daher nicht gemäß § 139 BGB unwirksam.

---

137 BGH NJW-RR 1997, 684 (685); MünchKommBGB/*Busche*, § 139 Rn. 29; Staudinger/*Roth*, BGB, § 139 Rn. 74; *Wendtland*, in: Bamberger/Roth, BGB, § 139 Rn. 16.

138 *Brox*, Allgemeiner Teil des BGB, Rn. 353; Palandt/*Heinrichs*, BGB, § 139 Rn. 1; Erman/*Palm*, BGB, § 139 Rn. 1.

139 Im Einzelfall kann es auch so sein, dass der Arbeitgeber primär die Beendigung des Arbeitsverhältnisses anstrebt, er sich aber aufgrund des Verhältnismäßigkeitsgrundsatzes gezwungen sieht, das mildere Mittel der Änderungskündigung zu ergreifen, vgl. BAG DB 1984, 620.

140 ErfK/*Ascheid/Oetker*, § 2 KSchG Rn. 25; *Galperin/Löwisch*, BetrVG, § 102 Rn. 10; *von Hoyningen-Huene/Linck*, KSchG, § 2 Rn. 190; APS/*Künzl*, § 2 KSchG Rn. 135; *Linck*, AR-Blattei SD 1020.1.1 Rn. 113; HaKo-*Pfeiffer*, § 2 Rn. 69; KR-*Rost*, § 2 KSchG Rn. 121; *Schwerdtner*, Festschr. 25 Jahre BAG, 1979, S. 555 (576); Stahlhacke/*Vossen* Rn. 2045.

Dies erscheint sowohl für den Arbeitgeber als auch für den Arbeitnehmer von Vorteil: Nimmt der Arbeitnehmer das Änderungsangebot vorbehaltlos an, erreicht der Arbeitgeber das Ziel der Vertragsänderung trotz der Unwirksamkeit der Kündigung. Hielte man das Änderungsangebot für unwirksam, würde man dem Arbeitnehmer die Möglichkeit nehmen, das Änderungsangebot trotz der fehlenden oder fehlerhaften Anhörung anzunehmen. Nimmt der Arbeitnehmer das Änderungsangebot vorbehaltlos an, kommt somit ein wirksamer Änderungsvertrag zustande.

III. Ergebnis

Als Ergebnis bleibt daher festzuhalten, dass im Falle der Nichtdurchführung der Anhörung nur die Kündigungserklärung gemäß § 102 Abs. 1 S. 3 BetrVG unwirksam ist. Das Änderungsangebot ist weder von der Unwirksamkeitsfolge des § 102 Abs. 1 S. 3 BetrVG selbst erfasst, noch ergibt sich seine Unwirksamkeit aus § 139 BGB.

Die spätere Erkenntnis des Arbeitnehmers, dass der Betriebsrat nicht ordnungsgemäß angehört worden ist, führt auch nicht zu einer Anfechtungsmöglichkeit des Arbeitnehmers gemäß § 119 Abs. 1 BGB. Durch die vorbehaltlose Annahme hat der Arbeitnehmer deutlich gemacht, dass er unabhängig von der Wirksamkeit der Kündigung mit der Veränderung seiner Arbeitsbedingungen einverstanden ist.[141]

Zwar ordnet § 102 Abs. 1 S. 3 BetrVG eine Einwirkung der kollektivrechtlichen auf die individualrechtliche Ebene an. Diese Einwirkung ist aber auf das Kündigungselement begrenzt. Die Vertragsänderung ist trotz der fehlenden Anhörung wirksam. Die Privatautonomie setzt sich mithin an dieser Stelle durch. Nimmt der Arbeitnehmer das Änderungsangebot vorbehaltlos an, kann er die fehlende oder fehlerhafte Anhörung des Betriebsrats somit nicht geltend machen.[142]

---

141 *Von Hoyningen-Huene/Linck*, KSchG, 13. Aufl. 2002, § 2 Rn. 40a; APS/*Künzl*, § 2 KSchG Rn. 137; a.A. Kittner/Däubler/Zwanziger – *Zwanziger*, KSchR, § 2 Rn. 187.

142 APS/*Koch*, § 102 BetrVG Rn. 27.

E. Rechtsfolgen der fehlenden Beteiligung des Betriebsrats gemäß § 99 BetrVG für die Änderungskündigung

Eine Änderungskündigung kann neben § 102 BetrVG auch das Beteiligungsrecht des Betriebsrats gemäß § 99 Abs. 1 BetrVG auslösen, sofern in dem Betrieb mehr als 20 wahlberechtigte Arbeitnehmer beschäftigt sind. Nach § 99 Abs. 1 BetrVG muss der Arbeitgeber den Betriebsrat vor jeder Einstellung, Eingruppierung, Umgruppierung oder Versetzung unterrichten und seine Zustimmung einholen. Als personelle Einzelmaßnahmen, zu deren Durchführung der Arbeitgeber auf individualrechtlicher Ebene eine Änderungskündigung aussprechen kann, kommen Versetzungen und Umgruppierungen in Betracht. Die vorliegende Arbeit beschränkt sich auf den Fall der innerbetrieblichen Versetzung. Es stellt sich die Frage, welche Auswirkungen es hat, wenn der Arbeitgeber eine Änderungskündigung zur Durchführung einer innerbetrieblichen Versetzung ausspricht, ohne den Betriebsrat ordnungsgemäß beteiligt beziehungsweise ein Zustimmungsersetzungsverfahren gemäß § 99 Abs. 4 BetrVG durchgeführt zu haben.

I. Voraussetzungen und Verletzung des Beteiligungsrechts aus § 99 Abs. 1 BetrVG

Zunächst muss geklärt werden, wann der Betriebsrat gemäß § 99 Abs. 1 BetrVG zu beteiligen ist und wann eine Verletzung des Beteiligungsrechts vorliegt.

§ 99 Abs. 1 BetrVG setzt voraus, dass der Arbeitgeber die Durchführung einer der aufgezählten personellen Einzelmaßnahmen plant. Zudem müssen in dem Betrieb in der Regel mehr als 20 wahlberechtigte Arbeitnehmer beschäftigt sein. Schließlich besteht das Beteiligungsrecht nur dann, wenn zum Zeitpunkt der Durchführung der personellen Einzelmaßnahme ein Betriebsrat vorhanden ist.[143] Sind diese Voraussetzungen erfüllt, muss der Arbeitgeber gemäß § 99 Abs. 1 BetrVG den Betriebsrat von der geplanten personellen Maßnahme unterrichten und ihn wenigstens eine Woche vor Durchführung der geplanten Maßnahme um seine Zustimmung ersuchen.[144]

Der betriebsverfassungsrechtliche Versetzungsbegriff ist in § 95 Abs. 3 BetrVG legaldefiniert. Nach dieser Vorschrift ist eine Versetzung die Zuweisung eines anderen Arbeitsbereichs, die voraussichtlich die Dauer von einem Monat über-

---

143 BAGE 46, 282 (283 f.) = BAG AP Nr. 36 zu § 102 BetrVG 1972 Bl. 2 m. zust. Anm. *Richardi* = BAG EzA § 102 BetrVG 1972 Nr. 59, S. 496 m. abl. Anm. *Wiese; Kraft/Raab*, GK-BetrVG, § 99 Rn. 12.

144 Dies ergibt sich aus § 99 Abs. 3 BetrVG, vgl. *Kraft/Raab*, GK-BetrVG, § 99 Rn. 113.

schreitet, oder die mit einer erheblichen Änderung der Umstände verbunden ist, unter denen die Arbeit zu leisten ist. Als Versetzung in diesem Sinne ist regelmäßig anzusehen die Änderung der Arbeitsaufgabe oder der Arbeitsumstände sowie die Zuweisung eines Arbeitsplatzes an einem anderen Ort.[145] Gemäß § 95 Abs. 3 S. 2 BetrVG stellt die Bestimmung des Arbeitsplatzes jedoch dann keine Versetzung dar, wenn der Arbeitnehmer nach der Eigenart seines Arbeitsverhältnisses nicht ständig an einem bestimmten Arbeitsplatz beschäftigt wird. Ebenfalls vom Versetzungsbegriff nicht erfasst sind lediglich vorübergehende Zuweisungen eines anderen Arbeitsbereichs, die hinsichtlich Arbeitsplatz, Arbeitsverrichtung und -umgebung keine erhebliche Änderung aufweisen. Die Zuweisung des neuen Arbeitsbereichs stellt einen Realakt dar.[146] Die Beteiligung des Betriebsrats gemäß § 99 Abs. 1 BetrVG hat unabhängig davon zu erfolgen, ob die Zuweisung des neuen Arbeitsbereichs individualrechtlich auf einer Ausübung des Direktionsrechts, dem Abschluss eines Änderungsvertrags oder dem Ausspruch einer Änderungskündigung beruht. Irrelevant für das Beteiligungserfordernis ist ferner, ob der Arbeitnehmer mit der geplanten Versetzung einverstanden ist oder nicht.[147] Dies folgt aus dem überwiegend auf den Schutz der übrigen Belegschaft gerichteten Schutzzweck des Mitbestimmungsrechts, der in den Zustimmungsverweigerungsgründen des § 99 Abs. 2 Nr. 2, 3, 5, 6 BetrVG zum Ausdruck kommt.

Hat der Arbeitgeber den Betriebsrat ordnungsgemäß über die geplante Versetzung unterrichtet,[148] beginnt die Frist des § 99 Abs. 3 BetrVG zu laufen.[149] Der

---

[145] Zum Versetzungsbegriff in der Rechtsprechung des Bundesarbeitsgerichts vgl. *Hunold*, NZA-RR 2001, 617 ff.

[146] *H. Hanau*, Anm. zu BAG 2 AZR 336/97, AP Nr. 49 zu § 2 KSchG 1969 Bl. 13 f.; *von Hoyningen-Huene*, Betriebsverfassungsrecht, S. 327 f.; *von Hoyningen-Huene/Boemke*, Versetzung, S. 46 f.; *Kania*, Anm. zu BAG 2 AZR 283/93, EzA § 99 BetrVG 1972 Nr. 118, S. 21; *Wolter*, RdA 2006, 137 (142); a.A. *Waltermann*, Anm. zu BAG 2 AZR 283/93, SAE 1995, 367 (371).

[147] *Christoph Weber*, Anm. zu BAG 1 AZR 531/86, EzA § 99 BetrVG 1972 Nr. 58, S. 31; *Claus Weber*, Auswirkungen, S. 67 f. Teilweise wird davon ausgegangen, dass das Beteiligungsrecht aus § 99 BetrVG unter dem Gesichtspunkt der Versetzung entfällt, wenn der Arbeitnehmer auf Dauer in einen anderen Betrieb versetzt wird und er damit einverstanden ist, vgl. BAGE 66, 57 (67); BAG AP Nr. 102 zu § 99 BetrVG 1972; Richardi/*Thüsing*, BetrVG, § 99 Rn. 123; dagegen *von Hoyningen-Huene*, Anm. zu BAG 2 AZR 303/92, AP Nr. 102 zu § 99 BetrVG 1972 Bl. 7 mit dem Argument, dass auch bei jeder Einstellung die Mitbestimmung gemäß § 99 BetrVG stattfindet, obwohl der Bewerber stets mit der Einstellung einverstanden ist.

[148] Zu den Anforderungen an den Inhalt der Unterrichtung vgl. *Kraft/Raab*, GK-BetrVG, § 99 Rn. 84; Richardi/*Thüsing*, BetrVG, § 99 Rn. 157 ff.; *Claus Weber*, Auswirkungen, S. 71 f.

Betriebsrat kann seine Zustimmung innerhalb einer Woche schriftlich verweigern. Geht dem Arbeitgeber die Zustimmungsverweigerung nicht innerhalb einer Woche zu, gilt die Zustimmung gemäß § 99 Abs. 3 S. 2 BetrVG als erteilt. Der Betriebsrat kann seine Zustimmung nur aus den in § 99 Abs. 2 BetrVG genannten Gründen mit Erfolg verweigern. Sofern der Betriebsrat seine Zustimmung verweigert, kann der Arbeitgeber gemäß § 99 Abs. 4 BetrVG beim Arbeitsgericht beantragen, die Zustimmung zu ersetzen.

Ausnahmsweise kann der Arbeitgeber eine personelle Maßnahme gemäß § 100 Abs. 1 BetrVG vorläufig durchführen, bevor der Betriebsrat sich geäußert hat oder wenn er seine Zustimmung verweigert hat, wenn dies aus sachlichen Gründen dringend erforderlich ist. Die Zuweisung des anderen Tätigkeitsbereichs stellt sich dann auch ohne Zustimmung des Betriebsrats als betriebsverfassungsrechtlich zulässig dar.[150] Erforderlich ist allerdings gemäß § 100 Abs. 2 BetrVG, dass der Arbeitgeber den Betriebsrat unverzüglich von der vorläufigen personellen Einzelmaßnahme unterrichtet und im Falle des Bestreitens der sachlichen Gründe durch den Betriebsrat innerhalb von drei Tagen beim Arbeitsgericht die Ersetzung der Zustimmung sowie die Feststellung beantragt, dass die Maßnahme aus sachlichen Gründen dringend erforderlich war. Unterliegt der Arbeitgeber vor dem Arbeitsgericht, endet die vorläufige Maßnahme mit Ablauf von zwei Wochen, nachdem die Entscheidung rechtskräftig geworden ist und die personelle Maßnahme darf nicht mehr aufrechterhalten werden (§ 100 Abs. 3 BetrVG).

Für die Verletzung des Beteiligungsrechts aus § 99 Abs. 1 BetrVG kommen verschiedene Fallkonstellationen in Betracht. Unproblematisch ist § 99 Abs. 1 BetrVG verletzt, wenn der Arbeitgeber weder die Zustimmung des Betriebsrats einholt noch ihn von der geplanten personellen Einzelmaßnahme unterrichtet. Denkbar ist weiter, dass der Arbeitgeber den Betriebsrat zwar über die personelle Maßnahme unterrichtet, dann aber eine Äußerung des Betriebsrats nicht abwartet und noch während der Frist des § 99 Abs. 3 S. 1 BetrVG die personelle Maßnahme durchführt. Zudem kommen Fälle vor, in denen der Betriebsrat seine Zustimmung verweigert hat und der Arbeitgeber die personelle Maßnahme durchführt, ohne beim Arbeitsgericht gemäß § 99 Abs. 4 BetrVG die Ersetzung der Zustimmung zu beantragen beziehungsweise obwohl das Arbeitsgericht die Ersetzung der Zustimmung verweigert hat. Weiter kommt in Betracht,

---

[149] Bei nicht ordnungsgemäßer Unterrichtung des Betriebsrats beginnt die Frist des § 99 Abs. 3 S. 1 BetrVG nicht zu laufen, vgl. DKK-*Kittner/Bachner,* BetrVG, § 99 Rn. 156; *Worzalla,* in: HSWG, § 99 Rn. 88.

[150] *Matthes,* DB 1975, 1651 (1652); *Wernery,* Mitbestimmung, S. 326.

dass der Arbeitgeber den Betriebsrat beteiligt und dieser auch seine Zustimmung erteilt, die Beteiligung jedoch fehlerhaft war, beispielsweise wegen unvollständiger Unterrichtung. Schließlich liegt eine Verletzung von § 99 Abs. 1 BetrVG vor, wenn der Arbeitgeber die personelle Maßnahme vorläufig durchführen will, die Voraussetzungen des § 100 Abs. 1, 2 BetrVG aber nicht erfüllt sind.

II. Das Verhältnis von betriebsverfassungsrechtlicher Mitbestimmung zur individualrechtlichen Ebene

Spricht der Arbeitgeber gegenüber dem Arbeitnehmer eine Änderungskündigung zur Versetzung aus, so sind durch diesen Vorgang zwei Ebenen berührt: die betriebsverfassungsrechtliche und die arbeitsvertragliche Ebene.[151] Die betriebsverfassungsrechtliche Ebene betrifft die Beziehungen zwischen dem Arbeitgeber und dem Betriebsrat, bei personellen Einzelmaßnahmen geregelt durch die §§ 99 ff. BetrVG. Es geht dabei um die Frage, ob der Arbeitgeber im Verhältnis zum Betriebsrat zur Durchführung einer bestimmten Maßnahme berechtigt ist. Die arbeitsvertragliche Ebene betrifft die Beziehungen zwischen dem Arbeitgeber und dem einzelnen Arbeitnehmer. Die Beziehungen zwischen Arbeitgeber und Arbeitnehmer sind durch den Arbeitsvertrag sowie gesetzliche Vorschriften und gegebenenfalls einschlägige Tarifverträge und Betriebsvereinbarungen geregelt. Im Falle einer Änderungskündigung greifen die §§ 2, 4 S. 2, 7 Hs. 2, 8 KSchG ein. Die Berechtigung des Arbeitgebers zur Durchführung einer Versetzung gegenüber dem einzelnen Arbeitnehmer richtet sich somit nach dem Arbeitsvertrag.

Sind durch eine Maßnahme des Arbeitgebers beide Ebenen berührt, so stellt sich die Frage, ob für die Wirksamkeit der individualrechtlichen Maßnahme, hier der Änderungskündigung, nur die individualrechtliche oder auch die kollektivrechtliche Ebene bedeutend ist. Es muss daher erörtert werden, in welchem Verhältnis beide zueinander stehen, ob sie nebeneinander stehen oder sich gegenseitig überlagern.

Hinsichtlich der Anhörung des Betriebsrats gemäß § 102 BetrVG trifft das Gesetz eine eindeutige Regelung: § 102 Abs. 1 S. 3 BetrVG sieht als Sanktion für die fehlende vorherige Anhörung die individualrechtliche Unwirksamkeit der Kündigung vor. Die Missachtung des Anhörungserfordernisses bewirkt somit zugleich die Unwirksamkeit auf der individualrechtlichen Ebene.

Bei der Vornahme von personellen Einzelmaßnahmen muss der Arbeitgeber gemäß § 99 Abs. 1 S. 1 BetrVG die Zustimmung des Betriebsrats einholen.

---

[151] Vgl. *Wlotzke*, Anm. zu BAG 2 AZR 283/93, AP Nr. 33 zu § 2 KSchG 1969 Bl. 8.

Normiert das Gesetz ein Zustimmungserfordernis für eine bestimmte Maßnahme, so deutet dies darauf hin, dass die Zustimmung für die Rechtmäßigkeit und Wirksamkeit der Maßnahme erforderlich ist.[152] Ist die Zustimmung demnach Voraussetzung für die Wirksamkeit der Maßnahme, so stellt sich weiter die Frage, welche Ebene beim Fehlen der Zustimmung von der Unwirksamkeit betroffen ist.[153] Im Falle einer Änderungskündigung zur Versetzung liegt einerseits die Zuweisung des neuen Arbeitsbereichs als Versetzung im Sinne von § 95 Abs. 3 BetrVG vor, andererseits muss der Arbeitgeber die individualrechtlichen Voraussetzungen für die Versetzung im Wege der Änderungskündigung schaffen. Da das Zustimmungserfordernis aus § 99 BetrVG ein betriebsverfassungsrechtliches Erfordernis ist, also primär das Verhältnis zwischen Arbeitgeber und Betriebsrat regelt, liegt es nahe, Folgen der fehlenden Zustimmung zunächst auf der betriebsverfassungsrechtlichen Ebene anzunehmen.[154] Eine personelle Einzelmaßnahme des Arbeitgebers, zu deren Vornahme er entgegen dem Betriebsverfassungsgesetz nicht die Zustimmung des Betriebsrats eingeholt hat, ist somit betriebsverfassungsrechtlich unwirksam.[155]

Nach der Betrachtung der kollektivrechtlichen Ebene muss man sich der individualrechtlichen Ebene zuwenden. Im Falle des Ausspruchs einer Änderungskündigung richtet sich das Verhältnis zwischen Arbeitgeber und Arbeitnehmer nach § 2 KSchG, bei anderen individualrechtlichen Maßnahmen des Arbeitgebers nach dem Arbeitsvertrag oder den einschlägigen gesetzlichen Bestimmungen.[156] Ist das Beteiligungsrecht des Betriebsrats aus § 99 BetrVG übergangen worden, so ergibt sich aus dem Betriebsverfassungsgesetz selbst nicht, welche Folgen dies auf individualrechtlicher Ebene hat.[157] Will der Arbeitgeber eine Versetzung im betriebsverfassungsrechtlichen Sinne durchführen, muss die Zuweisung des neuen Arbeitsbereichs aber jedenfalls auch individualrechtlich zulässig sein. Mithin muss die dazu gegebenenfalls erforderliche individualrechtliche Änderung des Arbeitsvertrags – unabhängig ob diese durch einvernehmliche Vertragsänderung oder Änderungskündigung erfolgt – wirksam sein.

Daraus folgt, dass der Arbeitgeber, der eine Versetzung durchführen will, individualrechtlich zu der Maßnahme berechtigt sein und kollektivrechtlich die

---

[152] *Raab*, ZfA 1995, 479 (481).
[153] *Raab*, ZfA 1995, 479 (482); vgl. auch BAGE 74, 291 (299); keine Differenzierung bei *Boewer*, RdA 1974, 72 (73); *P. Hanau*, RdA 1973, 281 (289 f.).
[154] Vgl. BAGE 34, 1 (7).
[155] HaKo-*Pfeiffer*, § 2 KSchG Rn. 70c; *Raab*, ZfA 1995, 479 (482, 498); *Waltermann*, Anm. zu BAG 2 AZR 283/93, SAE 1995, 367 (371).
[156] *Raab*, ZfA 1995, 479 (483).
[157] *Kraft/Raab*, GK-BetrVG, § 99 Rn. 123 ff.; *Raab*, ZfA 1995, 479 (483); eine entsprechende Regelung fehlt auch für die Beteiligung des Betriebsrats gemäß § 87 BetrVG, vgl. Richardi/*Richardi*, BetrVG, § 87 Rn. 101.

Zustimmung des Betriebsrats eingeholt haben muss. Ist die Versetzung des Arbeitnehmers auf der Grundlage seines Arbeitsvertrags zulässig, entbindet dies den Arbeitgeber nicht von der Pflicht zur Einholung der Zustimmung des Betriebsrats. Umgekehrt muss der Arbeitgeber auch bei ausdrücklicher Zustimmung des Betriebsrats zu der Versetzung die individualrechtlichen Voraussetzungen für diese schaffen, bevor er dem Arbeitnehmer den neuen Arbeitsplatz zuweist, sei es durch eine einvernehmliche Vertragsänderung oder eine Änderungskündigung.[158] Folglich stehen bei der Durchführung einer Versetzung im Sinne von §§ 95 Abs. 3, 99 Abs. 1 BetrVG die kollektivrechtliche und die individualrechtliche Ebene gleichberechtigt nebeneinander. Erforderlich für die tatsächliche Durchsetzung ist die Zulässigkeit der Maßnahme auf beiden Ebenen. Es sind daher die Rechtsfolgen der fehlenden vorherigen Zustimmung des Betriebsrats gemäß § 99 Abs. 1 BetrVG auf individualrechtlicher und kollektivrechtlicher Ebene zu untersuchen.

1. Rechtsfolgen auf kollektivrechtlicher Ebene

Ein Verstoß gegen § 99 BetrVG löst verschiedene Rechtsfolgen auf kollektivrechtlicher Ebene aus. § 101 BetrVG gibt dem Betriebsrat einen Anspruch auf Aufhebung einer betriebsverfassungswidrigen personellen Einzelmaßnahme. Gemäß § 23 Abs. 3 BetrVG kann der Betriebsrat die zukünftige Beachtung des Beteiligungsrechts aus § 99 Abs. 1 BetrVG erzwingen.[159] Zudem stellt es gemäß § 121 Abs. 1 BetrVG eine Ordnungswidrigkeit dar, wenn der Arbeitgeber seine Unterrichtungspflicht aus § 99 Abs. 1 BetrVG überhaupt nicht, wahrheitswidrig, unvollständig oder verspätet erfüllt.

Weiter führt die fehlende Zustimmung des Betriebsrats dazu, dass der Arbeitgeber gegenüber dem Betriebsrat nicht berechtigt ist, den Arbeitnehmer auf dem anderen Arbeitsplatz zu beschäftigen. Fehlt es an der Zustimmung des Betriebsrats, darf der Arbeitgeber die Versetzung somit nicht durchführen.[160] Beschäftigt der Arbeitgeber den Arbeitnehmer trotz der fehlenden Zustimmung auf dem neuen Arbeitsplatz, so ist dies betriebsverfassungswidrig. Daraus wird ganz überwiegend ein betriebsverfassungsrechtliches Beschäftigungsverbot gefolgert.[161] Infolgedessen ist eine Beschäftigung des Arbeitnehmers im neuen

---

158 *Fitting*, BetrVG, § 99 Rn. 100; *Raab*, ZfA 1995, 479 (483); Richardi/*Thüsing*, BetrVG, § 99 Rn. 297.

159 BAG AP Nr. 7 zu § 23 BetrVG 1972 Bl. 2; *Oetker*, GK-BetrVG, § 23 Rn. 150; Richardi/*Thüsing*, BetrVG, § 23 Rn. 79.

160 BAGE 74, 291 (301); vgl. auch die amtliche Begründung zum Regierungsentwurf zu § 99 BetrVG: BT-Drcks. VI/1786, S. 51.

161 BAGE 74, 291 (301); HaKo-*Pfeiffer*, § 2 Rn. 70c; Richardi/*Thüsing*, BetrVG, § 99 Rn. 299, 300; *Waltermann*, Anm. zu BAG 2 AZR 283/93, SAE 1995, 367 (371); HK-

Arbeitsbereich auch nicht bis zum Abschluss eines Verfahrens nach § 101 BetrVG zulässig. Das Beschäftigungsverbot wird nicht erst durch das Aufhebungsverlangen des Betriebsrats ausgelöst, sondern besteht unabhängig von seiner Kenntnis von der personellen Einzelmaßnahme.[162] Mit dem Aufhebungsanspruch aus § 101 BetrVG kann der Betriebsrat lediglich die Einhaltung des betriebsverfassungsrechtlichen Beschäftigungsverbots durchsetzen. Ohne die Zustimmung des Betriebsrats ist eine Beschäftigung im neuen Arbeitsbereich nur ausnahmsweise unter den Voraussetzungen des § 100 BetrVG zulässig.

Ein betriebsverfassungsrechtliches Beschäftigungsverbot hat mittelbar auch individualrechtliche Folgen: Der Arbeitnehmer kann seinen allgemeinen Beschäftigungsanspruch bezüglich des neuen Arbeitsplatzes nicht durchsetzen.[163] Dass der Arbeitnehmer auf einer Beschäftigung zu den neuen Arbeitsbedingungen besteht, wird regelmäßig nur dann vorkommen, wenn es sich um eine Versetzung zugunsten des Arbeitnehmers handelt, insbesondere also bei einer Beförderungsversetzung.

Im Verhältnis des Arbeitgebers zum Betriebsrat hat die betriebsverfassungswidrige Durchführung der personellen Einzelmaßnahme zur Folge, dass der Betriebsrat gemäß § 101 S. 1 BetrVG beim Arbeitsgericht beantragen kann, dem Arbeitgeber aufzugeben, die betriebsverfassungswidrige Versetzung aufzuheben. Uneinigkeit besteht hinsichtlich der Herleitung des betriebsverfassungsrechtlichen Beschäftigungsverbots.

a) Anwendung der Theorie der Wirksamkeitsvoraussetzung

Das betriebsverfassungsrechtliche Beschäftigungsverbot könnte sich aus der Theorie der Wirksamkeitsvoraussetzung ergeben. So argumentiert zumindest der 2. Senat des Bundesarbeitsgerichts in seiner Entscheidung zur Änderungskündigung zur Versetzung vom 30.9.1993.[164]

Der 2. Senat vertritt den Standpunkt, dass der Ausspruch einer Änderungskündigung zur Versetzung ohne vorherige Zustimmung des Betriebsrats ein An-

---

KSchG/*Weller/Hauck*, § 2 Rn. 174; a.A. *von Hoyningen-Huene*, NZA 1993, 145 (150); *von Hoyningen-Huene/Boemke*, Versetzung, S. 198; *Meisel*, Mitwirkung, Rn. 371.

162 Anders *Claus Weber*, Auswirkungen, S. 112 f., demzufolge das Beschäftigungsverbot nicht automatisch besteht, sondern erst nach einer Entscheidung des Arbeitsgerichts im Sinne der §§ 101 S. 1, 100 Abs. 3 BetrVG.

163 Vgl. BAGE 97, 276 (289) in Bezug auf die fehlende Zustimmung zur Einstellung.

164 BAGE 74, 291 ff.

wendungsfall der Theorie der Wirksamkeitsvoraussetzung sei.[165] Nach der Theorie der Wirksamkeitsvoraussetzung könnten Maßnahmen zum Nachteil des Arbeitnehmers ohne Zustimmung des Betriebsrats nicht verbindlich durchgeführt werden. Als mitbestimmungspflichtige Maßnahme im Sinne von § 99 BetrVG sei die Durchführung der personellen Einzelmaßnahme anzusehen. Bei der Änderungskündigung zur Versetzung sei also nicht die Kündigung selbst zustimmungsbedürftig, sondern die tatsächliche Zuweisung des neuen Arbeitsbereichs. Der 2. Senat zieht daraus den Schluss, dass infolge der Anwendung der Theorie der Wirksamkeitsvoraussetzung die wirksame Durchsetzung der Maßnahme nicht möglich sei. Die fehlende Zustimmung hindere folglich den Arbeitgeber an der tatsächlichen Zuweisung und Beschäftigung des Arbeitnehmers im neuen Arbeitsbereich.

An dieser Begründung überrascht zunächst, dass der 2. Senat die Theorie der Wirksamkeitsvoraussetzung heranzieht. Es erscheint zwar an sich nicht ausgeschlossen, diese Theorie außer in den Fällen des § 87 BetrVG auch in den Fällen des § 99 BetrVG anzuwenden.[166] Allerdings hat das Bundesarbeitsgericht in seiner vorhergehenden Rechtsprechung bei der Anwendung von § 99 BetrVG kaum Bezug auf die Theorie der Wirksamkeitsvoraussetzung genommen.[167] So hat der 1. Senat in mehreren Entscheidungen eine ohne die Zustimmung des Betriebsrats gemäß § 99 Abs. 1 BetrVG angeordnete Versetzung jeweils für unwirksam gehalten, ohne die Theorie der Wirksamkeitsvoraussetzung überhaupt zu erwähnen.[168] Dies allein spricht natürlich in der Sache nicht gegen die Heranziehung der Theorie der Wirksamkeitsvoraussetzung bei der Änderungskündigung zur Versetzung ohne Zustimmung des Betriebsrats.

Problematisch erscheint die Anwendung der Theorie der Wirksamkeitsvoraussetzung jedoch in der Hinsicht, dass sie die Frage klären soll, ob und wie sich eine Nichtbeteiligung des Betriebsrats auf die Rechtsbeziehung zum einzelnen Arbeitnehmer auswirkt. Die Theorie der Wirksamkeitsvoraussetzung behandelt mithin die Rechtsfolgen auf individualrechtlicher, nicht auf kollektivrechtlicher Ebene. Hinzu kommt, dass es sich bei der tatsächlichen Zuweisung eines neuen Arbeitsbereichs im Sinne von § 95 Abs. 3 BetrVG um einen bloßen Realakt handelt. Rechtsgeschäfte können wirksam oder unwirksam sein, nicht aber

---

165 BAGE 74, 291 (298).

166 *Waltermann,* Anm. zu BAG 2 AZR 283/93, SAE 1995, 367 (368); so auch schon *P. Hanau*, RdA 1973, 281 (289 f.); a.A. *Miersch*, Rechtsfolgen, S. 159 f.

167 *Waltermann,* Anm. zu BAG 2 AZR 283/93, SAE 1995, 367 (370).

168 BAGE 57, 242 (255 f.); BAG NZA 1993, 714 (717); BAG NZA 1994, 187 (189).

Realakte.[169] Die Frage der Wirksamkeit oder Unwirksamkeit stellt sich nur im Hinblick auf das der Versetzung zugrunde liegende Rechtsgeschäft. Von daher will die Theorie der Wirksamkeitsvoraussetzung nicht so recht auf die Versetzung passen. So ist denn auch im Urteil des 2. Senats weder im Leitsatz noch in der Urteilsbegründung die Rede davon, dass die Versetzung unwirksam sei, sondern dass der Arbeitgeber die neuen Arbeitsbedingungen nicht durchsetzen könne.[170] Daher wird diese Rechtsprechung des 2. Senats auch als „Theorie der Durchsetzbarkeitsvoraussetzung" bezeichnet.[171]

Aber auch Durchsetzbarkeit scheint nicht der richtige Begriff zu sein. Entweder der Arbeitgeber setzt die personelle Einzelmaßnahme ohne die Zustimmung des Betriebsrats tatsächlich durch oder er tut dies nicht. Die Frage der Durchsetzbarkeit stellt sich also nicht. Relevant ist vielmehr, ob der Arbeitgeber zur Durchsetzung der personellen Einzelmaßnahme berechtigt war. Man muss sich daher fragen, ob die Durchführung der Versetzung als tatsächlicher Vorgang zulässig war oder nicht.[172] Dass die Versetzung in betriebsverfassungsrechtlicher Hinsicht unzulässig war, steht aber ohnehin fest. Die „Durchsetzbarkeit" ist demgegenüber keine sinnvolle Kategorie für die Änderungskündigung zur Versetzung.[173]

Die Theorie der Wirksamkeitsvoraussetzung passt somit auf den Fall der tatsächlichen Durchführung einer Versetzung nicht und ist damit hier unanwendbar. Das betriebsverfassungsrechtliche Beschäftigungsverbot kann nicht über die Theorie der Wirksamkeitsvoraussetzung hergeleitet werden.

---

169 *H. Hanau*, Anm. zu BAG 2 AZR 336/97, AP Nr. 49 zu § 2 KSchG 1969 Bl. 13 f.; *von Hoyningen-Huene*, Anm. zu BAG 1 AZR 303/92, AP Nr. 102 zu § 99 BetrVG 1972 Bl. 6; *Kania*, Anm. zu BAG 2 AZR 283/93, EzA § 99 BetrVG 1972 Nr. 118, S. 21.

170 Vgl. BAGE 74, 291 (298).

171 *H. Hanau*, Anm. zu BAG 2 AZR 336/97, AP Nr. 49 zu § 2 KSchG 1969 Bl. 11 R; *Henssler*, Anm. zu BAG 2 AZR 336/97, SAE 2000, 247 (251); *Stoffels*, ZfA 2002, 401 (425); vgl. auch *Wolter*, RdA 2006, 137 (141): „Theorie der Nichtdurchführbarkeit".

172 Vgl. *von Hoyningen-Huene/Boemke*, Versetzung, S. 196; *von Hoyningen-Huene*, NZA 1993, 145 (150); *ders.*, Anm. zu BAG 1 AZR 303/92, AP Nr. 102 zu § 99 BetrVG 1972 Bl. 6; *Kania*, Anm. zu BAG 2 AZR 283/93, EzA § 99 BetrVG 1972 Nr. 118, S. 20 f.; *Miersch*, Rechtsfolgen, S. 141 f.; *Wernery*, Mitbestimmung, S. 308.

173 *H. Hanau*, Anm. zu BAG 2 AZR 336/97, AP Nr. 49 zu § 2 KSchG 1969 Bl. 14.

b) Herleitung des Beschäftigungsverbots aus der Systematik der §§ 99 ff. BetrVG

Als Grundlage für das betriebsverfassungsrechtliche Beschäftigungsverbot lässt sich möglicherweise die Systematik der §§ 99 ff. BetrVG heranziehen.[174]

Dazu muss untersucht werden, welche Rechtsfolge sich aus der Systematik der §§ 99 ff. BetrVG aus einem Verstoß gegen das Zustimmungserfordernis ergibt. Sofern die Durchführung aus sachlichen Gründen dringend erforderlich ist, kann der Arbeitgeber die personelle Einzelmaßnahme gemäß § 100 Abs. 1 BetrVG auch ohne die Zustimmung des Betriebsrats vorläufig durchführen. § 101 BetrVG bestimmt, dass der Betriebsrat beim Arbeitsgericht beantragen kann, dass dieses dem Arbeitgeber aufgibt, die personelle Maßnahme aufzuheben, wenn er die Maßnahme ohne Zustimmung des Betriebsrats, beziehungsweise ohne dass die Voraussetzungen des § 100 BetrVG vorliegen, durchführt.

In § 100 BetrVG gibt es also einerseits eine Norm, die bestimmt, wann eine personelle Maßnahme ausnahmsweise auch ohne die Zustimmung des Betriebsrats durchgeführt werden darf. Andererseits sieht § 101 BetrVG eine Reaktionsmöglichkeit des Betriebsrats vor, falls der Arbeitgeber den Arbeitnehmer unberechtigterweise ohne die Zustimmung des Betriebsrats im neuen Arbeitsbereich beschäftigt. Sollte der Betriebsrat seine Zustimmung nicht erteilen, kann der Arbeitgeber den Antrag auf Ersetzung der Zustimmung gemäß § 99 Abs. 4 BetrVG stellen und in dringenden Fällen die Maßnahme nach Maßgabe des § 100 BetrVG vorläufig durchführen. Aus dem Ausnahmecharakter dieser Vorschrift ergibt sich dabei, dass die Durchführung der personellen Maßnahme ohne die Zustimmung des Betriebsrats grundsätzlich nicht gewollt ist: Könnte der Arbeitgeber die personelle Maßnahme auch ohne die Zustimmung des Betriebsrats durchführen, bedürfte es der Ausnahmeregelung des § 100 BetrVG für dringende Fälle nicht.[175] Daraus lässt sich entnehmen, dass § 99 Abs. 1 BetrVG nicht nur das Gebot enthält, vor Durchführung der personellen Einzelmaßnahme die Zustimmung einzuholen, sondern auch das Verbot der tatsächlichen Durchführung der personellen Einzelmaßnahme ohne die Zustimmung des Betriebsrats.[176] Diese Annahme wird auch durch die amtliche Begründung zum Regierungsentwurf zum Betriebsverfassungsgesetz 1972 gestützt: In Bezug auf § 99 BetrVG heißt es darin, dass der Arbeitgeber die

---

174 *Waltermann*, Anm. zu BAG 2 AZR 283/93, SAE 1995, 367 (370).

175 *Kraft/Raab*, GK-BetrVG, § 100 Rn. 2; *Waltermann*, Anm. zu BAG 2 AZR 283/93, SAE 1995, 367 (371); vgl. auch *Raab*, ZfA 1995, 479 (500 f.).

176 *Waltermann*, Anm. zu BAG 2 AZR 283/93, SAE 1995, 367 (371).

personelle Maßnahme nicht durchführen dürfe, es sei denn, die Zustimmung werde durch das Arbeitsgericht ersetzt.[177]

Das betriebsverfassungsrechtliche Beschäftigungsverbot lässt sich somit der Systematik der §§ 99 ff. BetrVG entnehmen.

2. Rechtsfolgen auf individualrechtlicher Ebene

Zu untersuchen ist weiter, ob sich die fehlende Zustimmung des Betriebsrats neben der kollektivrechtlichen Ebene auch auf der individualrechtlichen Ebene auswirkt.[178] Das Betriebsverfassungsgesetz trifft keine Aussage darüber, welche Folgen es für das betroffene Arbeitsverhältnis hat, wenn der Arbeitgeber das Beteiligungsrecht des Betriebsrats aus § 99 BetrVG übergeht.[179]

Wenn die kollektivrechtliche und die individualrechtliche Ebene nebeneinander stehen, ist zweifelhaft, ob es dogmatisch möglich ist, dass die Verletzung eines Mitbestimmungstatbestands Auswirkungen auf die individualrechtliche Ebene hat. Dass diese Frage grundsätzlich zu bejahen ist, zeigt aber schon das Beispiel des § 102 Abs. 1 S. 3 BetrVG, wonach eine ohne Anhörung des Betriebsrats ausgesprochene Kündigung unwirksam ist.[180] Darin hat der Gesetzgeber ausdrücklich individualrechtliche Rechtsfolgen der fehlenden Anhörung des Betriebsrats vorgesehen. Als weiteres Beispiel für die Verquickung von Individualarbeitsrecht und Betriebsverfassungsrecht lässt sich § 104 BetrVG nennen, wonach der Betriebsrat die Versetzung oder Entlassung eines betriebsstörenden Arbeitnehmers vom Arbeitgeber verlangen kann.[181] Der Betriebsrat kann gemäß § 104 S. 2 BetrVG beim Arbeitsgericht beantragen, dem Arbeitgeber die Durchführung der Entlassung oder Versetzung aufzugeben, wodurch er mittelbar die individualrechtliche Maßnahme selbst erwirken kann. Auswirkungen von Fehlern auf der kollektivrechtlichen Ebene auf die individualrechtliche Ebene sind daher nicht ausgeschlossen.[182]

Die Antwort auf die Frage nach den Rechtsfolgen der fehlenden Beteiligung des Betriebsrats gemäß § 99 Abs. 1 BetrVG auf die Änderungskündigung als individualrechtliche Maßnahme kann möglicherweise schon dem Wortlaut des § 99 BetrVG entnommen werden. Ein Zustimmungserfordernis deutet unter Heranziehung der §§ 182 ff. BGB stets darauf hin, dass es sich um eine Wirk-

---

177 BT-Drcks. VI/1786, S. 51; vgl. *Waltermann,* Anm. zu BAG 2 AZR 283/93, SAE 1995, 367 (371).

178 Vgl. BAGE 97, 276 (287).

179 *Kraft/Raab*, GK-BetrVG, § 99 Rn. 123 ff.; Richardi/*Thüsing*, BetrVG, § 99 Rn. 290.

180 Vgl. *Claus Weber*, Auswirkungen, S. 18.

181 *Miersch*, Rechtsfolgen, S. 234.

182 So auch *Meyer*, BB 1982, 1614 (1615).

samkeitsvoraussetzung für die betreffende Maßnahme handelt.[183] Stützt man sich bei der Auslegung auf § 182 BGB, ist allerdings zu berücksichtigen, dass diese Vorschrift nur Fälle erfasst, in denen die Wirksamkeit eines Rechtsgeschäfts von der Zustimmung eines Dritten abhängt.[184] Bei der Versetzung handelt es sich gemäß der Legaldefinition in § 95 Abs. 3 BetrVG um die tatsächliche Zuweisung eines neuen Arbeitsbereichs und damit um einen bloßen Realakt.[185] Die fehlende Zustimmung des Betriebsrats führt demnach zur Betriebsverfassungswidrigkeit der Zuweisung. Eine darüber hinausgehende Unwirksamkeit der individualrechtlichen Maßnahme lässt sich dem Gesetzeswortlaut jedoch nicht entnehmen.

Auch aus der Entstehungsgeschichte der §§ 99 ff. BetrVG kann nicht geschlossen werden, dass es sich bei der Zustimmung des Betriebsrats um eine individualrechtliche Wirksamkeitsvoraussetzung handelt.[186] In der amtlichen Begründung zum Regierungsentwurf des Betriebsverfassungsgesetzes 1972 heißt es lediglich, dass der Arbeitgeber die personelle Maßnahme ohne die Zustimmung nicht durchführen dürfe.[187] Vor dieser Neufassung enthielten die Vorschriften des Betriebsverfassungsgesetzes über die Beteiligung des Betriebsrats bei Einstellungen, Umgruppierungen und Versetzungen (§§ 61-63 BetrVG 1952) sowie die Beteiligung des Betriebsrats bei Kündigungen (§ 66 BetrVG 1952) keine Regelung über individualrechtliche Rechtsfolgen der Verletzung des jeweiligen Beteiligungsrechts. Im Rahmen der Neufassung wurde das Anhörungsrecht des Betriebsrats bei Kündigungen um die Unwirksamkeitsregelung des § 102 Abs. 1 S. 3 BetrVG ergänzt. Für die Beteiligung des Betriebsrats in personellen Angelegenheiten gemäß § 99 BetrVG wurde eine entsprechende Regelung allerdings nicht aufgenommen.

Ob es sich bei der Zustimmung gemäß § 99 Abs. 1 BetrVG um eine individualrechtliche Wirksamkeitsvoraussetzung handelt, könnte sich jedoch aus der Systematik der §§ 99 ff. BetrVG ergeben. Gerade aus § 102 Abs. 1 S. 3 BetrVG

---

183 *Kraft/Raab*, GK-BetrVG, § 99 Rn. 124; *Raab*, ZfA 1995, 479 (481 f.).

184 *Ehrich*, NZA 1992, 731 (733); *Miersch*, Rechtsfolgen, S. 257, 265 ff.; *Wernery*, Mitbestimmung, S. 318; vgl. auch BAG AP Nr. 1 zu § 184 BGB Bl. 2 m. krit. Anm. *Larenz*.

185 *H. Hanau*, Anm. zu BAG 2 AZR 336/97, AP Nr. 49 zu § 2 KSchG 1969 Bl. 13 f.; *von Hoyningen-Huene*, Betriebsverfassungsrecht, S. 327 f.; *von Hoyningen-Huene/ Boemke*, Versetzung, S. 46 f.; *Kania*, Anm. zu BAG 2 AZR 283/93, EzA § 99 BetrVG 1972 Nr. 118, S. 21; a.A. *Waltermann*, Anm. zu BAG 2 AZR 283/93, SAE 1995, 367 (371).

186 So auch *Ehrich*, NZA 1992, 731 (733); anders aber *P. Hanau*, RdA 1973, 281 (289 f.), demzufolge nach der Neuregelung die Beteiligung des Betriebsrats gemäß § 99 BetrVG Wirksamkeitsvoraussetzung für eine personelle Maßnahme sei. Die Übernahme der Theorie der Wirksamkeitsvoraussetzung könne geradezu als die wichtigste Neuerung in der Mitbestimmung bei personellen Einzelmaßnahmen angesehen werden.

187 BT-Drcks. VI/1786, S. 51.

könnte sich im Umkehrschluss ergeben, dass im Falle einer Verletzung des Mitbestimmungsrechts aus § 99 BetrVG ein Durchschlagen auf die individualrechtliche Ebene ausgeschlossen ist. § 99 BetrVG sieht keine Rechtsfolgen für die zugrunde liegende individualrechtliche Maßnahme vor, so dass aus der Tatsache, dass in § 102 Abs. 1 S. 3 BetrVG im Gegensatz dazu die Unwirksamkeit der Kündigung angeordnet ist, gefolgert werden könnte, dass in den Fällen des § 99 BetrVG die individualrechtliche Maßnahme gerade nicht unwirksam sein soll.[188] Voraussetzung für die Richtigkeit eines solchen Umkehrschlusses ist jedoch, dass die Beteiligungsrechte aus § 99 BetrVG einerseits und § 102 BetrVG andererseits qualitativ gleichwertig sind.[189] Nur dann kann aus dem Fehlen einer entsprechenden Regelung in § 99 BetrVG ein zutreffender Schluss gezogen werden.

§ 102 Abs. 1 S. 1 BetrVG sieht vor, dass der Betriebsrat vom Arbeitgeber vor jeder Kündigung anzuhören ist. Hat der Arbeitgeber die Anhörung durchgeführt, kann er die Kündigung aussprechen, auch wenn der Betriebsrat sich nicht geäußert (§ 102 Abs. 2 S. 2 BetrVG) oder der Kündigung gemäß § 102 Abs. 3 BetrVG widersprochen hat. Wirksamkeitsvoraussetzung ist somit die Durchführung des Anhörungsverfahrens an sich, nicht eine bestimmte Reaktion des Betriebsrats. Gegebenenfalls kann ein ordnungsgemäßer Widerspruch allerdings die Sozialwidrigkeit der Kündigung begründen.[190]

§ 102 BetrVG bezweckt primär den Schutz kollektiver Interessen.[191] Erst wenn der Arbeitgeber den Betriebsrat angehört und die Kündigung ausgesprochen hat, beginnt der individuelle Kündigungsschutz.[192] Im Rahmen des individuellen Kündigungsschutzes hat der Arbeitnehmer gemäß § 3 KSchG die Möglichkeit, Einspruch gegen die Kündigung beim Betriebsrat einzulegen.[193] Die individualrechtliche Rechtsfolge der Unwirksamkeit der Kündigung bedurfte somit einer ausdrücklichen gesetzlichen Regelung in § 102 Abs. 1 S. 3 BetrVG, weil

---

188 So *Ehrich*, NZA 1992, 731 (733); *Claus Weber*, Auswirkungen, S. 85 f.; vgl. auch *Worzalla*, in: HSWG, § 87 Rn. 85 f., der diesen Umkehrschluss aus § 102 Abs. 1 S. 3 BetrVG für die Fälle der Mitbestimmung in sozialen Angelegenheiten gemäß § 87 BetrVG zieht.

189 *Raab*, ZfA 1995, 479 (485); dem folgend *Wernery*, Mitbestimmung, S. 320.

190 Dies gilt in den Fällen des § 1 Abs. 2 S. 2 Nr. 1 und S. 3 KSchG, vgl. KR-*Etzel*, § 102 BetrVG Rn. 106; *Raab*, GK-BetrVG, § 102 Rn. 156; Richardi/*Thüsing*, BetrVG, § 102 Rn. 194.

191 BAG SAE 1986, 309 ff. m. insoweit zust. Anm. *Mummenhoff*; für einen zumindest auch kollektivrechtlichen Schutzzweck: *Kraft*, Anm. zu BAG 2 AZR 920/93, AP Nr. 64 zu § 102 BetrVG 1972 Bl. 7; *Raab*, GK-BetrVG, § 102 Rn. 3; *Stege/Weinspach*, BetrVG, § 102 Rn. 27; a.A. APS/*Koch*, § 102 BetrVG Rn. 131.

192 *Mummenhoff*, Anm. zu BAG 2 AZR 412/84, SAE 1986, 313 (314).

193 Zur Bedeutung des § 3 KSchG neben § 102 BetrVG vgl. KR-*Rost*, § 3 KSchG Rn. 2 ff.

sie sich dem kollektivrechtlichen Schutzzweck des Anhörungserfordernisses nicht entnehmen lässt. Zudem ist es bei einem Anhörungserfordernis anders als bei einem Zustimmungserfordernis nicht selbstverständlich, dass seine Erfüllung eine konstitutive Wirksamkeitsvoraussetzung für die mitbestimmungspflichtige Maßnahme ist.[194] Zweck des Anhörungsrechts ist lediglich die Information des Betriebsrats und die Ermöglichung seiner Einflussnahme auf den Entscheidungsprozess beim Arbeitgeber.[195] Auch aus diesem Grund war die Regelung der Unwirksamkeitsfolge durch den Gesetzgeber erforderlich.[196]

Ein Zustimmungserfordernis impliziert demgegenüber, dass die betreffende Maßnahme ohne die Zustimmung unwirksam ist.[197] Dies zeigt sich auch am Beispiel von §§ 102 Abs. 6, 103 Abs. 1 BetrVG, wonach die Kündigung der Zustimmung des Betriebsrats bedarf. Die Zustimmung des Betriebsrats stellt dort eine zivilrechtliche Wirksamkeitsvoraussetzung für die Kündigung dar, ohne dass es einer speziellen gesetzlichen Anordnung dieser Rechtsfolge bedurft hätte.[198] Eine gesetzliche Anordnung zur Begründung der Rechtsfolge der Unwirksamkeit wäre demnach in § 99 BetrVG überhaupt nicht erforderlich gewesen. Daraus, dass das Gesetz die individualrechtlichen Folgen der Verletzung dieser Mitbestimmungsrechte nicht regelt, kann also nicht geschlossen werden, dass die fehlende Zustimmung keine individualrechtlichen Auswirkungen hat.[199]

Im Gegenteil könnte aus dem Vergleich mit den Zustimmungsrechten in §§ 102 Abs. 6, 103 Abs. 1 BetrVG sogar der Schluss gezogen werden, dass aufgrund des Fehlens der Anordnung einer Rechtsfolge davon auszugehen ist, dass die Zustimmung zivilrechtliche Wirksamkeitsvoraussetzung ist. Dies setzt jedoch voraus, dass das Zustimmungserfordernis aus § 99 BetrVG mit dem aus § 102 Abs. 6 BetrVG beziehungsweise § 103 Abs. 1 BetrVG strukturell vergleichbar ist. Anknüpfungspunkt für das Zustimmungserfordernis ist in §§ 102 Abs. 6, 103 Abs. 1 BetrVG die individualrechtliche Maßnahme selbst, also die Kündigung.[200] Ist die individualrechtliche Maßnahme Gegenstand des Zustimmungsrechts, folgt daraus zwingend die Unwirksamkeit der Maßnahme

---

194 *Raab*, ZfA 1995, 479 (485).

195 BAGE 30, 386 (391); BAGE 44, 249 (257); *Raab*, GK-BetrVG, § 102 Rn. 3.

196 BAG EzA § 9 ASiG Nr. 1, S. 17; *von Hoyningen-Huene*, DB 1987, 1426 (1429); *Martens*, Anmerkung zu BAG 5 AZR 56/79 sowie BAG 5 AZR 1241/79, SAE 1982, 159; *Meyer*, BB 1982, 1614 (1615); *Raab*, ZfA 1995, 479 (485 f.).

197 *Raab*, ZfA 1995, 479 (486); *Wernery*, Mitbestimmung, S. 319.

198 BAGE 26, 219 (223); BAG AP Nr. 5 zu § 103 BetrVG Bl. 1 R; *Raab*, GK-BetrVG, § 102 Rn. 197; *ders.*, GK-BetrVG, § 103 Rn. 48; *ders.*, ZfA 1995, 479 (486); Richardi/*Thüsing*, BetrVG, § 102 Rn. 297.

199 *Raab*, ZfA 1995, 479 (486).

200 *Raab*, ZfA 1995, 479 (486).

im Falle des Fehlens der Zustimmung.[201] Bei dem Zustimmungserfordernis aus § 99 BetrVG ist es jedoch so, dass der Anknüpfungspunkt für das Zustimmungsrecht nicht die individualrechtliche Maßnahme selbst ist, sondern die geplante personelle Einzelmaßnahme. Diese ist ohne die erforderliche Zustimmung betriebsverfassungsrechtlich unwirksam. Ob sich diese Unwirksamkeitsfolge auf die kollektivrechtliche Ebene beschränkt oder sich auf die individualrechtliche Ebene erstreckt, steht damit allerdings noch nicht fest. Eine systematische Auslegung trägt daher nicht zur Klärung der Frage nach den Folgen der fehlenden Mitbestimmung gemäß § 99 Abs. 1 BetrVG auf der individualrechtlichen Ebene bei.

Die Unwirksamkeit der individualrechtlichen Maßnahme kann sich daher nur aus dem Sinn und Zweck des Mitbestimmungsrechts ergeben.[202] Dies ist für das Kündigungselement und das Änderungselement der Änderungskündigung getrennt zu erörtern.

a) Auswirkungen auf das Änderungsangebot

Ein Verstoß gegen § 99 BetrVG könnte zunächst Einfluss auf die Wirksamkeit des Änderungsangebots haben. Sofern das Änderungsangebot unwirksam ist, hat dies die Unwirksamkeit der ganzen Änderungskündigung zur Folge.[203] Die beiden Elemente der Änderungskündigung stehen nicht beziehungslos nebeneinander. Die Unwirksamkeit ist nicht auf das Änderungsangebot beschränkt, sondern erfasst auch die Kündigungserklärung.[204] Dies ergibt sich schon daraus, dass bei der Prüfung der sozialen Rechtfertigung der Änderungskündigung nicht auf die Beendigung des Arbeitsverhältnisses abzustellen ist, sondern auf die Fortsetzung des Arbeitsverhältnisses zu den geänderten Arbeitsbedingungen.[205] Die Unwirksamkeit des Änderungsangebots bewirkt mithin die Unwirksamkeit des Kündigungselements. Im Unterschied zur Verletzung des Anhörungserfordernisses aus § 102 BetrVG, bei der die Auswirkungen auf das Änderungsangebot nur im Falle der vorbehaltlosen Annahme relevant sind,[206] kommt es bei der Verletzung des Zustimmungserfordernisses aus § 99 BetrVG unab-

---

201 BAGE 97, 276 (287); *Raab*, ZfA 1995, 479 (486 ff.); *Wernery*, Mitbestimmung, S. 321.

202 BAGE 34, 1 (7); BAGE 97, 276 (287); *Raab*, ZfA 1995, 479 (488 f.).

203 BAGE 91, 22 (26 f.); *Henssler*, Anm. zu BAG 2 AZR 336/97, SAE 2000, 247; a.A. *Berkowsky*, DB 1999, 1606 (1608), demzufolge Kündigung und Änderungsangebot jeweils für sich zu betrachten sind, sog. Trennungstheorie.

204 BAGE 91, 22 (26 f.); *Boewer*, RdA 2001, 380 (396); *Hromadka*, DB 2002, 1322 (1324); anders noch BAGE 59, 132 (139), wonach die Unwirksamkeit der Änderungskündigung nicht zwangsläufig aus der Unwirksamkeit des Änderungsangebots folgt, sondern sich nach § 139 BGB richtet; a.A. *Berkowsky*, DB 1999, 1606.

205 Siehe oben B.VI., S. 17 ff.

206 Siehe oben D.I., S. 28 ff.

hängig von der Reaktion des Arbeitnehmers auf die Änderungskündigung auf die Wirksamkeit des Änderungsangebots an.[207]

Mit dem Änderungsangebot soll die Vertragsänderung bewirkt werden, die die erforderliche individualrechtliche Grundlage für die Änderung des Arbeitsbereichs darstellt. Dies könnte dafür sprechen, dass § 99 BetrVG sich auf das Änderungsangebot bezieht. Es ist daher zu untersuchen, ob ein Verstoß gegen ein Verbotsgesetz im Sinne von § 134 BGB vorliegt. Sofern dies zu verneinen ist, muss geklärt werden, ob im Falle eines Verstoßes nach dem Sinn und Zweck des § 99 BetrVG nur die tatsächliche Beschäftigung des Arbeitnehmers im neuen Arbeitsbereich verhindert werden soll oder auch die zugrunde liegende Vertragsänderung.

aa) Unwirksamkeit des Änderungsangebots gemäß § 134 BGB in Verbindung mit § 99 BetrVG

Das Änderungsangebot könnte gemäß § 134 BGB in Verbindung mit § 99 Abs. 1 BetrVG unwirksam sein. Dies setzt voraus, dass es sich bei § 99 BetrVG um ein Verbotsgesetz handelt und keine anderweitige Rechtsfolge für den Verstoß geregelt ist. Zudem muss das Verbotsgesetz sich gegen die Abgabe eines entsprechenden Änderungsangebots richten, damit sich die Unwirksamkeitsfolge gerade auf das Änderungsangebot bezieht.

An dieser Stelle kann ein Urteil des Bundesarbeitsgerichts vom 10.2.1999[208] herangezogen werden, in dem der 2. Senat eine Änderungskündigung wegen eines Verstoßes gegen einen Tarifvertrag als unwirksam angesehen hat. Das Änderungsangebot wurde gemäß § 134 BGB in Verbindung mit § 4 Abs. 3 TVG als unwirksam angesehen, weil es gegen eine tariflich zwingende Vorschrift verstoßen hatte. Mit der Änderungskündigung hatte der Arbeitgeber versucht, den Abbau einer tariflich gesicherten Leistung durchzusetzen.

Ebenso könnte ein betriebsverfassungswidriges Änderungsangebot als unwirksam angesehen werden,[209] weil es ein rechtlich nicht zulässiges Ziel verfolgt. Wie im Fall der Änderungskündigung zum Abbau tariflich gesicherter Leistungen beinhaltet das Änderungsangebot eine nicht realisierbare Vertragsänderung, weil der Arbeitgeber zur tatsächlichen Beschäftigung des Arbeitnehmers auf dem neuen Arbeitsplatz ohne die Zustimmung des Betriebsrats nicht berechtigt

---

[207] Eine Ausnahme bilden die Fälle, in denen die Änderungskündigung bereits an einer Verletzung von § 1 Abs. 3 KSchG scheitert und das Änderungsangebot daher nicht mehr überprüft werden muss, vgl. APS/*Künzl*, § 2 KSchG Rn. 19.

[208] BAGE 91, 22 ff. = RdA 2000, 37 ff. m. Anm. *Rieble*.

[209] Vgl. *Henssler*, Anm. zu BAG 2 AZR 336/97, SAE 2000, 247 in Bezug auf ein Änderungsangebot unter Verstoß gegen § 87 Abs. 1 Nr. 10 BetrVG.

ist. Aufgrund des in beiden Fällen nicht realisierbaren Änderungsangebots könnte daher auch im Fall der Änderungskündigung zur Versetzung ohne vorherige Zustimmung des Betriebsrats das Änderungsangebot gemäß § 134 BGB als unwirksam angesehen werden.

Ein Verstoß gegen § 99 BetrVG müsste zum Zeitpunkt des Zugangs des Änderungsangebots feststellbar sein. Wie bereits oben gezeigt, ist es bei einer Änderungskündigung zur Versetzung nicht erforderlich, dass die Zustimmung des Betriebsrats schon zum Zeitpunkt des Ausspruchs der Änderungskündigung – und damit auch der Abgabe des Änderungsangebots – vorliegt.[210] Da das Mitbestimmungsrecht aus § 99 Abs. 1 BetrVG erst an die tatsächliche Beschäftigung des Arbeitnehmers im neuen Arbeitsbereich anknüpft, muss die Zustimmung des Betriebsrats erst vorliegen, wenn der Arbeitgeber dem Arbeitnehmer den neuen Arbeitsbereich im Sinne von § 95 Abs. 3 BetrVG zuweist. Dieser Zeitpunkt wird wegen der erforderlichen Einhaltung von Kündigungsfristen regelmäßig einige Zeit nach dem Ausspruch der Änderungskündigung liegen. Zum Zeitpunkt des Zugangs der Änderungskündigung kann mithin noch kein Verstoß gegen § 99 Abs. 1 BetrVG festgestellt werden.

Für die Beurteilung, ob die mit der Änderungskündigung angestrebte Änderung der Arbeitsbedingungen rechtlich zulässig ist, ist zwar grundsätzlich der Zeitpunkt des Zugangs der Kündigung maßgeblich.[211] Zu berücksichtigen ist allerdings auch, von welchem Zeitpunkt an die Arbeitsbedingungen geändert werden sollen und ob diese Änderung dann zulässig ist. Ob der Arbeitsvertrag vom Zeitpunkt des Zugangs der Änderungskündigung an mit sofortiger Wirkung geändert werden kann, ist unerheblich, weil eine sofortige Änderung mit der (ordentlichen) Änderungskündigung nicht bewirkt werden soll.[212] Diese Grundsätze hat der 4. Senat des Bundesarbeitsgerichts in einem Urteil vom 10.3.1982[213] entwickelt. Im zugrunde liegenden Fall verstieß das Änderungsangebot des Arbeitgebers zur Reduzierung der Vergütung nicht gegen zwingende tarifliche Vorschriften, weil bereits zum Zeitpunkt des Ausspruchs der Kündigung feststand, dass der betreffende Monatslohntarifvertrag zu dem Zeitpunkt, in dem die Vertragsänderung in Kraft treten sollte, nicht mehr mit unmittelbarer und zwingender Wirkung zwischen den Parteien gelten würde (Nachwirkung, § 4 Abs. 5 TVG) und deshalb durch eine abweichende vertragliche Vereinbarung ersetzt werden konnte.

---

210 Siehe oben C.II., S. 24 ff.

211 BAGE 38, 106 (114).

212 BAGE 38, 106 (114 f.).

213 BAGE 38, 106 ff. = AP Nr. 2 zu § 2 KSchG 1969 m. zust. Anm. *Meisel* = SAE 1983, 104 ff. m. Anm. *von Hoyningen-Huene*.

Im Fall der Änderungskündigung zur Versetzung steht demgegenüber zum Zeitpunkt des Zugangs der Kündigung noch nicht fest, ob der Arbeitgeber die Zustimmung des Betriebsrats noch einholt oder die Ersetzung der Zustimmung in einem Verfahren gemäß § 99 Abs. 4 BetrVG erreicht. Es ist daher noch unklar, ob der Arbeitgeber sich zukünftig überhaupt betriebsverfassungswidrig verhalten wird, indem er dem Arbeitnehmer nach Ablauf der Kündigungsfrist ohne vorhandene Zustimmung des Betriebsrats den neuen Arbeitsbereich zuweist.[214]

Weiterhin spricht gegen eine Unwirksamkeit des Änderungsangebots gemäß § 134 BGB in Verbindung mit § 99 Abs. 1 BetrVG, dass das Zustimmungserfordernis sich nicht auf die individualrechtliche Gestaltung, sondern nur auf die tatsächliche Durchführung der Versetzung bezieht.[215] Die Unwirksamkeitsfolge des § 134 BGB tritt nur dann ein, wenn das Rechtsgeschäft gegen das gesetzliche Verbot verstößt. Das individualrechtliche Änderungsangebot verstößt jedoch noch nicht gegen das in § 99 Abs. 1 BetrVG enthaltene Verbot, dem Arbeitnehmer nicht ohne Zustimmung des Betriebsrats einen anderen Arbeitsbereich tatsächlich zuzuweisen.[216] Das Änderungsangebot soll lediglich dazu dienen, die arbeitsvertragliche Grundlage für die Beschäftigung im anderen Arbeitsbereich zu schaffen.

§ 134 BGB in Verbindung mit § 99 Abs. 1 BetrVG kann daher nicht zur Unwirksamkeit des Änderungsangebots führen. Ob es sich bei § 99 Abs. 1 BetrVG überhaupt um ein Verbotsgesetz im Sinne von § 134 BGB handelt, muss daher an dieser Stelle nicht geklärt werden.

bb) Unwirksamkeit des Änderungsangebots wegen des Schutzzwecks der Norm

Eine Unwirksamkeit des Änderungsangebots könnte sich somit nur aus dem Sinn und Zweck des Mitbestimmungsrechts aus § 99 BetrVG ergeben. Im Folgenden muss daher untersucht werden, ob dem Schutzzweck des § 99 BetrVG schon durch die betriebsverfassungsrechtliche Unwirksamkeit der Versetzung Genüge getan ist oder ob dazu die individualrechtliche Unwirksamkeit des Änderungsangebots und damit auch des Änderungsvertrags erforderlich ist.

---

214 *Wlotzke*, Anm. zu BAG 2 AZR 283/93, AP Nr. 33 zu § 2 KSchG 1969 Bl. 10; vgl. auch BAGE 89, 149 (160); zust. *Wernery*, Mitbestimmung, S. 337.

215 Vgl. *Miersch*, Rechtsfolgen, S. 82.

216 Ähnlich *Miersch*, Rechtsfolgen, S. 231, demzufolge die aus § 134 BGB resultierende Sanktion auf diejenige Handlung zu beziehen ist, die den Tatbestand der Norm erfüllt.

Das Änderungsangebot, das der Arbeitgeber dem Arbeitnehmer ohne vorherige Abstimmung mit dem Betriebsrat unterbreitet, ist auf eine Vertragsänderung gerichtet, die der Arbeitgeber ohne Zustimmung des Betriebsrats nicht umsetzen darf. Unabhängig davon, ob der Änderungsvertrag wirksam zustande kommt oder nicht, steht die Betriebsverfassungswidrigkeit der Zuweisung des neuen Arbeitsbereichs entgegen.

Der Schutzzweck des Beteiligungsrechts ergibt sich aus den in § 99 Abs. 2 BetrVG abschließend aufgezählten Zustimmungsverweigerungsgründen.[217] Sofern es sich bei der personellen Maßnahme um eine Versetzung handelt, können alle aufgezählten Zustimmungsverweigerungsgründe einschlägig sein. Während § 99 Abs. 2 Nr. 3, 5, 6 BetrVG den Schutz der übrigen Belegschaft intendieren,[218] ist § 99 Abs. 2 Nr. 4 BetrVG auf den Schutz des betroffenen Arbeitnehmers selbst gerichtet.[219] Ein sonstiger Nachteil, der ein Zustimmungsverweigerungsrecht gemäß § 99 Abs. 2 Nr. 3 BetrVG begründet, kann beispielsweise vorliegen, wenn ein Arbeitnehmer aus einer Abteilung heraus versetzt wird und es dadurch zu einem übermäßigen Arbeitsaufkommen für die verbleibenden Arbeitnehmer kommt. Darf der Arbeitnehmer vom Arbeitgeber ohne die Zustimmung nicht aus der bisherigen Abteilung heraus versetzt werden, wird dem Schutzzweck des § 99 Abs. 2 Nr. 3 BetrVG schon dadurch Rechnung getragen. Es bedarf darüber hinaus nicht der Unwirksamkeit des Änderungsangebots. Dies gilt entsprechend auch für die anderen Zustimmungsverweigerungsgründe aus § 99 Abs. 2 BetrVG.

Gegen die individualrechtliche Wirksamkeit des Änderungsangebots könnte allerdings sprechen, dass damit dem Arbeitgeber die Möglichkeit eingeräumt wird, individualrechtlich (gegebenenfalls vorläufige) Fakten zu schaffen.[220] Allerdings kann der Betriebsrat die Aufhebung der Durchführung der personellen Maßnahme gemäß § 101 BetrVG verlangen, so dass eine wirksame Vertragsänderung unschädlich wäre.

Dem Schutzzweck des § 99 BetrVG ist somit bereits dadurch Genüge getan, dass die tatsächliche Beschäftigung des Arbeitnehmers im neuen Arbeitsbereich

---

217 LAG Baden-Württemberg NZA 1985, 326 (327).

218 *Kraft/Raab*, GK-BetrVG, § 99 Rn. 6; *Christoph Weber*, Anm. zu BAG 1 AZR 531/86, EzA § 99 BetrVG 1972 Nr. 58, S. 28.

219 BAG NZA 2001, 893 (896); BAG AP Nr. 10 zu § 99 BetrVG 1972 Bl. 2 R; *Schlochauer*, in: HSWG, § 99 Rn. 128; Richardi/*Thüsing*, BetrVG, § 99 Rn. 227; a.A. *Heinze*, Personalplanung Rn. 326; vgl. auch *Knauf*, Schutzzweck, S. 100 ff., derzufolge § 99 BetrVG trotz der individualschützenden Tendenz der Nr. 4 insgesamt primär einen kollektiven Schutzzweck verfolgt.

220 Vgl. DKK-*Klebe*, BetrVG, § 87 Rn. 5.

verhindert wird.[221] Sowohl die Interessen des betroffenen Arbeitnehmers als auch die der übrigen Belegschaft sind durch die verhinderte Beschäftigung hinreichend geschützt. Die individualrechtliche Unwirksamkeit des Änderungsangebots folgt daher auch nicht aus dem Schutzzweck des § 99 BetrVG.

cc) Zwischenergebnis

Das Änderungsangebot ist somit trotz der noch fehlenden Zustimmung des Betriebsrats gemäß § 99 Abs. 1 BetrVG wirksam.[222] Das Mitbestimmungsrecht des Betriebsrats dient nicht dazu, einen bestimmten Inhalt eines Rechtsgeschäfts zu verbieten.[223] Für dieses Ergebnis spricht auch, dass eine einvernehmliche Vertragsänderung zur Versetzung ohne vorherige ordnungsgemäße Beteiligung des Betriebsrats als wirksam angesehen wird.[224] Die Beurteilung der Wirksamkeit des Änderungsangebots kann nicht davon abhängen, ob der Arbeitnehmer das Änderungsangebot unter Vorbehalt oder vorbehaltlos angenommen hat.

b) Auswirkungen auf das Kündigungselement

Durch einen Verstoß gegen § 99 Abs. 1 BetrVG könnte allerdings das Kündigungselement in seiner Wirksamkeit betroffen sein. Wie bereits gezeigt, lässt sich aus dem Fehlen einer dem § 102 Abs. 1 S. 3 BetrVG entsprechenden Regelung nicht schließen, dass die fehlende Zustimmung keine Auswirkungen auf das Kündigungselement hat.[225]

aa) § 99 Abs. 1 BetrVG als Wirksamkeitsvoraussetzung nach der älteren Literatur

In der älteren Literatur[226] wird vielfach davon ausgegangen, dass die fehlende und nicht gemäß § 99 Abs. 4 BetrVG ersetzte Zustimmung des Betriebsrats zur

---

221 BAGE 74, 291 (301); ebenso bezüglich der fehlenden Zustimmung des Betriebsrats bei der Einstellung: BAGE 97, 276 (288 f.).

222 So auch *Schlünder*, Rechtsfolgen, S. 47 f.

223 *Quecke*, NZA 2001, 812 (815); vgl. auch *Rieble*, Anm. zu BAG 2 AZR 422/98, RdA 2000, 40 (41).

224 Vgl. *Baumann*, Rechtsstellung, S. 195 f.; *Kraft/Raab*, GK-BetrVG, § 99 Rn. 124; *Matthes*, DB 1975, 1651 (1652); Richardi/*Thüsing*, BetrVG, § 99 Rn. 301; anders *Raab*, ZfA 1995, 479 (504 f.), der den Änderungsvertrag als schwebend unwirksam ansieht, sofern die Maßnahme für den Arbeitnehmer objektiv nachteilig ist und der Arbeitgeber den Betriebsrat entweder nicht beteiligt hat oder dieser seine Zustimmungsverweigerung auf § 99 Abs. 2 Nr. 4 BetrVG gestützt hat.

225 Siehe oben E.II.2, S. 45 ff.; vgl. auch *Raab*, ZfA 1995, 479 (486).

226 *Fitting*, BetrVG, 17. Aufl., § 102 Rn. 8; DKKS-*Kittner*, BetrVG, 3. Aufl., § 99 Rn. 219; *Meyer*, BB 1982, 1614 (1616); *Richardi*, DB 1974, 1335 (1337); KR-*Rost*, 3. Aufl., § 2

Unwirksamkeit der Änderungskündigung führt. Die Zustimmung des Betriebsrats zur Versetzung ist demnach eine selbständige Wirksamkeitsvoraussetzung für das Kündigungselement der Änderungskündigung. Eine Ausnahme von diesem Grundsatz wird meist nur dann gemacht, wenn der Arbeitnehmer das Änderungsangebot abgelehnt hat, weil dann eine Versetzung ohnehin außer Frage steht und das Beteiligungsverfahren gemäß § 99 Abs. 1 BetrVG gegenstandslos wird.[227] Nimmt der Arbeitnehmer das Änderungsangebot demgegenüber unter Vorbehalt an, wird die Änderungskündigung als unwirksam angesehen, solange die Zustimmung des Betriebsrats weder erteilt noch durch das Arbeitsgericht ersetzt ist.[228] Das Änderungsschutzverfahren sei daher gegebenenfalls bis zum rechtskräftigen Abschluss des Zustimmungsersetzungsverfahrens gemäß § 99 Abs. 4 BetrVG auszusetzen.[229] Es kommt demnach nicht darauf an, ob zum Zeitpunkt des Ausspruchs der Änderungskündigung die Zustimmung des Betriebsrats vorlag. Es wird vielmehr auch eine Zustimmung berücksichtigt, die erst nach diesem Zeitpunkt erteilt oder ersetzt worden ist. Eine Unwirksamkeit der Änderungskündigung wird im Ergebnis also erst dann angenommen, wenn im Zeitpunkt der letzten mündlichen Verhandlung des Änderungsschutzverfahrens die Zustimmung noch nicht vorliegt.[230]

Zuzustimmen ist dieser Ansicht darin, dass auch eine nach dem Ausspruch der Änderungskündigung erteilte oder ersetzte Zustimmung berücksichtigt werden muss. Anders als die Anhörung im Sinne von § 102 Abs. 1 BetrVG muss die Zustimmung noch nicht zum Zeitpunkt des Ausspruchs der Änderungskündigung vorliegen, weil sie nur für die tatsächliche Beschäftigung des Arbeitnehmers im neuen Arbeitsbereich erforderlich ist.[231] Trotz der Anerkennung der Möglichkeit der nachträglichen Zustimmung soll diese allerdings nach der dargestellten Literaturansicht Wirksamkeitsvoraussetzung für das Kündigungs-

---

KSchG, Rn. 139; *Schaub,* in: Hromadka, Änderung von Arbeitsbedingungen, S. 106; *Wlotzke,* BetrVG, 2. Aufl.1992, § 99 II.4. e)); anders jetzt *Schaub/Koch,* ArbR-Hdb. § 241 Rn. 4; *Wlotzke/Preis*, BetrVG, § 99 Rn. 80.

227 *Richardi,* DB 1974, 1335 (1337); KR-*Rost,* 3. Aufl., § 2 KSchG Rn. 139.

228 *Richardi,* DB 1974, 1335 (1338); KR-*Rost,* 3. Aufl., § 2 KSchG, Rn. 139 ff.

229 DKKS-*Kittner*, BetrVG, 3. Aufl., § 99 Rn. 219; KR-*Rost,* 3. Aufl., § 2 KSchG Rn. 141.

230 So im Ergebnis auch LAG Hessen, Urteil vom 1.6.2006, 9 Sa 1743/05 (unveröffentlicht): Eine Änderungskündigung, bei der zum Zeitpunkt der letzten mündlichen Verhandlung rechtskräftig feststehe, dass der Arbeitnehmer wegen Verstoßes gegen § 99 BetrVG auf Dauer nicht verpflichtet sei, nach den neuen Arbeitsbedingungen tätig zu werden, sei unwirksam. Die Änderungskündigung sei auf eine Vertragsänderung gerichtet, die eine rechtskräftig festgestellte unmögliche Leistung zum Gegenstand habe.

231 Siehe oben C.II., S. 24 ff.

element sein. Es stellt sich die Frage, ob dies mit dem Charakter der Änderungskündigung als Gestaltungsrecht vereinbar ist.

Die Wirksamkeit eines Gestaltungsrechts muss zum Zeitpunkt seiner Geltendmachung festgestellt werden können. Schwebende Unwirksamkeit kann es daher bei einem Gestaltungsrecht nicht geben. Nach der oben dargestellten Sichtweise könnte jedoch im Zeitpunkt des Ausspruchs der Änderungskündigung deren Wirksamkeit nicht festgestellt werden, weil noch nicht feststeht, ob der Betriebsrat seine Zustimmung noch erteilt beziehungsweise eine verweigerte Zustimmung im Verfahren nach § 99 Abs. 4 BetrVG durch das Arbeitsgericht ersetzt wird. Im Ergebnis würde dies zu einer schwebenden Unwirksamkeit der Änderungskündigung führen, die mit dem Charakter der Änderungskündigung als Gestaltungsrecht unvereinbar ist.[232] Die (nachträglich erteilte) Zustimmung kann daher keine selbständige Wirksamkeitsvoraussetzung für das Kündigungselement sein.

Die dargestellte Literaturansicht ist somit abzulehnen. Ob im Laufe des Änderungsschutzverfahrens die Zustimmung des Betriebsrats erteilt beziehungsweise ersetzt wird oder nicht, kann keinen Einfluss mehr auf die Wirksamkeit der Änderungskündigung haben.[233]

bb) Suspendierende Wirkung der fehlenden Zustimmung

Ein ähnlicher Ansatz von *Kania* verknüpft daher die kollektivrechtliche und die individualrechtliche Ebene in der Weise, dass der fehlenden Zustimmung des Betriebsrats suspendierende Wirkung für die Änderungskündigung beigemessen wird.[234] Demnach ist das Kündigungselement auch ohne die Zustimmung des Betriebsrats zur Versetzung voll wirksam, aber es kann seine Wirkung nicht entfalten, solange die Zustimmung nicht erteilt oder ersetzt ist.[235] Die Wirkung der Änderungskündigung wird damit zeitlich nach hinten verschoben. Zudem soll auch der durch die (Vorbehalts-) Annahme zustande gekommene Änderungsvertrag in seiner Wirkung durch die fehlende Zustimmung suspendiert sein.[236] Bis zur Erteilung oder Ersetzung der Zustimmung soll daher der Ar-

---

232 *Waltermann*, Anm. zu BAG 2 AZR 283/93, SAE 1995, 367 (369); für eine schwebende Unwirksamkeit der Änderungskündigung spricht sich *Hoß*, MDR 2000, 562 (569) aus; vgl. auch *Löwisch/Spinner*, KSchG, § 2 Rn. 115, der eine schwebende Unwirksamkeit der Änderungskündigung annimmt, wenn eine vorherige Beteiligung des Betriebsrats gemäß § 87 Abs. 1 BetrVG fehlt.

233 *Waltermann*, Anm. zu BAG 2 AZR 283/93, SAE 1995, 367 (369).

234 ErfK/*Kania*, § 99 BetrVG Rn. 46; *ders.*, Anm. zu BAG 2 AZR 283/93, EzA § 99 BetrVG 1972 Nr. 118, S. 25 ff.; dem folgend *Bartels*, Rechtsfolgen, S. 138 f.

235 *Kania*, Anm. zu BAG 2 AZR 283/93, EzA § 99 BetrVG 1972 Nr. 118, S. 25.

236 *Kania*, Anm. zu BAG 2 AZR 283/93, EzA § 99 BetrVG 1972 Nr. 118, S. 26.

beitsvertrag in seiner bisherigen Form fortgelten, mit der Folge, dass der Arbeitnehmer zur Tätigkeit im alten Arbeitsbereich berechtigt und verpflichtet ist.

Auch bei diesem Ansatz ergeben sich Probleme mit dem Charakter der Änderungskündigung als Gestaltungsrecht. Im Ergebnis läuft dieser Ansatz darauf hinaus, dass die Wirksamkeit der Änderungskündigung von der aufschiebenden Bedingung abhängig gemacht wird, dass die Zustimmung noch erteilt beziehungsweise ersetzt wird.[237] Statt des Begriffs der aufschiebenden Bedingung wird lediglich der der suspendierenden Wirkung verwendet.[238] Gestaltungsrechte wie die Änderungskündigung sind grundsätzlich bedingungsfeindlich, so dass der Annahme einer suspendierenden Wirkung nicht zugestimmt werden kann. Der Ansatz, dass die Wirkung des Kündigungselements erst eintreten soll, wenn die Zustimmung erteilt oder ersetzt ist, ist zwar im Ergebnis begrüßenswert, in dogmatischer Hinsicht ist jedoch das von *Kania* gewählte Konzept der suspendierenden Wirkung nicht tragfähig.

cc) Analoge Anwendung von § 102 Abs. 1 S. 3 BetrVG

Da § 99 BetrVG selbst keine Rechtsfolge für die Verletzung des Beteiligungsrechts vorsieht, könnte § 102 Abs. 1 S. 3 BetrVG analog auf die Fälle der unterlassenen Beteiligung des Betriebsrats bei personellen Einzelmaßnahmen anzuwenden sein.

Für eine analoge Anwendung des § 102 Abs. 1 S. 3 BetrVG könnte die inhaltliche Nähe zwischen Versetzungen und Kündigungen sprechen. Mit § 1 Abs. 3 KSchG wendet das Bundesarbeitsgericht in seiner Rechtsprechung eine weitere, eigentlich auf Kündigungen bezogene Norm auf Versetzungen im Sinne von § 99 Abs. 1 BetrVG an. Danach muss der Arbeitgeber auch bei der Auswahl des zu versetzenden Arbeitnehmers eine Auswahlentscheidung treffen, die den Grundsätzen einer Sozialauswahl gemäß § 1 Abs. 3 KSchG entspricht.[239] Der Betriebsrat kann infolgedessen seine Zustimmung zu der Versetzung gemäß § 99 Abs. 2 Nr. 3 und 4 BetrVG mit der Begründung verweigern, der Arbeitgeber habe soziale Auswahlkriterien nicht berücksichtigt.[240] Ebenso wie die Grundsätze der sozialen Auswahl aus § 1 Abs. 3 KSchG könnte der Grundsatz der Unwirksamkeit der Kündigung bei fehlender Beteiligung des Betriebsrats

---

237 Ähnlich *Miersch*, Rechtsfolgen, S. 280 f.; *Wernery*, Mitbestimmung, S. 343.

238 Zur parallelen Verwendung beider Begriffe vgl. *Rövekamp*, in: Bamberger/Roth, BGB, § 158 Rn. 20.

239 BAGE 56, 99 (106); BAG AP Nr. 5 zu § 99 BetrVG 1972 – Versetzung Bl. 3 ff. = EzA § 99 BetrVG 1972 Nr. 130, S. 6 ff. m. abl. Anm. *Löwisch*; BAG AP Nr. 9 zu § 99 BetrVG 1972 – Versetzung Bl. 3 R m. krit. Anm. *Jansen*.

240 BAG AP Nr. 9 zu § 99 BetrVG 1972 – Versetzung Bl. 3 R m. krit. Anm. *Jansen*.

aus § 102 Abs. 1 S. 3 BetrVG auf eine Änderungskündigung zur Versetzung ohne Zustimmung des Betriebsrats gemäß § 99 Abs. 1 BetrVG übertragbar sein.

Eine analoge Anwendung der Norm setzt voraus, dass eine planwidrige Regelungslücke besteht, die Interessenlage im geregelten und im ungeregelten Fall vergleichbar ist sowie dass der geregelte und der ungeregelte Tatbestand vergleichbar sind.[241] Vorliegend scheitert eine Analogie an der mangelnden Vergleichbarkeit der Tatbestände. Ein Unterschied besteht zunächst im Anknüpfungspunkt der beiden Beteiligungsrechte: § 102 BetrVG knüpft an die Kündigung, also die individualrechtliche Maßnahme an, § 99 BetrVG knüpft an die personelle Einzelmaßnahme an.[242] Zudem ist der Betriebsrat im Fall des § 102 BetrVG nur anzuhören, während er im Fall des § 99 BetrVG unterrichtet werden und seine Zustimmung eingeholt werden muss. Bei dem schwächeren Anhörungserfordernis war die Normierung der Rechtsfolge notwendig, weil ein Anhörungserfordernis anders als ein Zustimmungserfordernis nicht die Rechtsfolge der Unwirksamkeit der mitbestimmungspflichtigen Maßnahme impliziert.[243] Schließlich stimmen die Widerspruchs- beziehungsweise Zustimmungsverweigerungsgründe in § 102 Abs. 3 BetrVG und § 99 Abs. 2 BetrVG ebenso wenig überein wie die Rechtsfolgen des Widerspruchs beziehungsweise der Zustimmungsverweigerung.[244] Die Beteiligungsverfahren in § 102 BetrVG und § 99 BetrVG sind folglich derart unterschiedlich ausgestaltet, dass eine analoge Heranziehung der Rechtsfolge des § 102 Abs. 1 S. 3 BetrVG nicht möglich ist.[245]

Das Kündigungselement ist somit im Falle mangelnder Zustimmung des Betriebsrats gemäß § 99 Abs. 1 BetrVG nicht analog § 102 Abs. 1 S. 3 BetrVG unwirksam.

dd) Anwendung der Theorie der Wirksamkeitsvoraussetzung nach dem Urteil des 2. Senats vom 30.9.1993

Zu einem Durchschlagen der Betriebsverfassungswidrigkeit auf die individualrechtliche Ebene und damit zu einer Unwirksamkeit des Kündigungselements könnte die Anwendung der Theorie der Wirksamkeitsvoraussetzung führen.

---

241 Vgl. *Larenz,* Methodenlehre der Rechtswissenschaft, S. 381 ff.

242 Siehe oben E.II.2, S. 45 ff.

243 *Raab*, ZfA 1995, 479 (485); ähnlich *Miersch*, Rechtsfolgen, S. 61 f.

244 Siehe oben C.I.1, S. 21 ff.

245 *Bartels*, Rechtsfolgen, S. 65 f.; *Kraft/Raab,* GK-BetrVG, § 99 Rn. 124; *Schlochauer,* in: HSWG, § 99 Rn. 9; *Claus Weber*, Auswirkungen, S. 85; vgl. auch BAG AP Nr. 5 zu § 101 BetrVG 1972 Bl. 4 m. Anm. *Misera* = SAE 1982, 149 m. Anm. *Martens.*

Nach der Theorie der Wirksamkeitsvoraussetzung ist die tatsächliche Durchführung der Mitbestimmung Wirksamkeitsvoraussetzung für Maßnahmen gegenüber dem Arbeitnehmer.[246] Die Theorie der Wirksamkeitsvoraussetzung wurde für die Fälle der Mitbestimmung in sozialen Angelegenheiten gemäß § 87 BetrVG entwickelt.[247] Der Begriff „Zustimmung" in § 99 Abs. 1 S. 1 BetrVG deutet darauf hin, dass es sich auch bei der Durchführung der Mitbestimmung bei personellen Einzelmaßnahmen um eine Wirksamkeitsvoraussetzung handelt. Die Theorie der Wirksamkeitsvoraussetzung kann daher grundsätzlich auch im Bereich der personellen Einzelmaßnahmen gemäß § 99 BetrVG als Lösungsmodell herangezogen werden.[248]

Kernaussage der Theorie der Wirksamkeitsvoraussetzung ist, dass der Arbeitgeber eine mitbestimmungspflichtige Maßnahme nicht ohne Mitwirkung des Betriebsrats treffen kann. Eine einseitig durch den Arbeitgeber getroffene Maßnahme ist daher rechtswidrig und unwirksam.[249] Vorliegend geht es um die Rechtsfolgen der fehlenden Mitbestimmung des Betriebsrats gemäß § 99 Abs. 1 S. 1 BetrVG bei einer Änderungskündigung zur Versetzung. Wie bereits gesehen, muss dabei zwischen Maßnahmen auf der individualrechtlichen und der kollektivrechtlichen Ebene unterschieden werden. Es muss daher zunächst festgestellt werden, welches die mitbestimmungspflichtige Maßnahme im Sinne von § 99 Abs. 1 BetrVG ist, denn nur sie kann nach der Theorie der Wirksamkeitsvoraussetzung unwirksam sein.[250]

Von diesem Ausgangspunkt geht auch der 2. Senat des Bundesarbeitsgerichts in seiner Grundsatzentscheidung über die Änderungskündigung zur Versetzung vom 30.9.1993[251] aus. Er führt dazu aus, dass die Theorie der Wirksamkeitsvoraussetzung für einseitige Maßnahmen des Arbeitgebers gelte, die nachteilig für

---

246 St. Rspr., BAG AP Nr. 1 zu § 56 BetrVG 1952 Bl. 3; BAGE 3, 207 (212); BAGE 34, 331 (354); BAGE 38, 365 (370); BAGE 58, 156 (165); BAG AP Nr. 4 zu § 87 BetrVG 1972 – Lohngestaltung Bl. 3; BAGE (GS) 69, 134 (144); BAG AP Nr. 50 zu § 87 BetrVG 1972 – Lohngestaltung Bl. 3 ff.

247 *Raab*, ZfA 1995, 479 (480); *Waltermann*, Anm. zu BAG 2 AZR 283/93, SAE 1995, 367 (370).

248 *Waltermann*, Anm. zu BAG 2 AZR 283/93, SAE 1995, 367 (368); so auch schon *P. Hanau*, RdA 1973, 281 (289 f.); a.A. *Miersch*, Rechtsfolgen, S. 159 f.

249 BAGE (GS) 53, 42 (73 f.); BAGE 58, 156 (165); BAG AP Nr. 50 zu § 87 BetrVG 1972 – Lohngestaltung Bl. 3 ff.

250 Vgl. *Waltermann*, Anm. zu BAG 2 AZR 283/93, SAE 1995, 367 (368).

251 BAGE 74, 291 ff. = AR-Blattei ES 1700 Nr. 21 m. Anm. *von Hoyningen-Huene* = EzA § 99 BetrVG 1972 Nr. 118 m. Anm. *Kania* = AiB 1994, 424 ff. m. Anm. *Silberberger* = SAE 1995, 360 ff. m. Anm. *Waltermann* = AP Nr. 33 zu § 2 KSchG 1969 m. Anm. *Wlotzke*; bestätigt durch BAG, Urteil vom 8.6.1995, 2 AZR 739/94 (unveröffentlicht); anders LAG Hessen, Urteil vom 1.6.2006, 9 Sa 1743/05 (unveröffentlicht).

den Arbeitnehmer sind.[252] Bei einer Änderungskündigung zur Versetzung sei als Maßnahme zum Nachteil des betroffenen Arbeitnehmers eher die tatsächliche Durchführung der betriebsverfassungsrechtlichen Maßnahme als der Ausspruch der (Änderungs-) Kündigung anzusehen. Zustimmungsbedürftig gemäß § 99 Abs. 1 BetrVG sei daher die tatsächliche Zuweisung des neuen Arbeitsbereichs.[253] Bei der Zustimmung könne es sich zudem schon deshalb nicht um eine Wirksamkeitsvoraussetzung für die Kündigung handeln, weil ansonsten für Änderungskündigungen systemwidrig ein stärkerer Kündigungsschutz geschaffen würde als für Beendigungskündigungen.[254] Während für letztere nur das Anhörungserfordernis des § 102 BetrVG bestünde, müsste der Betriebsrat bei bestimmten Änderungskündigungen darüber hinaus gemäß § 99 BetrVG seine Zustimmung erteilen.

Zur Unterstützung seiner These verweist der 2. Senat auf die Rechtsprechung des Bundesarbeitsgerichts zur Einstellung im Sinne von § 99 Abs. 1 BetrVG. Bei dem mitbestimmungspflichtigen Tatbestand der Einstellung kann zwischen dem Abschluss des Arbeitsvertrags und der tatsächlichen Beschäftigung der einzustellenden Person im Betrieb unterschieden werden.[255] Als zustimmungsbedürftig im Sinne von § 99 Abs. 1 BetrVG wird nur die tatsächliche Beschäftigung des Arbeitnehmers, nicht jedoch der Abschluss des Arbeitsvertrags angesehen.[256] Dies lässt sich damit begründen, dass die Mitbestimmung bei der Einstellung ausschließlich dem Schutz der bereits bestehenden Belegschaft dient[257] und die Interessen der Belegschaft erst durch die tatsächliche Beschäftigung des einzustellenden Arbeitnehmers im Betrieb beeinträchtigt werden. Die Anknüpfung des Beteiligungsrechts erst an die tatsächliche Beschäftigung dient aber auch dem Schutz des einzustellenden Arbeitnehmers: Wird der Arbeitsvertrag trotz des Verstoßes gegen § 99 Abs. 1 BetrVG als wirksam angesehen,[258] bleibt dem Arbeitnehmer der Vergütungsanspruch aus § 615 BGB, wenn der Arbeitgeber ihn wegen der Betriebsverfassungswidrigkeit tatsächlich nicht

---

252 BAGE 74, 291 (299).

253 BAGE 74, 291 (299).

254 BAGE 74, 291 (303); bestätigt für die Fälle des § 87 Abs. 1 Nr. 10 BetrVG durch BAGE 89, 149 (159).

255 BAGE 34, 1 (7 ff.); BAGE 70, 147 (153); BAGE 76, 234 (241).

256 BAGE 70, 147 (153); BAGE 76, 234 (241); zust. MünchArbR/*Matthes*, § 352 Rn. 7 f.; *ders.*, DB 1974, 2007; Richardi/*Thüsing*, BetrVG, § 99 Rn. 29; dagegen *Schlochauer*, in: HSWG, § 99 Rn. 15; krit. *Stege/Weinspach*, BetrVG, §§ 99-101 Rn. 12a.

257 BAGE 97, 276 (289); Richardi/*Thüsing*, BetrVG, § 99 Rn. 26.

258 So BAG AP Nr. 5 zu § 101 BetrVG 1972 Bl. 4 R ff. m. Anm. *Misera;* BAGE 34, 1 (7 ff.); BAGE 70, 147 (154); BAG NZA 2001, 893 (897); *Kraft/Raab*, GK-BetrVG, § 99 Rn. 124 f.; *Raab*, ZfA 1995, 479, (491); Richardi/*Thüsing*, BetrVG, § 99 Rn. 293; a.A. *Boewer*, RdA 1974, 72 (73); *Fitting*, BetrVG, § 99 Rn. 227; *P. Hanau*, RdA 1973, 281 (289); *Meyer*, BB 1982, 1614 (1618).

beschäftigen darf. Die Wirksamkeit des Arbeitsvertrags führt so zu einer effektiveren Sicherung des Beteiligungsrechts aus § 99 Abs. 1 BetrVG.[259]

Diese Grundsätze sind auf die Fälle der Versetzung übertragen worden. Ebenso wie bei der Einstellung knüpft nach Ansicht des 2. Senats das Mitbestimmungsrecht aus § 99 Abs. 1 BetrVG an die tatsächliche Durchführung der Versetzung an.[260] Diese besteht in der tatsächlichen Zuweisung des neuen Arbeitsbereichs.[261]

Zu diesem Ergebnis führt auch eine Analyse des Wortlauts der §§ 95 Abs. 3, 99 Abs. 1 BetrVG: Nach § 99 Abs. 1 S. 1 BetrVG ist die Zustimmung des Betriebsrats zu jeder Versetzung einzuholen. Der Begriff der Versetzung ist in § 95 Abs. 3 S. 1 BetrVG legaldefiniert. Demnach ist eine Versetzung die Zuweisung eines anderen Arbeitsbereichs, die voraussichtlich die Dauer von einem Monat überschreitet oder die mit einer erheblichen Änderung der Umstände, unter denen die Arbeit zu leisten ist, verbunden ist. Für den betriebsverfassungsrechtlichen Versetzungsbegriff kommt es daher nicht darauf an, ob auf individualrechtlicher Ebene für den Einsatz des Arbeitnehmers im neuen Arbeitsbereich die Ausübung des Direktionsrechts ausreicht oder ob eine Änderung des Arbeitsvertrags durch Vereinbarung zwischen Arbeitgeber und Arbeitnehmer oder durch Änderungskündigung notwendig ist. Maßgeblich ist nur die tatsächliche Zuweisung des neuen Arbeitsbereichs.

Als Anknüpfungspunkt des Mitbestimmungsrechts aus § 99 Abs. 1 BetrVG ist daher übereinstimmend mit dem 2. Senat des Bundesarbeitsgerichts nur die tatsächliche Zuweisung des neuen Arbeitsbereichs als personelle Einzelmaßnahme anzusehen. Das Kündigungselement ist somit nicht die mitbestimmungspflichtige Maßnahme im Sinne von § 99 Abs. 1 BetrVG. Die fehlende Zustimmung kann daher nicht nach der Theorie der Wirksamkeitsvoraussetzung zur Unwirksamkeit des Kündigungselements führen.[262]

Die fehlende vorherige Zustimmung des Betriebsrats zur Versetzung lässt die Wirksamkeit des Kündigungselements daher unberührt. Die Änderungs-

---

259 *Raab*, ZfA 1995, 479 (491 f.).

260 BAGE 74, 291 (299 ff.).

261 Anders *Waltermann*, Anm. zu BAG 2 AZR 283/93, SAE 1995, 367 (371), demzufolge § 95 Abs. 3 BetrVG sich auf eine rechtsgeschäftliche Versetzungsweisung bezieht.

262 Krit. dazu *H. Hanau*, Anm. zu BAG 2 AZR 336/97, AP Nr. 49 zu § 2 KSchG 1969 Bl. 12 R f.; vgl. zu § 87 BetrVG: *Oetker*, Anm. zu BAG 2 AZR 336/97, EWiR 1998, 989 (990), demzufolge das Bundesarbeitsgericht mit dieser Rechtsprechung die konsistente Integration des Zustimmungserfordernisses in die Rechtsgeschäftslehre aufgegeben habe.

kündigung kann vor Abschluss des Mitbestimmungsverfahrens ausgesprochen werden.

ee) Zwischenergebnis

Es hat somit keinen Einfluss auf die Wirksamkeit des Kündigungselements, ob der Arbeitgeber vor dem Ausspruch der Änderungskündigung den Betriebsrat gemäß § 99 BetrVG ordnungsgemäß beteiligt hat.[263] Ob das Kündigungselement tatsächlich Wirkung entfaltet, ist damit jedoch noch nicht geklärt.

c) Unwirksamkeit der Änderungskündigung wegen Sozialwidrigkeit

Das Fehlen der Zustimmung des Betriebsrats gemäß § 99 Abs. 1 BetrVG könnte schließlich zur Sozialwidrigkeit führen. Die Änderungskündigung wäre dann gemäß § 2 S. 1 KSchG in Verbindung mit § 1 Abs. 1 KSchG insgesamt unwirksam.[264] Eine Änderungskündigung zur Versetzung ohne vorherige Zustimmung des Betriebsrats könnte als sozialwidrig angesehen werden, weil die damit angestrebte Änderung der Arbeitsbedingungen aus Rechtsgründen nicht verwirklicht werden kann.[265] Dies setzt voraus, dass die Betriebsverfassungswidrigkeit in die Prüfung der sozialen Rechtfertigung einbezogen werden kann.

Die Betriebsverfassungswidrigkeit spielt eine Rolle, wenn bei der Prüfung der sozialen Rechtfertigung der Umstand zu berücksichtigen ist, ob der Arbeitgeber die mit der Änderungskündigung angestrebte Vertragsänderung kollektivrechtlich umsetzen kann.[266] Den Prüfungsmaßstab legt § 4 S. 2 KSchG fest. Danach ist die Änderungskündigung wirksam, wenn die Änderung der Arbeits-

---

263 Vgl. zur isolierten Feststellung der Wirksamkeit des Kündigungselements: *Hromadka*, DB 2002, 1322 (1323); *Raab*, ZfA 1995, 479 (513).

264 LAG Hannover, Urteil vom 24.3.1993, 5 Sa 547/92 (unveröffentlicht); *Meisel*, BB 1973, 944 (947), demzufolge es an der sozialen Rechtfertigung fehlt, wenn der Betriebsrat die Zustimmung mit Recht verweigert hat und dies im Beschlussverfahren auch bestätigt wird; nach *von Hoyningen-Huene*, NZA 1993, 145 (151) steht die Sozialwidrigkeit der Änderungskündigung fest, wenn der Zustimmungsersetzungsantrag rechtskräftig abgewiesen ist; vgl. aber Aufgabe dieser Auffassung: *ders.*, Anm. zu BAG 2 AZR 283/93, AR-Blattei ES 1700 Nr. 21. Für die Sozialwidrigkeit der Änderungskündigung bei fehlender Zustimmung gemäß § 87 BetrVG: *Zöllner/Loritz*, Arbeitsrecht, § 47 V 3c, S. 575; vgl. auch *Richardi*, BetrVG, 7. Aufl., § 87 Rn. 128, demzufolge die Änderungskündigung bei nicht vorliegender Zustimmung sozialwidrig ist, bei einer auf Umgehung des Mitbestimmungsrechts abzielenden Änderungskündigung sogar nichtig.

265 So das Landesarbeitsgericht Hannover in der Vorinstanz zum Urteil des Bundesgerichtshofs vom 30.9.1993, vgl. LAG Hannover, Urteil vom 24.3.1993, 5 Sa 547/92 (unveröffentlicht).

266 Vgl. *Gutzeit*, AR-Blattei SD 430.14.2 Rn. 98 zur Änderungskündigung ohne vorherige Beteiligung des Betriebsrats gemäß § 87 Abs. 1 Nr. 10 BetrVG.

bedingungen sozial gerechtfertigt ist. Nach der Rechtsprechung des Bundesarbeitsgerichts ist bei der Prüfung der sozialen Rechtfertigung einer Änderungskündigung in einem ersten Schritt zu prüfen, ob Gründe in der Person oder im Verhalten des Arbeitnehmers oder dringende betriebliche Erfordernisse das Änderungsangebot im Sinne von § 1 Abs. 2 KSchG bedingen. In einem zweiten Schritt ist dann zu prüfen, ob der Arbeitgeber sich bei einem an sich anerkennenswerten Anlass darauf beschränkt hat, nur solche Änderungen vorzuschlagen, die der Arbeitnehmer billigerweise hinnehmen muss.[267] Diese Formulierung hat dem Bundesarbeitsgericht die Kritik eingebracht, es unterwerfe die Änderungskündigung einer allgemeinen Billigkeitskontrolle.[268] Dies wird vom Bundesarbeitsgericht so jedoch nicht vertreten.[269] Vielmehr kommt es nach seiner Rechtsprechung für das billigerweise Hinnehmen-Müssen darauf an, ob die geplante Änderung dem Grundsatz der Verhältnismäßigkeit entspricht.[270] Synonym zum Begriff der Billigkeit spricht das Bundesarbeitsgericht in seinen Entscheidungen auch oft davon, dass zu prüfen sei, ob die Änderung der Arbeitsbedingungen für den Arbeitnehmer zumutbar sei.[271] Für die soziale Rechtfertigung kommt es somit auf die Zumutbarkeit der Änderung für den Arbeitnehmer an.[272]

Wenn die Versetzung vom Arbeitgeber tatsächlich nicht durchgesetzt werden kann, weil es auf kollektivrechtlicher Ebene an der Zustimmung des Betriebs-

---

267 BAGE 47, 80 (88); BAGE 52, 210 (214); BAG AP Nr. 28 zu § 2 KSchG 1969 Bl. 4; BAGE 85, 358 (362); BAGE 90, 182 (189).

268 *Henssler*, Anm. zu BAG 2 AZR 352/96, EzA § 2 KSchG 1969 Nr. 26, S. 12 f.; *Precklein*, Prüfungsmaßstab bei der Änderungskündigung, S. 41; *Stahlhacke*, DB 1994, 1361 (1368); ablehnend hinsichtlich einer zusätzlichen Billigkeitskontrolle, wie sie von der älteren Rechtsprechung durchgeführt wurde: KR-*Rost*, § 2 KSchG Rn. 106; vgl. zum Meinungsstand *Enderlein*, Anm. zu BAG 2 AZR 371/94 sowie BAG 2 AZR 428/94, AP Nr. 37 zu § 2 KSchG 1969 Bl. 10.

269 *Von Hoyningen-Huene/Linck*, KSchG, § 2 Rn. 129a; *Hromadka*, NZA 1996, 2 (12); APS/*Künzl*, § 2 KSchG Rn. 195; KR-*Rost*, § 2 KSchG Rn. 98; HK-KSchG/ *Weller/Hauck*, § 2 Rn. 148; Kittner/Däubler/Zwanziger – *Zwanziger*, KSchR § 2 Rn. 138.

270 BAGE 38, 348 (354); BAGE 79, 169 (174); BAGE 89, 149 (157); BAG NZA 1993, 1099 (1101).

271 BAG AP Nr. 28 zu Art. 44 Truppenvertrag; BAGE 47, 26 (37); BAGE 90, 182 (193); BAG NZA 2006, 486 (488); zur synonymen Verwendung der Begriffe Billigkeit und Zumutbarkeit vgl. *Hromadka*, NZA 1996, 2 (12); *Precklein*, Prüfungsmaßstab bei der Änderungskündigung, S. 74; zur aktuellen Rechtsprechung des Bundesarbeitsgerichts über die Grenzen der Zumutbarkeit der neuen Arbeitsbedingungen vgl. *Bauer/Winzer*, BB 2006, 266 ff.

272 Gegen die Zumutbarkeitsprüfung: *Precklein*, Prüfungsmaßstab bei der Änderungskündigung, S. 74 f.: Der Maßstab der Zumutbarkeit sei zu unbestimmt, um zu berechenbaren Ergebnissen zu gelangen und entspreche darüber hinaus nicht der Systematik des Kündigungsschutzgesetzes.

rats fehlt, erscheint es für den Arbeitnehmer unzumutbar, eine entsprechende Vertragsänderung zu akzeptieren. Zu den neuen Arbeitsbedingungen darf er ohne die Zustimmung nicht tatsächlich beschäftigt werden. Gegen die Berücksichtigung eines Verstoßes gegen § 99 BetrVG spricht allerdings, dass der maßgebende Zeitpunkt für die Beurteilung der sozialen Rechtfertigung einer Kündigung der Zeitpunkt des Zugangs der Kündigungserklärung ist.[273] Wie oben gesehen, muss der Arbeitgeber die Zustimmung des Betriebsrats jedoch nicht bereits bei Ausspruch der Änderungskündigung eingeholt haben, sondern erst dann, wenn er die personelle Einzelmaßnahme tatsächlich durchführen will.[274] Im Zeitpunkt des Zugangs der Änderungskündigung steht mithin noch gar nicht fest, ob der Arbeitgeber sich betriebsverfassungswidrig verhalten wird, indem er dem Arbeitnehmer ohne die Zustimmung des Betriebsrats den neuen Arbeitsbereich zuweist.[275] Dass die Änderung der Arbeitsbedingungen dem Arbeitnehmer infolge der fehlenden Zustimmung nicht zumutbar ist, kann folglich nur dann angenommen werden, wenn die Zustimmungsersetzung zum Zeitpunkt des Zugangs der Kündigung bereits rechtskräftig als unbegründet abgelehnt worden ist, der Arbeitgeber das Zustimmungsersetzungsverfahren nach § 99 Abs. 4 BetrVG also erfolglos durchgeführt hat. Nur in diesem Fall steht fest, dass der Arbeitgeber die Zustimmung endgültig nicht erlangen und ein ordnungsgemäßes Zustimmungsverfahren auch nicht nachholen kann und dass die Änderung der Arbeitsbedingungen keinesfalls umgesetzt werden kann.

Es bleibt daher festzuhalten, dass ein Verstoß gegen Betriebsverfassungsrecht grundsätzlich keinen Einfluss auf die soziale Rechtfertigung der Änderungskündigung hat.[276] Die soziale Rechtfertigung einer Änderungskündigung richtet sich allein nach §§ 1, 2 KSchG, betriebsverfassungsrechtliche Fragen sind irrelevant.[277]

Die soziale Rechtfertigung einer Änderungskündigung zur Versetzung kann daher grundsätzlich nicht wegen der zum Zeitpunkt des Kündigungsausspruchs noch fehlenden Zustimmung abgelehnt werden.

d) Zwischenergebnis

Die Änderungskündigung ist somit trotz der fehlenden vorherigen Zustimmung des Betriebsrats zu der Versetzung gemäß § 99 BetrVG individualrechtlich

---

273 Sog. Prognoseprinzip; vgl. auch BAGE 38, 106 (114); KR-*Rost*, § 2 KSchG Rn. 106g.

274 Siehe oben C.II., S. 24 ff.

275 *Wlotzke*, Anm. zu BAG 2 AZR 283/93, AP Nr. 33 zu § 2 KSchG 1969 Bl. 10; vgl. auch BAGE 89, 149 (160); zust. *Wernery*, Mitbestimmung, S. 337.

276 *Waltermann*, Anm. zu BAG 2 AZR 283/93, SAE 1995, 367 (368).

277 *Von Hoyningen-Huene*, Anm. zu BAG 2 AZR 283/93, AR-Blattei ES 1700 Nr. 21; *Wlotzke*, Anm. zu BAG 2 AZR 283/93, AP Nr. 33 zu § 2 KSchG 1969 Bl. 10 R.

wirksam. Gleiches gilt für einen von Arbeitnehmer und Arbeitgeber geschlossenen Änderungsvertrag sowie für die Ausübung des Direktionsrechts.[278] Die Vertragsfreiheit von Arbeitgeber und Arbeitnehmer wird durch die Mitbestimmung gemäß § 99 BetrVG nicht eingeschränkt. Aus § 99 BetrVG ergeben sich keinerlei individualrechtliche, sondern nur kollektivrechtliche Rechtsfolgen. Dies gilt auch für eine Änderungskündigung, die wegen Ablehnung oder mangels rechtzeitiger Annahme des Änderungsangebots unter Vorbehalt als Beendigungskündigung wirkt. Lehnt der Arbeitnehmer das Änderungsangebot ab, so gehört es zu seinem Risikobereich, dass sich die Kündigung als wirksam erweist und es auf die Zustimmung des Betriebsrats zur Versetzung infolge der Beendigung des Arbeitsverhältnisses nicht mehr ankommt.[279]

Erstaunlich erscheint dabei auf den ersten Blick, dass das eigentlich schwächere Beteiligungsrecht des Betriebsrats aus § 102 BetrVG individualrechtliche Rechtsfolgen nach sich zieht, während eine Verletzung von § 99 BetrVG ohne individualrechtliche Rechtsfolgen bleiben soll. Dieser Unterschied lässt sich jedoch dadurch rechtfertigen, dass § 102 BetrVG einen stärkeren individualrechtlichen Bezug als § 99 BetrVG aufweist, indem er direkt an die individualrechtliche Maßnahme anknüpft. Während § 102 Abs. 1 S. 3 BetrVG die Unwirksamkeit der Kündigung anordnet, hat die Verletzung von § 99 BetrVG nur kollektivrechtliche Folgen.[280]

3. Schwebezustand

Die zum Zeitpunkt des Ausspruchs der Änderungskündigung noch fehlende Zustimmung des Betriebsrats gemäß § 99 Abs. 1 BetrVG lässt demnach die Änderungskündigung in ihrer Wirksamkeit unberührt. Allerdings besteht für den zu versetzenden Arbeitnehmer ein betriebsverfassungsrechtliches Beschäftigungsverbot.

Bis zur Entscheidung des Arbeitsgerichts im Änderungsschutzverfahren beziehungsweise im Zustimmungsersetzungsverfahren gemäß § 99 Abs. 4 BetrVG tritt dadurch eine Art Schwebezustand ein.[281] Sofern der Arbeitnehmer im Änderungsschutzverfahren obsiegt, ist er nach dessen Abschluss wieder zu den alten Bedingungen zu beschäftigen. Bis dahin ist der Arbeitnehmer grundsätzlich verpflichtet, zu den geänderten Bedingungen zu arbeiten. Mit der Vorbehaltsannahme ist die Änderungsvereinbarung vorläufig wirksam zustande ge-

---

278 Vgl. *Miersch*, Rechtsfolgen, S. 221.

279 BAG, Urteil vom 23.11.2000, 2 AZR 690/99 (unveröffentlicht).

280 Siehe oben E.II.1, S. 40 ff.

281 Vgl. dazu *Richardi*, DB 1974, 1335 (1337); ähnlich *Miersch*, Rechtsfolgen, S. 292: „Situation der Inkompatibilität“.

kommen, so dass die neuen Arbeitsbedingungen nach dem Ablauf der Kündigungsfrist beziehungsweise ab dem in der Änderungsvereinbarung festgelegten Zeitpunkt gelten.[282] Dies ergibt sich aus der Vorschrift des § 8 KSchG, die eine rückwirkende Wiederherstellung der alten Arbeitsbedingungen bewirkt. Diese Regelung wäre überflüssig, wenn der Arbeitnehmer während des Änderungsschutzverfahrens ohnehin noch zu den alten Bedingungen beschäftigt werden müsste. Eine Verpflichtung des Arbeitnehmers zur Tätigkeit im neuen Arbeitsbereich besteht erst recht dann, wenn die Änderungsschutzklage abgewiesen wird.[283] Der Beschäftigung zu den geänderten Vertragsbedingungen steht jedoch entgegen, dass ohne die Zustimmung des Betriebsrats der Arbeitnehmer nicht in dem neuen Arbeitsbereich beschäftigt werden darf, weil ein betriebsverfassungsrechtliches Beschäftigungsverbot besteht. Dies ändert sich erst dann, wenn im Zustimmungsersetzungsverfahren die Zustimmung des Betriebsrats ersetzt wird und der Arbeitgeber daher kollektivrechtlich berechtigt ist, den Arbeitnehmer in dem neuen Arbeitsbereich zu beschäftigen.

An dieser Stelle geraten individualrechtliche und kollektivrechtliche Ebene in Widerspruch:[284] Individualrechtlich müsste der Arbeitnehmer zu den neuen Arbeitsbedingungen weiterarbeiten, kollektivrechtlich darf er nicht zu den neuen Arbeitsbedingungen beschäftigt werden. Es stellt sich daher die Frage, ob dieser Widerspruch zugunsten einer Beschäftigung zu den alten Arbeitsbedingungen oder zugunsten einer Beschäftigung zu den neuen Arbeitsbedingungen aufzulösen ist oder ob der Arbeitnehmer in dieser Situation überhaupt keinen Beschäftigungsanspruch hat. Als Folgeproblem muss auch die Frage geklärt werden, wonach sich der Vergütungsanspruch des Arbeitnehmers während des Schwebezustands richtet.

a) Beschäftigung des Arbeitnehmers

Hat der Arbeitnehmer das Änderungsangebot unter Vorbehalt angenommen und hat der Arbeitgeber die für die Versetzung erforderliche Zustimmung des Betriebsrats gemäß § 99 Abs. 1 BetrVG nicht eingeholt, kommt in Betracht, dass der Arbeitnehmer wegen der Betriebsverfassungswidrigkeit der Versetzung trotz der vorläufig wirksam zustande gekommenen Änderungsvereinbarung zu den alten Arbeitsbedingungen tätig werden muss oder überhaupt nicht beschäftigt werden darf, also weder zu den neuen noch zu den alten Arbeitsbedingungen. Zu beachten ist dabei, dass eine Beschäftigung des Arbeitnehmers – ob auf

---

[282] BAGE 64, 24 (32); AP Nr. 20 zu § 2 KSchG 1969 Bl. 2 R; *von Hoyningen-Huene/Linck*, KSchG, § 2 Rn. 281; KR-*Rost*, § 2 KSchG Rn. 158; HK-KSchG/*Weller/Hauck*, § 2 Rn. 118.

[283] Vgl. KR-*Rost*, § 2 KSchG Rn. 137.

[284] Vgl. KR-*Rost*, § 2 KSchG Rn. 137.

dem alten oder neuen Arbeitsplatz – nur dann möglich ist, wenn die Voraussetzungen dafür sowohl in kollektivrechtlicher als auch in individualrechtlicher Hinsicht gegeben sind.

aa) Beschäftigungsanspruch aus dem bestehenden Arbeitsverhältnis

Zunächst könnte aus dem Widerspruch zwischen kollektivrechtlicher und individualrechtlicher Ebene gefolgert werden, dass der Arbeitnehmer auf keinem der beiden in Betracht kommenden Arbeitsplätze beschäftigt werden darf. Der Arbeitnehmer hätte dann für die Zeit des Schwebezustands überhaupt keinen Beschäftigungsanspruch und wäre auf den Vergütungsanspruch aus § 615 BGB angewiesen.

Ein solches Ergebnis stünde allerdings nicht in Übereinstimmung mit der *ratio legis* des § 2 KSchG. Durch diese Vorschrift wird dem Arbeitnehmer die Möglichkeit eingeräumt, das Änderungsangebot unter Vorbehalt anzunehmen und die soziale Rechtfertigung der Änderung isoliert im Wege der Änderungsschutzklage gemäß § 4 S. 2 KSchG anzugreifen. Mit der Annahme des Änderungsangebots unter dem Vorbehalt der sozialen Rechtfertigung sichert der Arbeitnehmer sich den Bestand des Arbeitsverhältnisses.[285] Aus einem bestehenden Arbeitsverhältnis folgt aber grundsätzlich auch ein Beschäftigungsanspruch des Arbeitnehmers. Mit der Beschäftigungspflicht des Arbeitgebers hat sich das Bundesarbeitsgericht erstmals in einer Entscheidung vom 10.11.1955[286] befasst und diese aus dem Persönlichkeitsrecht des Arbeitnehmers abgeleitet. Dieser Auffassung ist die nachfolgende Rechtsprechung[287] und Literatur[288] gefolgt. Da das Arbeitsverhältnis nach der Vorbehaltsannahme unstreitig fortbesteht, muss dem Arbeitnehmer ein Beschäftigungsanspruch zustehen. Es widerspräche der *ratio legis* des § 2 KSchG, wenn der Arbeitnehmer sich durch die Vorbehaltsannahme selbst seines Beschäftigungsanspruchs beraubte.

---

[285] ErfK/*Ascheid/Oetker*, § 2 KSchG Rn. 44; *von Hoyningen-Huene/Linck*, KSchG, § 2 Rn. 81 f.; HaKo-*Pfeiffer*, § 2 Rn. 29; Stahlhacke/*Preis* Rn. 1263; HK-KSchG/*Weller/Hauck*, § 2 Rn. 95.

[286] BAG AP Nr. 2 zu § 611 BGB m. Anm. *A. Hueck*.

[287] BAG AP Nr. 1 zu § 12 SchwerBeschG; BAG AP Nr. 44 zu Art. 9 GG – Arbeitskampf; BAG AP Nr. 13 zu § 626 BGB – Verdacht strafbarer Handlungen; BAG AP Nr. 4 zu § 611 BGB – Beschäftigungspflicht; bestätigt auch durch die Entscheidung des Großen Senats des Bundesarbeitsgerichts zur Weiterbeschäftigung im gekündigten Arbeitsverhältnis, BAGE (GS) 48, 122 (131).

[288] MünchKommBGB/*Müller-Glöge* § 611 Rn. 973; ErfK/*Preis*, § 611 BGB Rn. 702; *Ruhl/Kassebohm*, NZA 1995, 497; *Schaub/Koch*, ArbR-Hdb. § 110 Rn. 4; anders in jüngerer Zeit nur *Bengelsdorf*, DB 1986, 168 f.

Dieser Beschäftigungsanspruch kann nicht deswegen verneint werden, weil nach der Vorbehaltsannahme der Arbeitnehmer grundsätzlich zu den neuen Arbeitsbedingungen weiterarbeiten muss, eine Beschäftigung zu den neuen Arbeitsbedingungen aber betriebsverfassungswidrig wäre. Die Beschäftigungspflicht wird vielmehr nur ausnahmsweise durchbrochen, wenn überwiegende und schutzwürdige Interessen des Arbeitgebers der Beschäftigung entgegenstehen. Dies wird in der Regel nur dann der Fall sein, wenn die Voraussetzungen einer außerordentlichen Kündigung gemäß § 626 BGB vorliegen und der Arbeitgeber die Suspendierung des Arbeitnehmers als (vorübergehendes) milderes Mittel zum Ausspruch der außerordentlichen Kündigung einsetzt.[289] Das Vorliegen eines betriebsverfassungsrechtlichen Beschäftigungsverbots erfüllt die Voraussetzungen der Suspendierung des Arbeitnehmers von der Arbeitspflicht nicht, zumal das Fehlen der Zustimmung des Betriebsrats oftmals im Verantwortungsbereich des Arbeitgebers liegen wird, der den Betriebsrat nicht gemäß § 99 Abs. 1 BetrVG beteiligt hat.

Nach der Annahme des Änderungsangebots unter Vorbehalt hat der Arbeitnehmer somit einen Beschäftigungsanspruch aus dem unstreitig fortbestehenden Arbeitsverhältnis. Im Weiteren muss daher geklärt werden, ob er zu den neuen oder zu den alten Arbeitsbedingungen zu beschäftigen ist.

bb) Beschäftigung zu den neuen Arbeitsbedingungen

Entsprechend der in § 8 KSchG zum Ausdruck kommenden Wertung könnte der Arbeitnehmer während des Schwebezustands zu den neuen Arbeitsbedingungen weiter zu beschäftigen sein. Dem steht grundsätzlich das aus der nicht ordnungsgemäßen Beteiligung des Betriebsrats folgende betriebsverfassungsrechtliche Beschäftigungsverbot entgegen.[290]

Es könnten sich allerdings Besonderheiten daraus ergeben, dass vorliegend die Versetzung individualrechtlich im Wege einer Änderungskündigung ermöglicht werden soll. Eine Änderungskündigung zur Versetzung ist, wie aus den obigen Untersuchungen folgt, unabhängig von einem Verstoß gegen § 99 Abs. 1 BetrVG wirksam. Nach der gesetzgeberischen Wertung in § 8 KSchG muss der Arbeitnehmer nach der Annahme des Änderungsangebots unter Vorbehalt vorläufig zu den neuen Arbeitsbedingungen tätig werden, bis die Sozialwidrigkeit der Änderung der Arbeitsbedingungen oder die sonstige Unwirksamkeit der Änderungskündigung rechtskräftig festgestellt ist. Die schwebend wirksame Änderungsvereinbarung könnte sich somit gegenüber

---

289 MünchArbR/*Blomeyer*, § 49 Rn. 34; Stahlhacke/*Preis* Rn. 27; ErfK/*Preis*, § 611 BGB Rn. 706.

290 Siehe oben E.II.1, S. 40 ff.

dem betriebsverfassungsrechtlichen Beschäftigungsverbot durchsetzen, so dass der Arbeitnehmer (zumindest vorläufig) im neuen Arbeitsbereich tätig werden müsste. Dies wäre dann der Fall, wenn die vorläufig wirksame Änderungsvereinbarung vorrangig gegenüber dem betriebsverfassungsrechtlichen Beschäftigungsverbot wäre. Es soll daher zunächst untersucht werden, ob das betriebsverfassungsrechtliche Beschäftigungsverbot auch dann besteht, wenn individualrechtlich eine Änderungskündigung zur Versetzung ausgesprochen wurde.

Von Teilen der Literatur wird vertreten, dass der Arbeitnehmer im Falle einer Änderungskündigung zur Versetzung trotz eines Verstoßes gegen § 99 Abs. 1 BetrVG zu den geänderten Arbeitsbedingungen weiterarbeiten muss.[291] Aus der Trennung der Beurteilung der Rechtslage in individualrechtlicher und kollektivrechtlicher Hinsicht folge zwingend, dass der Arbeitnehmer zu den geänderten Arbeitsbedingungen tätig werden müsse.[292] Die durch den Arbeitgeber getroffene Versetzungsregelung sei auch ohne Beteiligung des Betriebsrats wirksam, woraus die Weiterbeschäftigung zu den geänderten Bedingungen folge.[293]

Richtig an dieser Argumentation ist zwar, dass die Rechtsfolgen auf der kollektivrechtlichen und der individualrechtlichen Ebene grundsätzlich getrennt voneinander betrachtet werden müssen. Daraus kann aber nicht geschlossen werden, dass beide Ebenen völlig unabhängig voneinander sind. Eine Rechtsfolge der fehlenden Zustimmung auf individualrechtlicher Ebene erscheint vielmehr gerade deshalb nicht erforderlich, weil der Arbeitgeber die Versetzung ohne die Zustimmung des Betriebsrats nicht durchführen darf und insofern das Mitbestimmungsrecht aus § 99 Abs. 1 BetrVG nicht umgangen werden kann.[294] Es kann daher nicht ohne weiteres davon ausgegangen werden, dass sich die individualrechtliche Ebene gegenüber der kollektivrechtlichen Ebene durchsetzt

---

[291] KPK-*Bengelsdorf*, § 2 Rn. 79, 128; *von Hoyningen-Huene/Boemke*, Versetzung, S. 198; *von Hoyningen-Huene/Linck*, KSchG, § 2 Rn. 200; *von Hoyningen-Huene*, NZA 1993, 145 (150); *ders.*, Anm. zu BAG 2 AZR 283/93, AR-Blattei ES 1700 Nr. 21; *Linck*, AR-Blattei SD 1020.1.1 Rn. 124; *Meisel*, Mitwirkung, Rn. 371; so wohl auch *Schlochauer*, in: HSWG, § 99 Rn. 86.

[292] So KPK-*Bengelsdorf*, § 2 Rn. 79, unter Hinweis auf *Waltermann*, Anm. zu BAG 2 AZR 283/93, SAE 1995, 367 (372 f.), letzterer lehnt allerdings im Ergebnis eine Beschäftigung des Arbeitnehmers zu den neuen Arbeitsbedingungen wegen der fehlenden Zustimmung des Betriebsrats ab.

[293] *Von Hoyningen-Huene/Linck*, KSchG, § 2 Rn. 199 f.; *Linck*, AR-Blattei ES 1700 Nr. 21; ähnlich *Claus Weber*, Auswirkungen, S. 118 ff., demzufolge der Arbeitnehmer allerdings nur so lange zu den neuen Bedingungen beschäftigt werden darf, bis der Betriebsrat eine Entscheidung des Arbeitsgerichts gemäß § 101 BetrVG beziehungsweise § 100 Abs. 3 BetrVG herbeigeführt hat oder der Betriebsrat seine Zustimmung gemäß § 99 Abs. 2 BetrVG verweigert hat.

[294] Vgl. BAGE 74, 291 (301); KR-*Rost*, § 2 KSchG Rn. 140.

vidualrechtliche Ebene gegenüber der kollektivrechtlichen Ebene durchsetzt und der Arbeitnehmer trotz der fehlenden Zustimmung der Versetzungsweisung Folge leisten muss.

Die dargestellte Literaturansicht führt zur Begründung ihres Lösungskonzeptes an, dass der Betriebsrat zwar bei der Ausübung der Beteiligungsrechte gemäß § 99 BetrVG die Interessen der Belegschaft sowie einzelner Arbeitnehmer zu berücksichtigen habe, dass die Beteiligungsrechte dem Betriebsrat jedoch primär als selbständige Rechte zustünden.[295] Es stehe zur alleinigen Disposition des Betriebsrats, ob er seine Zustimmung erteile oder nicht sowie ob er infolge einer betriebsverfassungswidrigen personellen Maßnahme seinen Aufhebungsanspruch aus § 101 BetrVG geltend mache oder nicht.[296] Wäre der Arbeitnehmer jedoch berechtigt, eine Tätigkeit zu den neuen Bedingungen unter Berufung auf ein betriebsverfassungswidriges Vorgehen des Arbeitgebers zu verweigern, könne der Arbeitnehmer über die Rechtmäßigkeit und Pflichtwidrigkeit von kollektivrechtlichen Maßnahmen entscheiden und disponieren.[297] Es widerspreche daher dem Rechtsgrundsatz, dass aus den Rechten Dritter keine Einwände hergeleitet werden dürfen, wenn dem Arbeitnehmer bei einer betriebsverfassungswidrigen Versetzung das Recht eingeräumt würde, die Beschäftigung zu den geänderten Bedingungen zu verweigern.[298] Der Arbeitnehmer könne sich daher nicht auf die Verletzung von § 99 Abs. 1 BetrVG berufen.[299] Er müsse vielmehr der Versetzung Folge leisten, bis der Betriebsrat eine Entscheidung des Arbeitsgerichts gemäß § 101 S. 1 BetrVG herbeigeführt habe.[300] Die Verweigerung der Tätigkeit zu den neuen Arbeitsbedingungen stelle eine Verletzung des Arbeitsvertrags dar.[301]

Zutreffend ist, dass die Beteiligungsrechte dem Betriebsrat als selbständige Rechte zugeordnet sind. Die Beteiligung des Betriebsrats ist jedoch kein Selbstzweck. Der Betriebsrat wird zur Interessenwahrnehmung der Belegschaft gebildet, das Beteiligungsrecht aus § 99 BetrVG wird ihm zum Schutz der Arbeitnehmer eingeräumt.[302] Zudem zeigt die abschließende Aufzählung der Zustim-

---

295 *Von Hoyningen-Huene*, NZA 1993, 145 (150); *Linck*, AR-Blattei SD1020.1.1 Rn. 124.
296 *Von Hoyningen-Huene*, NZA 1993, 145 (150).
297 *Claus Weber*, Auswirkungen, S. 119.
298 *Von Hoyningen-Huene*, NZA 1993, 145 (150); *Linck*, AR-Blattei SD1020.1.1 Rn. 124.
299 *Von Hoyningen-Huene/Linck*, KSchG, § 2 Rn. 200.
300 *Claus Weber*, Auswirkungen, S. 120. Vgl. aber *Griese*, BB 1995, 458 (462) sowie *Raab*, ZfA 1995, 479 (499), die darauf hinweisen, dass das Verfahren gemäß § 101 BetrVG ebenso wie die Vorschrift des § 100 Abs. 3 BetrVG bei einer Versetzung weitgehend ineffektiv sind, weil eine rechtskräftige Entscheidung vorausgesetzt wird.
301 Dagegen LAG Baden-Württemberg, NZA 1985, 326 (327).
302 LAG Baden-Württemberg, NZA 1985, 326 (327).

mungsverweigerungsgründe[303] in § 99 Abs. 2 BetrVG, dass der Betriebsrat seine Zustimmung nur aus bestimmten vorgegebenen Gründen verweigern kann. Liegt ein Zustimmungsverweigerungsgrund tatsächlich nicht vor, ersetzt das Arbeitsgericht die zu Unrecht verweigerte Zustimmung auf Antrag des Arbeitgebers gemäß § 99 Abs. 4 BetrVG. Eine freie Disposition des Betriebsrats über die Zustimmungserteilung ist somit nicht gegeben.

Außerdem kommen Fälle vor, in denen der Arbeitgeber nicht nur die Zustimmung des Betriebsrats nicht einholt, sondern ihn überhaupt nicht in Kenntnis von der geplanten personellen Maßnahme setzt.[304] Daher muss auch die Durchführung des Beteiligungsverfahrens selbst geschützt werden, obwohl der Arbeitnehmer keinen Anspruch auf ein konkretes Tätigwerden des Betriebsrats oder gar die Zustimmungsverweigerung hat.[305] Es muss gewährleistet sein, dass der Arbeitgeber den Betriebsrat von der geplanten personellen Maßnahme unterrichtet und ihn um Erteilung der Zustimmung ersucht. Nur dann kann der Betriebsrat entscheiden, ob und wie er tätig werden will. Falls er nach ordnungsgemäßer Unterrichtung durch den Arbeitgeber nicht innerhalb einer Woche mitteilt, dass er die Zustimmung zu der personellen Einzelmaßnahme verweigert, gilt die Zustimmung gemäß § 99 Abs. 3 S. 2 BetrVG als erteilt. Das betriebsverfassungsrechtliche Beschäftigungsverbot dient somit dazu, den Arbeitgeber zur Durchführung des Beteiligungsverfahrens im Interesse der Arbeitnehmer zu zwingen. Von der Herleitung von Einwänden aus den Rechten Dritter kann folglich nicht gesprochen werden.

Schließlich spricht auch eine Betrachtung der bestehenden Interessenlage dafür, dass sich das betriebsverfassungsrechtliche Beschäftigungsverbot gegenüber dem Grundsatz der vorläufigen Beschäftigung zu den neuen Arbeitsbedingungen durchsetzt und nicht umgekehrt. Mit der Weiterbeschäftigung des Arbeitnehmers zu den neuen Arbeitsbedingungen während des Änderungsschutzprozesses wird das Interesse des Arbeitgebers an der Durchsetzung der neuen Arbeitsbedingungen geschützt. Das aus den §§ 99 ff. BetrVG herzuleitende Beschäftigungsverbot soll demgegenüber die Interessen des von der Versetzung betroffenen Arbeitnehmers sowie die Interessen der übrigen Belegschaft schützen. Zudem soll durch das Beschäftigungsverbot eine Umgehung des § 99 Abs. 1 BetrVG verhindert werden. Bei der Abwägung der sich hier gegenüberstehenden Interessen ist zu beachten, dass es dem Arbeitgeber oblegen hätte, den Betriebsrat nach § 99 Abs. 1 BetrVG zu beteiligen und gegebenenfalls die Zustimmung gerichtlich ersetzen zu lassen. Seine Interessen müs-

---

303 Vgl. dazu *Fitting*, BetrVG, § 99 Rn. 161; *KraftRaab*, GK-BetrVG, § 99 Rn. 129; Richardi/*Thüsing*, BetrVG, § 99 Rn. 183.

304 *Wlotzke*, Anm. zu BAG 2 AZR 283/93, AP Nr. 33 zu § 2 KSchG 1969 Bl. 9.

305 Zu letzterem: BAGE 83, 266 (275); DKK-*Kittner/Bachner*, BetrVG, § 99 Rn. 214.

sen daher zurückstehen. Eine Beschäftigung des Arbeitnehmers zu den neuen Arbeitsbedingungen nach der Annahme des Änderungsangebots unter Vorbehalt kommt somit im Falle eines Verstoßes gegen § 99 Abs. 1 BetrVG nicht in Betracht.

Das betriebsverfassungsrechtliche Beschäftigungsverbot zu den neuen Bedingungen besteht daher auch in dem Fall, dass dem Arbeitnehmer eine Änderungskündigung zur Versetzung ausgesprochen wird und er das Änderungsangebot unter Vorbehalt annimmt. Die kollektivrechtliche Ebene setzt sich insofern gegenüber der individualrechtlichen Ebene durch.

cc) Beschäftigung zu den alten Arbeitsbedingungen

Wenn eine Beschäftigung des Arbeitnehmers im neuen Arbeitsbereich ausscheidet, kommt nur noch eine Beschäftigung des Arbeitnehmers zu den alten Arbeitsbedingungen in Betracht. Eine Beschäftigung im alten Arbeitsbereich scheint allerdings nach Annahme des Änderungsangebots unter Vorbehalt nicht mehr möglich zu sein, weil der Inhalt des Arbeitsverhältnisses zumindest vorläufig durch die Änderungsvereinbarung bestimmt wird. Es wäre demnach weder eine Beschäftigung zu den alten noch eine Beschäftigung zu den neuen Arbeitsbedingungen möglich. Der Arbeitnehmer dürfte folglich überhaupt nicht beschäftigt werden, hätte aber trotz fehlender Arbeitsleistung einen Anspruch auf die Vergütung aus § 615 S. 1 BGB beziehungsweise § 326 Abs. 2 BGB.[306] Dies hätte zur Folge, dass ein arbeitsunwilliger Arbeitnehmer trotz Nichtleistung die Vergütung verlangen könnte und einem arbeitswilligen Arbeitnehmer die Durchsetzung seines Beschäftigungsanspruchs verwehrt bliebe.[307] Dies erscheint unbillig. Sachgerechter erscheint es demgegenüber, sowohl ein Recht als auch eine Pflicht des Arbeitnehmers zur Tätigkeit im alten Arbeitsbereich zu bejahen.[308] Für eine Weiterbeschäftigung zu den alten Bedingungen spricht weiter, dass der Arbeitgeber dadurch an der Neubesetzung des alten Arbeitsplatzes gehindert wird.

Dazu lässt sich auch die Systematik der §§ 99 ff. BetrVG heranziehen. Diese Vorschriften enthalten einerseits das Verbot, den Arbeitnehmer ohne die Zustimmung des Betriebsrats in dem neuen Arbeitsbereich zu beschäftigen.[309]

---

306 So in Bezug auf § 324 BGB a.F.: *Kania,* Anm. zu BAG 2 AZR 283/93, EzA § 99 BetrVG 1972 Nr. 118, S. 24; zu § 326 BGB n.F.: *Grothe,* in: Bamberger/Roth, BGB, § 326 Rn. 14.

307 *Kania,* Anm. zu BAG 2 AZR 283/93, EzA § 99 BetrVG 1972 Nr. 118, S. 24; dem folgend *Wernery*, Mitbestimmung, S. 340 f.

308 So der 2. Senat des Bundesarbeitsgerichts in seiner Entscheidung vom 30.9.1993, vgl. BAGE 74, 291 (305).

309 Siehe oben E.II.1.b), S. 44 f.

Liegen nicht ausnahmsweise die Voraussetzungen des § 100 Abs. 2 S. 3, Abs. 3 BetrVG vor, kann der Betriebsrat gemäß § 101 BetrVG beim Arbeitsgericht beantragen, dem Arbeitgeber aufzugeben, eine ohne Zustimmung durchgeführte personelle Einzelmaßnahme aufzuheben. Die Aufhebung wird durch die erneute Zuweisung des alten Arbeitsbereichs vollzogen.[310] Die §§ 99 ff. BetrVG beinhalten daher andererseits ein Gebot der Beschäftigung zu den alten Arbeitsbedingungen, solange die Zustimmung des Betriebsrats nicht vorliegt und die Voraussetzungen des § 100 BetrVG nicht erfüllt sind.[311] Hat der Arbeitgeber zum Zwecke der Versetzung eine Änderungskündigung ausgesprochen, besteht allerdings die Besonderheit, dass der Arbeitgeber dem Arbeitnehmer aufgrund der vorläufig wirksamen Änderungsvereinbarung den alten Arbeitsbereich grundsätzlich nicht mehr zuweisen kann. Es stellt sich daher die Frage, auf welche Grundlage eine Berechtigung und Verpflichtung des Arbeitnehmers zur Tätigkeit auf dem alten Arbeitsplatz gestützt werden könnte.

(1) Entzug des alten Arbeitsbereichs durch die mitbestimmungswidrige Änderungskündigung

In seinem Urteil vom 30.9.1993 kommt der 2. Senat des Bundesarbeitsgerichts zu dem Ergebnis, dass eine Berechtigung und Verpflichtung des Arbeitnehmers zur Tätigkeit im alten Arbeitsbereich bestehe. Der 2. Senat hatte eigentlich nur über die Frage zu entscheiden, ob das Fehlen der Zustimmung die Wirksamkeit der Änderungskündigung beeinflusst. Seine Ausführungen zur Beschäftigung des Arbeitnehmers waren mithin nicht entscheidungserheblich und stellen insofern ein *obiter dictum* dar.[312]

Der 2. Senat meint, dass der Arbeitnehmer bei einer Änderungskündigung zur Versetzung, die ohne die Zustimmung des Betriebsrats gemäß § 99 Abs. 1 BetrVG ausgesprochen wurde, vorläufig zu den alten Arbeitsbedingungen auf Grundlage des alten Arbeitsvertrags zu beschäftigen sei. Er begründet dies damit, dass die gegenüber dem Arbeitnehmer erfolgte Versetzungsweisung gemäß § 134 BGB unwirksam sei. Der Arbeitnehmer müsse daher zu den alten Arbeitsbedingungen weiter beschäftigt werden, weil ihm der alte Arbeitsbereich nicht wirksam entzogen worden sei.[313] Diese beiden Aussagen bedürfen der näheren Betrachtung.

---

[310] *Von Hoyningen-Huene/Boemke*, Versetzung, S. 189; *von Hoyningen-Huene*, Betriebsverfassungsrecht, S. 327 f.

[311] Ähnlich KR-*Etzel*, § 102 BetrVG Rn. 199d, demzufolge der Arbeitnehmer aufgrund der Vorschriften der §§ 99, 100 BetrVG seine vorläufige Weiterbeschäftigung zu den alten Arbeitsbedingungen verlangen kann.

[312] *Waltermann*, Anm. zu BAG 2 AZR 283/93, SAE 1995, 367 (370).

[313] BAGE 74, 291 (305).

(a) Unwirksamkeit der Versetzungsweisung gemäß § 134 BGB

Der 2. Senat meint, dass eine Versetzungsweisung nach § 134 BGB nichtig ist, wenn der Betriebsrat seine Zustimmung bis zum Ablauf der Kündigungsfrist weder erteilt hat noch der Arbeitgeber die Zustimmung gemäß § 99 Abs. 4 BetrVG hat ersetzen lassen und er die Maßnahme auch nicht nach § 100 BetrVG vorläufig durchführen kann.[314]

Der 2. Senat stützt sich dabei auf ein Urteil des 1. Senats vom 26.1.1988[315], wonach eine Versetzung „entsprechend § 134 BGB" unwirksam ist, wenn sie erfolgt, ohne dass der Betriebsrat seine Zustimmung erteilt hat beziehungsweise diese durch das Arbeitsgericht ersetzt worden ist.[316] Während der 1. Senat noch allgemein von der Unwirksamkeit der Versetzung spricht, stellt der 2. Senat allerdings fest, dass die Versetzungsweisung nach § 134 BGB nichtig sei.[317] Wie bereits gezeigt, ist die Versetzung im Sinne von § 95 Abs. 3 BetrVG *betriebsverfassungsrechtlich* unwirksam, wenn sie ohne die erforderliche Zustimmung des Betriebsrats erfolgt.[318] Die Versetzung im betriebsverfassungsrechtlichen Sinne ist nach der Legaldefinition in § 95 Abs. 3 BetrVG die tatsächliche Zuweisung eines anderen Arbeitsbereichs.[319] Tatsächliche Zuweisung bedeutet dabei, dass dem Arbeitnehmer sein neuer Arbeitsplatz gezeigt wird, ihm die Schlüssel für das Büro ausgehändigt werden, er den zukünftigen Kollegen vorgestellt wird etc. Dabei ist die tatsächliche Zuweisung nicht auf die Herbeiführung eines rechtlichen Erfolges, sondern auf das Tätigwerden des Arbeitnehmers im neuen Arbeitsbereich gerichtet und stellt folglich einen bloßen Realakt dar.[320] Betriebsverfassungsrechtliche Unwirksamkeit bedeutet daher zunächst nur, dass der Arbeitgeber im Falle eines Verstoßes gegen § 99 BetrVG den Arbeitnehmer nicht in dem anderen Arbeitsbereich beschäfti-

---

314 BAGE 74, 291 (305).

315 BAGE 57, 242 ff. = EzA § 99 BetrVG 1972 Nr. 58 m. Anm. *Christoph Weber* = SAE 1989, 73 m. Anm. *Kraft/Hoehn.*

316 Vgl. auch BAGE 97, 276 (287); *Matthes,* DB 1975, 1651; kritisch zur „entsprechenden" Anwendung von § 134 BGB: *Miersch,* Rechtsfolgen, S. 222 f.; *Raab,* ZfA 1995, 479 (498).

317 BAGE 74, 291 (305).

318 Siehe oben E.II.3.a), S. 66 ff.; *Raab,* ZfA 1995, 479 (498); *Waltermann,* Anm. zu BAG 2 AZR 283/93, SAE 1995, 367 (371).

319 *Von Hoyningen-Huene,* NZA 1993, 145 (147); *von Hoyningen-Huene/Boemke,* Versetzung, S. 196.

320 *Von Hoyningen-Huene,* NZA 1993, 145 (146); *Wernery,* Mitbestimmung, S. 309; a.A. *Waltermann,* Anm. zu BAG 2 AZR 283/93, SAE 1995, 367 (371 f.), der die Zuweisung des neuen Arbeitsbereichs im Sinne von § 95 Abs. 3 BetrVG als rechtsgeschäftliche Arbeitgeberweisung ansieht und infolgedessen zu einer Unwirksamkeit der Versetzungsweisung gemäß § 134 BGB gelangt.

gen darf.[321] Im Falle einer Zuwiderhandlung setzt der Arbeitgeber sich den Sanktionen gemäß §§ 23 Abs. 3, 101 BetrVG aus. Zur Feststellung dieser betriebsverfassungsrechtlichen Unwirksamkeit bedarf es allerdings nicht der Heranziehung von § 134 BGB.

Es ist daher davon auszugehen, dass der 1. Senat in seinem Urteil vom 26.1.1988 nicht die Unwirksamkeit der Versetzung im Sinne von § 95 Abs. 3 BetrVG feststellen wollte, sondern die darüber hinausgehende Unwirksamkeit der zur Umsetzung der personellen Einzelmaßnahme erforderlichen individualrechtlichen Gestaltung.[322] In dem vom 1. Senat entschiedenen Fall ging es um die Versetzung des Arbeitnehmers kraft Ausübung des Direktionsrechts. Warum § 134 BGB diesbezüglich nur entsprechend anwendbar sein soll, wird nicht klar. Bei der Ausübung des Direktionsrechts durch den Arbeitgeber handelt es sich um ein Rechtsgeschäft, so dass § 134 BGB unmittelbar anwendbar ist, wenn es gegen § 99 BetrVG verstößt und es sich bei dieser Norm um ein Verbotsgesetz im Sinne von § 134 BGB handelt.[323]

Eine Übertragung der durch den 1. Senat aufgestellten Grundsätze setzt daher voraus, dass im Falle einer Änderungskündigung zur Versetzung eine individualrechtliche Versetzungsweisung vorliegt und es sich bei § 99 BetrVG tatsächlich um ein Verbotsgesetz handelt.

(i) § 99 BetrVG als Verbotsgesetz im Sinne von § 134 BGB

Ob es sich bei § 99 BetrVG um ein Verbotsgesetz im Sinne von § 134 BGB handelt, wird unterschiedlich beurteilt.

Ein Gesetz ist ein Verbotsgesetz im Sinne von § 134 BGB, wenn es die Vornahme eines grundsätzlich möglichen Rechtsgeschäfts wegen seines Inhalts beziehungsweise des mit ihm bezweckten Erfolgs oder aufgrund besonderer Umstände seiner Vornahme untersagt.[324] § 99 BetrVG gebietet nicht nur die Einholung der Zustimmung zur Versetzung des Arbeitnehmers, sondern verbietet dem Arbeitgeber zugleich, die geplante Versetzung ohne die Zustimmung

---

321 *Raab*, ZfA 1995, 479 (498).

322 So *Raab*, ZfA 1995, 479 (498); zu Beginn der Urteilsbegründung stellt der 1. Senat fest, dass die Zuweisung der neuen Tätigkeit in Ausübung des Direktionsrechts gleichzeitig eine Versetzung im Sinne von § 95 Abs. 3 BetrVG darstelle, später spricht er nur noch allgemein von der Unwirksamkeit der Versetzung, vgl. BAGE 57, 242 (247).

323 *Raab*, ZfA 1995, 479 (498).

324 *Wendtland*, in: Bamberger/Roth, BGB, § 134 Rn. 9.

beziehungsweise deren Ersetzung durchzuführen.[325] Dabei richtet sich das in § 99 BetrVG enthaltene Verbot auch gerade gegen die tatsächliche Vornahme der personellen Maßnahme.[326] Daraus folgert der 1. Senat, dass es sich bei § 99 BetrVG um ein Verbotsgesetz im Sinne von § 134 BGB handele.[327]

Die Nichtigkeitsfolge des § 134 BGB greift allerdings nur dann ein, wenn sich nicht aus dem Gesetz etwas anderes ergibt. Es ist daher zu untersuchen, ob die §§ 99 ff. BetrVG nicht eine die Nichtigkeitsfolge des § 134 BGB ausschließende andere Rechtsfolge bestimmen. Eine solche anderweitige Regelung könnte in § 101 BetrVG gesehen werden. Nach dieser Vorschrift kann der Betriebsrat beim Arbeitsgericht beantragen, dem Arbeitgeber die Aufhebung der personellen Maßnahme aufzugeben, wenn dieser die personelle Maßnahme ohne die Zustimmung durchführt oder entgegen § 100 Abs. 2 S. 3 BetrVG aufrechterhält. Man könnte daher davon ausgehen, dass das Betriebsverfassungsgesetz mit § 101 BetrVG eine ausreichende Sanktion für den Verstoß gegen § 99 BetrVG bereithält und folglich etwas anderes im Sinne von § 134 BGB bestimmt.[328] Aufgrund der Regelung des § 101 BetrVG wird daher teilweise angenommen, dass es sich bei § 99 BetrVG nicht um ein Verbotsgesetz im Sinne von § 134 BGB handelt.[329]

Gegen die Annahme, dass § 101 BetrVG etwas anderes im Sinne von § 134 BGB bestimmt, könnte allerdings die Trennung zwischen individualrechtlicher und kollektivrechtlicher Ebene sprechen. Der Aufhebungsanspruch des Betriebsrats gegenüber dem Arbeitnehmer aus § 101 BetrVG ist eine Rechtsfolge auf kollektivrechtlicher Ebene. Individualrechtliche Rechtsfolgen

---

325 *Raab*, ZfA 1995, 479 (498); *Waltermann*, Anm. zu BAG 2 AZR 283/93, SAE 1995, 367 (371); vgl. auch *Miersch*, Rechtsfolgen, S. 224, demzufolge jedes Verbot als Kehrseite die Untersagung seiner Nichtbefolgung im Sinne eines Verbots enthalte.

326 *Waltermann*, Anm. zu BAG 2 AZR 283/93, SAE 1995, 367 (371).

327 BAGE 57, 242 (256); zust. insoweit *Waltermann*, Anm. zu BAG 2 AZR 283/93, SAE 1995, 367 (371); einschränkend MünchArbR/*Matthes*, § 354 Rn. 29 ff., der eine Unwirksamkeit der Versetzung nur dann annimmt, wenn der Arbeitnehmer nicht damit einverstanden ist; ähnlich *Maul-Backer*, Rechtsfolgen, S. 207 ff.; vgl. auch *Christoph Weber*, Anm. zu BAG 1 AZR 531/86, EzA § 99 BetrVG 1972 Nr. 58, S. 30 ff., der eine Unwirksamkeit nach § 134 BGB nur dann annimmt, wenn es sich um einen Fall des § 99 Abs. 2 Nr. 4 BetrVG handelt. In den übrigen Fällen des § 99 Abs. 2 BetrVG bleibe es bei betriebsverfassungsrechtlichen Konsequenzen, insbesondere § 101 BetrVG.

328 *Kraft/Raab*, GK-BetrVG, § 99 Rn. 126; krit. dazu *Raab*, ZfA 1995, 479 (499 ff.); *Kraft/Hoehn*, Anm. zu BAG 1 AZR 531/86, SAE 1989, 77 (78); vgl. auch *Griese*, BB 1995, 458 (463): Die Vorschrift des § 101 BetrVG regele nur den Rechtsschutz des Betriebsrats, nicht den des einzelnen Arbeitnehmers.

329 *Kraft/Raab*, GK-BetrVG, § 99 Rn. 126; *Kraft/Hoehn*, Anm. zu BAG 1 AZR 531/86, SAE 1989, 77 (78); *Raab*, ZfA 1995, 479 (497 f.); *Stege/Weinspach*, BetrVG, §§ 99-101 Rn. 152a; Richardi/*Thüsing*, BetrVG, § 99 Rn. 298.

bestimmen die §§ 99 ff. BetrVG gerade nicht. § 134 BGB in Verbindung mit § 99 BetrVG könnte daher zur Herleitung einer individualrechtlichen Rechtsfolge gebraucht werden.

Entscheidend gegen die Annahme, dass es sich bei § 99 BetrVG um ein Verbotsgesetz im Sinne von § 134 BGB handelt, spricht allerdings der Anknüpfungspunkt dieser Vorschrift. § 99 BetrVG beinhaltet das Verbot, dem Arbeitnehmer den neuen Arbeitsbereich ohne Zustimmung des Betriebsrats tatsächlich zuzuweisen.[330] Die tatsächliche Zuweisung des neuen Arbeitsbereichs stellt unproblematisch einen Verstoß gegen § 99 BetrVG dar. Das Zustimmungserfordernis bezieht sich allein auf die kollektivrechtliche Ebene und lässt die individualrechtliche Gestaltung unberührt.[331] Die betriebsverfassungsrechtliche Unwirksamkeit ergibt sich dabei aus § 99 BetrVG selbst, ohne dass ein Rückgriff auf § 134 BGB erforderlich wäre.[332] Es überwiegen daher die Argumente dafür, § 99 BetrVG nicht als Verbotsgesetz für individualrechtliche Maßnahmen anzusehen.

Bei § 99 BetrVG handelt es sich somit nicht um ein Verbotsgesetz im Sinne von § 134 BGB. Dies ist allerdings unerheblich, sofern es bei der Änderungskündigung zur Versetzung ohnehin an einem Rechtsgeschäft fehlt, das nach § 134 BGB nichtig sein könnte.

(ii) Vorliegen einer rechtsgeschäftlichen Versetzungsweisung

§ 134 BGB ordnet die Nichtigkeit von Rechtsgeschäften an, die gegen ein gesetzliches Verbot verstoßen. Die Versetzung im Sinne von § 95 Abs. 3 BetrVG ist lediglich die tatsächliche Zuweisung des neuen Arbeitsbereichs. Sie stellt damit einen bloßen Realakt dar, der nicht nach § 134 BGB nichtig sein kann. Es stellt sich daher die Frage, ob im Fall der Änderungskündigung zur Versetzung *neben* der tatsächlichen Zuweisung des neuen Arbeitsbereichs noch eine rechtsgeschäftliche Zuweisung existiert, die dann gemäß § 134 BGB nichtig wäre. So könnte man zumindest den 2. Senat in seinem Urteil vom 30.9.1993 verstehen, wenn er einerseits feststellt, dass die Versetzung im Sinne von § 95 Abs. 3 BetrVG nur die tatsächliche Zuweisung sei,

---

330 *Raab*, ZfA 1995, 479 (498); *Waltermann*, Anm. zu BAG 2 AZR 283/93, SAE 1995, 367 (371).

331 Vgl. *Miersch*, Rechtsfolgen, S. 82.

332 Darüber hinaus wäre § 134 BGB ohnehin auf einen Realakt nicht anwendbar, weil diese Vorschrift lediglich die Nichtigkeit eines gegen ein Verbotsgesetz verstoßenden Rechtsgeschäfts anordnet.

andererseits aber sagt, dass die „Versetzungsweisung" gemäß § 134 BGB nichtig sei.[333]

Die Feststellung, dass die Versetzungsweisung gemäß § 134 BGB nichtig sei, trifft der 2. Senat unter ausdrücklichem Hinweis auf das Urteil des 1. Senats vom 26.1.1988[334]. Bei der Heranziehung dieses Urteils ist allerdings zu beachten, dass es sich in dem zugrunde liegenden Fall um eine Versetzung im Wege des Direktionsrechts gehandelt hat. Bei der Ausübung des Direktionsrechts handelt es sich unproblematisch um ein Rechtsgeschäft, das gemäß § 134 BGB nichtig sein kann.[335] Zu untersuchen ist daher, ob eine dementsprechende Versetzungsweisung auch dann vorliegt, wenn die individualrechtliche Grundlage für die Versetzung im Wege der Änderungskündigung geschaffen werden muss.

Der 2. Senat vertritt die Auffassung, dass die Änderungskündigung zu einer Erweiterung des Direktionsrechts führe, das der Arbeitgeber allerdings wegen der fehlenden Mitbestimmung gemäß § 99 BetrVG nicht ausüben könne.[336] Unterstellt man dies als richtig, so müsste zu einer Versetzung nicht nur eine tatsächliche Zuweisung des neuen Arbeitsbereichs erfolgen, sondern der Arbeitgeber müsste auch sein Direktionsrecht ausüben, damit der Arbeitnehmer die Tätigkeit im neuen Arbeitsbereich aufnehmen muss. Es bedürfte also gleichzeitig der rechtsgeschäftlichen Zuweisung des neuen Arbeitsbereichs. Mithin läge eine rechtsgeschäftliche Versetzungsweisung vor, die im Falle eines Verstoßes gegen § 99 BetrVG gemäß § 134 BGB unwirksam sein könnte.

Fraglich ist, ob der 2. Senat damit nicht die Wirkung der ausgesprochenen Änderungskündigung missdeutet.[337] Während des Änderungsschutzverfahrens ist die durch die Vorbehaltsannahme zustande gekommene Änderungsvereinbarung vorläufig wirksam. Es ist jedoch zweifelhaft, ob diese Änderung

---

[333] Vgl. BAGE 74, 291 (302 ff.); i.E. so auch *Waltermann,* Anm. zu BAG 2 AZR 283/93, SAE 1995, 367 (371 f.), der die Zuweisung des neuen Arbeitsbereichs gemäß § 95 Abs. 3 BetrVG für eine rechtsgeschäftliche Weisung hält und infolgedessen die Anwendbarkeit von § 134 BGB bejaht. Vgl. auch *Miersch,* Rechtsfolgen, S. 219, demzufolge der 2. Senat mit dieser Entscheidung eine dreistufige Konstruktion der Versetzung entworfen hat.

[334] BAGE 57, 242 ff.

[335] *Raab,* ZfA 1995, 479 (498).

[336] BAGE 74, 291 (303) = BAG AP Nr. 33 zu § 2 KSchG Bl. 6 m. zust. Anm. *Wlotzke*; so auch DKK-*Kittner/Bachner,* BetrVG, § 99 Rn. 219; vgl. dazu *Raab,* ZfA 1995, 479 (512); dagegen LAG Hessen, Urteil vom 1.6.2006, 9 Sa 1743/05 (unveröffentlicht): Mit der Änderungskündigung werde der Arbeitsvertrag hinsichtlich der Arbeitsaufgaben geändert, nicht erweitert, es sei denn, das Änderungsangebot sei ausdrücklich auf eine Erweiterung ausgerichtet.

[337] Vgl. *Kania,* Anm. zu BAG 2 AZR 283/93, EzA § 99 BetrVG 1972 Nr. 118, S. 23.

zwingend in der Erweiterung des Direktionsrechts besteht. Das Ausmaß der durch eine wirksame Änderungskündigung herbeigeführten Änderung eines Arbeitsvertrags hängt vom Inhalt des Änderungsangebots ab. Es muss daher eine Auslegung des Änderungsangebots erfolgen, inwieweit der Arbeitgeber eine Änderung gewollt hat.

Regelmäßig wird es so sein, dass die Änderungskündigung nicht die Erweiterung des Direktionsrechts des Arbeitgebers bewirkt, sondern einen Austausch der Arbeitspflichten.[338] Nur im Einzelfall kann eine Auslegung des Änderungsangebots ergeben, dass der Wille des Arbeitgebers auf eine Erweiterung des Direktionsrechts gerichtet war. In dem vom 2. Senat zu entscheidenden Fall war der Kläger als Betriebskontrolleur in einer Brauerei tätig. Nach dem Vorbringen der Beklagten entsprach die tatsächlich ausgeübte Tätigkeit des Klägers jedoch seit langem der eines Probenholers. Sie sprach daher eine Kündigung verbunden mit dem Angebot aus, den Kläger weiter als Probenholer zu beschäftigen. Eine Auslegung dieses Änderungsangebots ergibt, dass die Beklagte sich durch die Änderungskündigung nicht die Möglichkeit verschaffen wollte, den Kläger sowohl als Betriebskontrolleur als auch als Probenholer einzusetzen. Der Kläger sollte vielmehr nur noch als Probenholer eingesetzt werden. Dem der Entscheidung vom 30.9.1993 zugrunde liegenden Sachverhalt ist daher nicht zu entnehmen, dass die Änderungskündigung zu einer Erweiterung des Direktionsrechts führen sollte.[339] Der 2. Senat missinterpretiert vielmehr den Erklärungswert der ausgesprochenen Änderungskündigung. Dass die Änderungskündigung im Grunde nur auf eine Erweiterung des Direktionsrechts hinauslaufe, entspricht nicht der bestehenden Rechtslage.[340] Es kann zwar im Einzelfall so sein, dass der Arbeitgeber die Änderungskündigung zur Erweiterung seines Direktionsrechts ausspricht, dies ist jedoch nicht der Regelfall.

Die Beschäftigung des Arbeitnehmers richtet sich grundsätzlich nach dem vorläufig wirksam zustande gekommenen Änderungsvertrag, die bisherige Tätigkeit ist vorerst nicht mehr Gegenstand des Arbeitsvertrags. Der Arbeitsvertrag regelt die Arbeitsbedingungen regelmäßig selbst, so dass für eine Weisung als Ausübung des Direktionsrechts kein Gestaltungsspielraum mehr bleibt.[341] Es bedarf nur der tatsächlichen Zuweisung des neuen Arbeitsbereichs

---

[338] LAG Hessen, Urteil vom 1.6.2006, 9 Sa 1743/05 (unveröffentlicht); Bader/*Bram*/Dörner/Wenzel, KSchG, § 2 Rn. 98; *Kania*, Anm. zu BAG 2 AZR 283/93, EzA § 99 BetrVG 1972 Nr. 118, S. 23; *Miersch*, Rechtsfolgen, S. 222; *Raab*, ZfA 1995, 479 (512).

[339] *H. Hanau*, Anm. zu BAG 2 AZR 336/97, AP Nr. 49 zu § 2 KSchG 1969 Bl. 13; *Kania*, Anm. zu BAG 2 AZR 283/93, EzA § 99 BetrVG 1972 Nr. 118, S. 23.

[340] So auch *Käppler*, ZfA 1992, 271 (378); *Kraft/Raab*, GK-BetrVG, § 99 Rn. 126.

[341] *H. Hanau*, Anm. zu BAG 2 AZR 336/97, AP Nr. 49 zu § 2 KSchG 1969 Bl. 13.

gemäß § 95 Abs. 3 BetrVG. Damit fehlt es an einer rechtsgeschäftlichen Versetzungsweisung, die nach § 134 BGB nichtig sein könnte.[342] Es stellt daher einen Widerspruch dar, wenn der 2. Senat die Versetzung zunächst nur als tatsächliche Zuweisung eines neuen Arbeitsbereichs ansieht, schließlich aber davon ausgeht, dass eine entsprechende Versetzungsweisung gemäß § 134 BGB nichtig sei.[343] Individualrechtlicher und kollektivrechtlicher Versetzungsbegriff sind streng zu trennen.[344]

In dem vom 2. Senat zu entscheidenden Fall war kein Raum für die Ausübung des Direktionsrechts, so dass er sich bei seiner Entscheidung nicht auf das Urteil des 1. Senats hätte stützen dürfen.[345] Der 1. Senat, der § 99 BetrVG als Verbotsgesetz angesehen hat, nimmt in seiner Entscheidung vom 26.1.1988 konsequent die Unwirksamkeit der Ausübung des Direktionsrechts als rechtsgeschäftliche Versetzungsweisung gemäß § 134 BGB an. Infolgedessen bleibt die bisherige Tätigkeit des Arbeitnehmers vertraglich geschuldete Arbeitsleistung. Der 1. Senat hat daher zutreffend entschieden, dass der Arbeitnehmer in seinem bisherigen Arbeitsbereich beschäftigt werden müsse, wenn eine Beschäftigung im neuen Arbeitsbereich wegen der fehlenden Zustimmung nicht möglich sei.[346] Auf eine Versetzung im Wege der Änderungskündigung kann diese Konzeption des 1. Senats nicht generell übertragen werden, weil es regelmäßig nicht zu einer Erweiterung des Direktionsrechts kommt.

Nach der in der vorliegenden Arbeit vertretenen Ansicht kann allerdings auch eine rechtsgeschäftliche Versetzungsweisung bei einer Versetzung im Wege des Direktionsrechts nicht als gemäß § 134 BGB in Verbindung mit § 99 BetrVG unwirksam angesehen werden, weil sich § 99 BetrVG nur auf die Versetzung als tatsächlichen Vorgang bezieht und daher eine Versetzungsweisung nicht

342 Vgl. *H. Hanau*, Anm. zu BAG 2 AZR 336/97, AP Nr. 49 zu § 2 KSchG 1969 Bl. 13, demzufolge eine trotzdem erfolgte „Versetzungsweisung" lediglich deklaratorische Wirkung hat.

343 *Waltermann*, Anm. zu BAG 2 AZR 283/93, SAE 1995, 367 (372).

344 *Von Hoyningen-Huene*, NZA 1993, 145 (146); *Stege/Weinspach*, BetrVG, §§ 99-101 Rn. 152a; *Wlotzke*, Anm. zu BAG 2 AZR 283/93, AP Nr. 33 zu § 2 KSchG 1969 Bl. 8 R; vgl. auch BAGE 57, 242 (247).

345 *Kania*, Anm. zu BAG 2 AZR 283/93, EzA § 99 BetrVG 1972 Nr. 118, S. 23; *Raab*, ZfA 1995, 479 (509); vgl. auch *von Hoyningen-Huene*, Anm. zu BAG 2 AZR 336/93, AR-Blattei ES 1700 Nr. 21, der der Ansicht ist, dass die diesbezüglichen Ausführungen des 2. Senats wohl eher der Klarstellung dienten, dass eine Abweichung vom Urteil des 1. Senats vom 26.1.1988 nicht bestehe.

346 BAGE 57, 242 (256); vgl. auch *Kania*, Anm. zu BAG 2 AZR 283/93, EzA § 99 BetrVG 1972 Nr. 118, S. 23.

dem Zustimmungserfordernis unterliegt.[347] Eine solche Weisung ist nicht identisch mit dem durch § 99 BetrVG verbotenen Handeln, der tatsächlichen Zuweisung des neuen Arbeitsbereichs.[348] Weiter ist anzumerken, dass sich das betriebsverfassungsrechtliche Beschäftigungsverbot gegenüber der individualrechtlichen Ebene durchsetzt.[349] Es kann daher nicht darauf ankommen, ob die Versetzung individualrechtlich im Wege des Direktionsrechts, einer einvernehmlichen Vertragsänderung oder einer Änderungskündigung umgesetzt werden soll.

Es fehlt somit bei der Änderungskündigung zur Versetzung im Regelfall an einer rechtsgeschäftlichen Versetzungsweisung, die nach § 134 BGB nichtig sein könnte.

(b) Rückgriff auf die alten Arbeitsbedingungen

Der 2. Senat trifft in seiner Entscheidung vom 30.9.1993 zudem die Aussage, dass der Arbeitnehmer zur Tätigkeit in seinem alten Arbeitsbereich berechtigt und verpflichtet bleibe. Infolge der Unwirksamkeit der Versetzungsweisung gemäß § 134 BGB sei ihm der alte Arbeitsbereich nicht wirksam entzogen worden. Entzug und Zuweisung einer Tätigkeit stellten einen einheitlichen Vorgang dar, der hinsichtlich seiner rechtlichen Zulässigkeit nur einheitlich beurteilt werden könne.[350] Aus der Feststellung der Unwirksamkeit der Versetzungsweisung gemäß § 134 BGB wird daher der Schluss gezogen, dass auch der Entzug des alten Tätigkeitsbereichs nicht wirksam habe erfolgen können. Vertraglich geschuldete Arbeitsleistung sei daher weiterhin die bisher zugewiesene Tätigkeit.[351]

Es erscheint zweifelhaft, ob dem gefolgt werden kann, nachdem der 2. Senat zutreffend bejaht hat, dass die ohne vorherige Beteiligung des Betriebsrats gemäß § 99 Abs. 1 BetrVG ausgesprochene Änderungskündigung wirksam ist. Durch die Annahme des Änderungsangebots unter Vorbehalt könnte ein Rückgriff auf den alten Arbeitsvertrag als individualrechtliche Grundlage für eine zwischenzeitliche Beschäftigung zu den alten Arbeitsbedingungen ausgeschlossen sein.

---

347 Siehe oben E.II.3.a)cc)(1)(a)(i), S. 75 ff.; vgl. *von Hoyningen-Huene/Boemke*, Versetzung, S. 196; *Claus Weber*, Auswirkungen, S. 84.
348 *Raab*, ZfA 1995, 479 (498); *Wernery*, Mitbestimmung, S. 323.
349 Siehe oben E.II.3.a)bb), S. 68 ff.
350 BAGE 74, 291 (305); so auch schon BAGE 57, 242 (247) zur Versetzung im Wege des Direktionsrechts; gegen diese Argumentation des 2. Senats: *Miersch*, Rechtsfolgen, S. 222.
351 BAGE 74, 291 (305).

Gegen die Ausführungen des 2. Senats wird vielfach eingewandt, dass ein Rückgriff auf den alten Arbeitsvertrag infolge der Wirksamkeit der Änderungskündigung nicht mehr möglich sei. Der alte Arbeitsvertrag existiere nicht mehr.[352] Der 2. Senat, der selbst von der Wirksamkeit der betreffenden Änderungskündigung ausgehe, widerspreche sich mithin selbst. Dieses Argument entpuppt sich allerdings als Scheinargument: Vor Abschluss des Änderungsschutzverfahrens steht noch gar nicht fest, ob die Änderungskündigung wirksam oder unwirksam ist.[353] Ob ein Rückgriff auf den alten Arbeitsvertrag möglich ist oder nicht, ist mithin während der Prozessphase völlig unklar. Fest steht zu diesem Zeitpunkt lediglich, dass die Änderungsvereinbarung vorläufig wirksam ist, was sich aus § 8 KSchG ergibt. Ein Rückgriff auf die alten Arbeitsbedingungen erscheint folglich wegen der vorläufigen Geltung der Änderungsvereinbarung grundsätzlich ausgeschlossen, nicht aber wegen der (möglicherweise wirksamen) Kündigung.

Vielmehr ist zu beachten, dass der Konzeption des 2. Senats die Annahme zugrunde liegt, dass die Änderungskündigung zu einer Erweiterung des Direktionsrechts führt. An der Ausübung des Direktionsrechts sei der Arbeitgeber allerdings wegen der mangelnden Zustimmung des Betriebsrats gehindert, so dass es bei der Tätigkeit im alten Arbeitsbereich bleibe. Aus seiner Sicht der Dinge hat der 2. Senat daher durchaus konsequent entschieden, dass der Arbeitnehmer weiterhin zur Tätigkeit im alten Arbeitsbereich berechtigt und verpflichtet sei. Wie oben bereits gesehen, führt der Ausspruch einer Änderungskündigung allerdings im Regelfall nicht zu einer Erweiterung des Direktionsrechts des Arbeitgebers.[354] Infolgedessen ist der Arbeitgeber nach Annahme des Änderungsangebots unter Vorbehalt durch den Arbeitnehmer grundsätzlich nicht mehr berechtigt, dem Arbeitnehmer den alten Arbeitsbereich wieder zuzuweisen. Der im Urteil vom 30.9.1993 entwickelte Ansatz des 2. Senats zur Änderungskündigung zur Versetzung ist daher abzulehnen.

---

[352] LAG Hessen, Urteil vom 1.6.2006, 9 Sa 1743/05 (unveröffentlicht); ErfK/*Ascheid/Oetker*, § 2 KSchG Rn. 32; *Kania*, Anm. zu BAG 2 AZR 283/93, EzA § 99 BetrVG 1972 Nr. 118, S. 23; *Kraft/Raab*, GK-BetrVG, § 99 Rn. 126; *Raab*, ZfA 1995, 479 (512); vgl. auch *H. Hanau*, Anm. zu BAG 2 AZR 336/97, AP Nr. 49 zu § 2 KSchG 1969 Bl. 12 R, demzufolge deshalb das zur Einstellung entwickelte Trennungskonzept im Fall der Versetzung dem Arbeitnehmerschutz widerspreche; vgl. dazu auch *Enderlein*, ZfA 1992, 21 (50), der die Änderungskündigung als Ausübung der Befugnis des Arbeitgebers zur einseitigen positiven Vertragsumgestaltung ansieht und meint, dass daher im Falle der Sozialwidrigkeit der Änderung der alte Arbeitsvertrag fortbestehe.

[353] Vgl. *Nikisch*, Festschr. Sitzler, 1956, S. 265 (283 f.): „Da aber der Ausgang des Kündigungsschutzprozesses ungewiß ist, befinden sich die rechtlichen Beziehungen der Parteien noch in der Schwebe."

[354] Siehe oben E.II.3.a)cc)(1)(a)(ii), S. 77 ff.

(2) Lösungsansätze auf rechtsgeschäftlicher Ebene

Um eine individualrechtliche Grundlage für eine Berechtigung und Verpflichtung des Arbeitnehmers zur Tätigkeit zu den alten Arbeitsbedingungen zu finden, kommt ein Ansatz auf rechtsgeschäftlicher Ebene, also bei der Änderungsvereinbarung, in Betracht.

(a) Aufschiebende Bedingung der Änderungsvereinbarung

Um den Widerspruch zwischen kollektivrechtlicher und individualrechtlicher Ebene aufzulösen, könnte man die zwischen Arbeitgeber und Arbeitnehmer zustande gekommene Änderungsvereinbarung als durch die Erteilung beziehungsweise die Ersetzung der Zustimmung aufschiebend bedingt im Sinne von § 158 BGB ansehen.[355] Dies hätte zur Folge, dass die Änderungsvereinbarung als schwebend unwirksam anzusehen wäre. Nach *Raab* wäre der Arbeitnehmer aufgrund dieser Konstruktion berechtigt, die ihm vom Arbeitgeber zugewiesene neue Tätigkeit zu verweigern und stattdessen seine Beschäftigung zu den alten Arbeitsbedingungen zu verlangen.[356] Bis zum Eintritt der aufschiebenden Bedingung sei der bisherige Arbeitsvertrag maßgeblich, weil die Änderung nicht durch das Kündigungselement, sondern durch die Änderungsvereinbarung herbeigeführt werde. Der Arbeitnehmer hätte demnach ein Leistungsverweigerungsrecht hinsichtlich der neuen Arbeitsbedingungen.[357] Die Tatsache, dass die betriebsverfassungsrechtlichen Sanktionen der §§ 100 Abs. 3, 101 BetrVG weitgehend ineffektiv seien, weil sie eine rechtskräftige Entscheidung des Arbeitsgerichts voraussetzen, erfordere eine individualrechtliche Rechtsfolge in Form der schwebenden Unwirksamkeit der Änderungsvereinbarung.[358]

Raab beschränkt die schwebende Unwirksamkeit der Änderungsvereinbarung auf die Fälle, in denen die Versetzung objektiv nachteilig für den betroffenen Arbeitnehmer ist und der Betriebsrat seine Zustimmung gemäß § 99 Abs. 2 Nr. 4 BetrVG verweigert oder gar nicht beteiligt wird.[359] Ansonsten sollen nur

---

[355] *Raab*, ZfA 1995, 479 (513); so i.E. auch *Wernery*, Mitbestimmung, S. 346; ähnlich *Löwisch/Spinner*, KSchG, § 2 Rn. 112, demzufolge das Änderungsangebot des Arbeitgebers als durch die Zustimmung des Betriebsrats aufschiebend bedingt anzusehen ist. Die Änderungskündigung selbst kann wegen der Bedingungsfeindlichkeit des Gestaltungsrechts nicht unter dem Vorbehalt der Zustimmung ausgesprochen werden, vgl. APS/*Künzl*, § 2 KSchG Rn. 158.

[356] *Raab*, ZfA 1995, 479 (514).

[357] *Raab*, ZfA 1995, 479 (514).

[358] *Raab*, ZfA 1995, 479 (499 ff.).

[359] *Raab*, ZfA 1995, 479 (503 f., 516); eine Differenzierung danach, ob der Betriebsrat sich bei der Verweigerung seiner Zustimmung auf § 99 Abs. 2 Nr. 4 BetrVG stützt, findet

die kollektivrechtlichen Sanktionen der §§ 100 Abs. 3, 101 BetrVG eingreifen. Spricht der Arbeitgeber eine Änderungskündigung aus, wird regelmäßig eine objektiv nachteilige Versetzung für den Arbeitnehmer vorliegen. Gegen eine Differenzierung danach, ob der Betriebsrat sich bei der Zustimmungsverweigerung auf § 99 Abs. 2 Nr. 4 BetrVG stützt, ist allerdings einzuwenden, dass der Betriebsrat sich in der Praxis häufig auf § 99 Abs. 2 Nr. 3 *und* 4 BetrVG beruft.[360] Zudem ist zum Zeitpunkt der Annahme des Änderungsangebots unter Vorbehalt das Beteiligungsverfahren noch gar nicht zwangsläufig eingeleitet oder gar vollständig durchgeführt. Ob der Betriebsrat sich berechtigterweise auf den Zustimmungsverweigerungsgrund des § 99 Abs. 2 Nr. 4 BetrVG beruft, steht gleichfalls noch nicht fest.[361] In Fällen, in denen der Betriebsrat seine Zustimmung aus einem anderen der in § 99 Abs. 2 BetrVG aufgezählten Gründe verweigert, bliebe das Problem der fehlenden Beschäftigungsmöglichkeit für den Arbeitnehmer bestehen.[362] Eine Unterscheidung danach, ob der Betriebsrat sich auf § 99 Abs. 2 Nr. 4 BetrVG stützt, erscheint daher wenig sinnvoll.

Der Ansatz *Raabs* könnte daneben auf weitere Bedenken stoßen. Die Änderungsvereinbarung steht bereits unter der auflösenden Bedingung, dass das Arbeitsgericht die Sozialwidrigkeit der Änderung der Arbeitsbedingungen feststellt.[363] Nimmt man an, die Änderungsvereinbarung sei zudem aufschiebend bedingt durch die Zustimmung des Betriebsrats beziehungsweise die Ersetzung der Zustimmung durch das Arbeitsgericht, ist die Änderungsvereinbarung doppelt bedingt. Zu prüfen ist daher, ob die Wirksamkeit ein und derselben Änderungsvereinbarung gleichzeitig an eine aufschiebende und an eine auflösende Bedingung geknüpft werden kann.[364]

---

sich auch bei *Kraft/Raab*, GK-BetrVG, § 99 Rn. 126 sowie *Christoph Weber*, Anm. zu BAG 1 AZR 531/86, EzA § 99 BetrVG 1972 Nr. 58, S. 30.

360 *Wlotzke*, Anm. zu BAG 2 AZR 283/93, AP Nr. 33 zu § 2 KSchG 1969 Bl. 9.

361 Vgl. dazu *Christoph Weber*, Anm. zu BAG 1 AZR 531/86, EzA § 99 BetrVG 1972 Nr. 58, S. 31, demzufolge es ausreicht, wenn der Betriebsrat seine Zustimmungsverweigerung wenigstens auch mit einem nicht offensichtlich unbeachtlichen Hinweis auf einen konkreten Nachteil des betroffenen Arbeitnehmers begründet hatte.

362 *Wernery*, Mitbestimmung, S. 342.

363 Siehe oben B.IV., S. 12 ff.

364 Die generelle Möglichkeit der Kombination von aufschiebender und auflösender Bedingung wird grundsätzlich bejaht, vgl. BayObLG NJW-RR 1988, 982. Allerdings wird die Zulässigkeit dieser Kombination teilweise auf die Fälle beschränkt, in denen verschiedene Wirkungen des betreffenden Rechtsgeschäfts unter eine aufschiebende beziehungsweise eine auflösende Bedingung gestellt werden, vgl. Soergel/*Wolf*, § 158 Rn. 7. Dafür, dass auch ein Rechtsgeschäft als Ganzes gleichzeitig von einer aufschiebenden und einer

Eine aufschiebende Bedingung suspendiert die Wirkungen des Rechtsgeschäfts. Sie treten gemäß § 158 Abs. 1 BGB mit dem Eintritt des Ereignisses *ex nunc* ein. Bei einer auflösenden Bedingung enden die Wirkungen des Rechtsgeschäfts mit dem Eintritt des Ereignisses.[365] Grundsätzlich wird der frühere Rechtszustand *ex nunc* wiederhergestellt.[366] Etwas anderes kann sich jedoch gemäß § 159 BGB aus dem Inhalt des Rechtsgeschäfts ergeben. Gemäß § 8 KSchG gilt die Änderungskündigung als von Anfang an unwirksam, wenn im Änderungsschutzverfahren gerichtlich festgestellt wird, dass die Änderung der Arbeitsbedingungen sozial ungerechtfertigt war. Es kommt somit zu einer rückwirkenden Wiederherstellung der alten Arbeitsbedingungen.[367] Im Fall der Änderungskündigung gemäß § 2 KSchG beseitigt somit der Eintritt der auflösenden Bedingung die Wirkungen des Rechtsgeschäfts *ex tunc*.

Fraglich ist, welche Auswirkungen es hätte, wenn man gleichzeitig eine auflösende und eine aufschiebende Bedingung der Änderungsvereinbarung zuließe. Zu unterscheiden ist dabei danach, welche der Bedingungen zuerst eintritt. Erteilt der Betriebsrat seine Zustimmung oder wird diese durch das Arbeitsgericht ersetzt, bevor die Sozialwidrigkeit der Änderung der Arbeitsbedingungen gerichtlich festgestellt wird, tritt zuerst die aufschiebende Bedingung ein. Ab diesem Zeitpunkt würde die Änderungsvereinbarung nach der Konzeption *Raabs* Wirkung entfalten, so dass der Arbeitnehmer zu den neuen Arbeitsbedingungen weiterarbeiten müsste. Wenn in der Folge dann die Sozialwidrigkeit der Änderung der Arbeitsbedingungen gerichtlich festgestellt wird, so dass die auflösende Bedingung eingetreten ist, müssten die alten Arbeitsbedingungen wiederhergestellt werden und der Arbeitgeber hätte dem Arbeitnehmer einen eventuell entstandenen Lohnausfall zu ersetzen.[368] Denkbar ist allerdings auch der umgekehrte Fall, dass es zuerst zum Eintritt der auflösenden Bedingung durch Feststellung der Sozialwidrigkeit der Änderung der Arbeitsbedingungen kommt. Wegen der parallelen aufschiebenden Bedingung der Änderungsver-

---

auflösenden Bedingung abhängig gemacht werden kann, spricht sich MünchKommBGB/*Westermann*, § 158 Rn. 15 aus.

365 Palandt/*Heinrichs*, BGB, § 158 Rn. 2; *Rövekamp*, in: Bamberger/Roth, BGB, § 158 Rn. 20, 23.

366 *Rövekamp*, in: Bamberger/Roth, BGB, § 158 Rn. 23.

367 Die Rückwirkung muss allerdings tatsächlich durchführbar sein. Dies ist beispielsweise nicht der Fall bei einer Versetzung in eine andere Abteilung, diesbezüglich kann der Arbeitnehmer nur Wiederherstellung der alten Arbeitsbedingungen für die Zukunft verlangen. Der Arbeitgeber muss dem Arbeitnehmer aber einen durch die zeitweise Änderung der Arbeitsbedingungen gegebenenfalls entstandenen Lohnausfall ersetzen; vgl. *von Hoyningen-Huene/Linck*, KSchG, § 2 Rn. 209.

368 Vgl. ErfK/*Kiel*, § 8 KSchG Rn. 3; KR-*Rost*, § 8 KSchG Rn. 12.

einbarung durch die Zustimmung des Betriebsrats beziehungsweise deren Ersetzung durch das Arbeitsgericht würde die Änderungsvereinbarung niemals Wirkung entfalten. Die Änderungsvereinbarung wäre durch den Eintritt der auflösenden Bedingung vielmehr endgültig unwirksam. Auf den Eintritt der aufschiebenden Bedingung käme es mithin nicht mehr an. Konstruktiv steht der gleichzeitigen aufschiebenden und auflösenden Bedingung der Änderungsvereinbarung somit nichts entgegen.

Es kann folglich davon ausgegangen werden, dass die Parteien die Änderungsvereinbarung in ihrer Wirksamkeit von der aufschiebenden Bedingung der Zustimmung des Betriebsrats zu der personellen Einzelmaßnahme abhängig machen können. Im Regelfall ist es jedoch so, dass weder dem Änderungsangebot des Arbeitgebers noch der Vorbehaltsannahme des Arbeitnehmers der Erklärungswert zu entnehmen ist, dass die Änderungsvereinbarung unter der aufschiebenden Bedingung der Zustimmung des Betriebsrats stehen soll.[369] Wie in dem der Entscheidung des 2. Senats zugrunde liegenden Fall wird der Arbeitgeber in manchen Fällen der Meinung sein, dass eine Zustimmung des Betriebsrats gemäß § 99 Abs. 1 BetrVG nicht erforderlich sei. Oder der Arbeitgeber wird schlicht davon ausgehen, dass er im Zustimmungsersetzungsverfahren gemäß § 99 Abs. 4 BetrVG obsiegen und auf diesem Wege die Zustimmung noch erlangen wird, bevor die geänderten Bedingungen tatsächlich angewandt werden sollen. Der Arbeitnehmer weiß gegebenenfalls überhaupt nicht, dass die Zustimmung des Betriebsrats zu der vom Arbeitgeber geplanten Maßnahme erforderlich ist. Es wäre den Parteien zwar anzuraten, dass sie die Wirksamkeit der Änderungsvereinbarung von der aufschiebenden Bedingung der Zustimmung zu der Versetzung abhängig machen,[370] dies kann den Erklärungen des Arbeitgebers und des Arbeitnehmers in der Praxis aber nicht ohne weiteres entnommen werden. Von einer aufschiebenden Bedingung der Änderungsvereinbarung kann somit nicht ausgegangen werden.

Der Ansatz *Raabs*, die Änderungsvereinbarung als durch die nachträgliche Zustimmung des Betriebsrats oder deren Ersetzung aufschiebend bedingt anzusehen, ist daher abzulehnen.

(b) Leistungsverweigerungsrecht infolge mitbestimmungswidriger Änderungskündigung

Individualrechtlich besteht nach dem Ausspruch der Änderungskündigung zwar grundsätzlich die Pflicht des Arbeitnehmers zur Tätigkeit im neuen Arbeitsbe-

---

369 Dies ergibt sich auch nicht im Wege ergänzender Vertragsauslegung, vgl. *Miersch*, Rechtsfolgen, S. 81.

370 Vgl. *Matthes*, DB 1975, 1651 (1652).

reich. Der Arbeitnehmer könnte aber ausnahmsweise zu den alten Bedingungen weiter zu beschäftigen sein, sofern ihm im Falle einer Versetzung ohne Zustimmung des Betriebsrats ein Leistungsverweigerungsrecht auf betriebsverfassungsrechtlicher Grundlage hinsichtlich der neuen Arbeitsbedingungen zusteht.[371] Die Verletzung von § 99 Abs. 1 BetrVG führt nach dieser Ansicht zwar nicht zur individualrechtlichen Unwirksamkeit der Versetzung. Der Schutz des betroffenen Arbeitnehmers gebiete es aber, ihm zumindest ein Leistungsverweigerungsrecht einzuräumen.[372] Die Weigerung des Arbeitnehmers, der Versetzung Folge zu leisten, stelle folglich keine Arbeitsvertragsverletzung dar, so dass der Arbeitgeber keine individualrechtlichen Sanktionen ergreifen könne.[373] Ist der Arbeitnehmer mit der Versetzung einverstanden, zum Beispiel bei einer Beförderung, kann er demnach der Versetzung Folge leisten.

Dieser Lösungsansatz scheint jedoch nur den Schutz des betroffenen Arbeitnehmers zu berücksichtigen und nicht den der übrigen Belegschaft. Deutlich wird dies am Beispiel der Beförderungsversetzung, die grundsätzlich keinen Nachteil für den betroffenen Arbeitnehmer beinhaltet. Der Arbeitnehmer wird regelmäßig mit der Versetzung einverstanden sein und zu den neuen Arbeitsbedingungen weiterarbeiten wollen. Dass dies möglich sein müsse, wird mit dem Grundsatz *volenti non fit iniuria* begründet.[374] Dadurch kann es jedoch beispielsweise in der vorherigen Abteilung des betroffenen Arbeitnehmers dazu kommen, dass die Arbeitskapazitäten für die Bewältigung der zu erledigenden Arbeiten nicht mehr ausreichen. Es handelt sich dabei um sonstige Nachteile für andere im Betrieb beschäftigte Arbeitnehmer, so dass der Zustimmungsverweigerungsgrund aus § 99 Abs. 2 Nr. 3 BetrVG erfüllt ist. Ist der von der Versetzung betroffene Arbeitnehmer trotz der fehlenden Zustimmung gemäß § 99 BetrVG *berechtigt*, im neuen Arbeitsbereich tätig zu werden, erfahren die Interessen der übrigen Belegschaft, die von § 99 Abs. 2 Nr. 2, 3, 5, 6 BetrVG geschützt werden sollen, somit keinen Schutz.[375] Das aus den §§ 99 ff. BetrVG

---

371 Vgl. LAG Baden-Württemberg NZA 1985, 326; *Ehrich*, NZA 1992, 731 (734); *Galperin/Löwisch*, BetrVG, § 99 Rn. 119 f.; Richardi/*Thüsing*, BetrVG, § 99 Rn. 299, 300, 301; vgl. auch schon *Dietz/Richardi*, BetrVG, 6. Aufl., § 99 Rn. 238; ähnlich *Kraft/Hoehn*, Anm. zu BAG 1 AZR 531/86, SAE 1989, 77 (78): Der Arbeitgeber dürfe keine individualrechtlichen Sanktionen ergreifen, wenn der Arbeitnehmer die Versetzungsanordnung nicht befolge; einschränkend *Kraft/Raab*, GK-BetrVG, § 99 Rn. 126; vgl. auch *Miersch*, Rechtsfolgen, S. 295 ff., demzufolge dem Arbeitnehmer ein auf § 242 BGB zu stützendes Leistungsverweigerungsrecht zusteht.

372 *Ehrich*, NZA 1992, 731 (734).

373 *Kraft/Hoehn*, Anm. zu BAG 1 AZR 531/86, SAE 1989, 77 (78).

374 *Kraft/Hoehn*, Anm. zu BAG 1 AZR 531/86, SAE 1989, 77 (78).

375 Vgl. aber *Kraft/Raab*, GK-BetrVG, § 99 Rn. 126, der ein Leistungsverweigerungsrecht nur dann annimmt, wenn der Zustimmungsverweigerungsgrund des § 99 Abs. 2 Nr. 4 BetrVG einschlägig ist; dagegen *Wlotzke*, Anm. zu BAG 2 AZR 283/93, AP Nr. 33 zu

ableitbare Beschäftigungsverbot muss daher auch dann Bestand haben, wenn der betroffene Arbeitnehmer mit der Versetzung einverstanden ist und zu den neuen Bedingungen tätig werden möchte. Aus der *ratio legis* des § 99 Abs. 2 BetrVG lässt sich entnehmen, dass der kollektive Schutzzweck sich gegenüber der individualrechtlichen Position des einzelnen Arbeitnehmers durchsetzt.[376] Eine Berechtigung des Arbeitnehmers zur Tätigkeit im neuen Arbeitsbereich trotz fehlender Zustimmung des Betriebsrats kann daher nicht bestehen. Ein bloßes Leistungsverweigerungsrecht reicht zur Sicherung des Schutzzwecks des § 99 BetrVG nicht aus.

Gegen die Annahme eines Leistungsverweigerungsrechts spricht weiter, dass ein Recht des Arbeitnehmers, die Tätigkeit auf dem neuen Arbeitsplatz zu verweigern, ihm umgekehrt grundsätzlich kein Recht gibt, eine Beschäftigung auf dem alten Arbeitsplatz zu verlangen. Etwas anderes würde nur dann gelten, wenn die Änderungskündigung auf eine Erweiterung des Direktionsrechts gerichtet war. Ansonsten könnte der Arbeitgeber dem Arbeitnehmer eine zwischenzeitliche Beschäftigung zu den alten Arbeitsbedingungen zwar anbieten, wäre dazu aber nicht verpflichtet.[377] Ist der Arbeitnehmer nur zu einer Tätigkeit zu den alten Bedingungen bereit, bleibt ihm demnach nur der Vergütungsanspruch aus § 615 BGB beziehungsweise ein Anspruch aus § 326 Abs. 2 BGB, sofern die Zustimmung nicht ersetzt wird. Parallel dazu hätte im Fall eines Leistungsverweigerungsrechts der Arbeitgeber kein Recht dazu, einen arbeitsunwilligen Arbeitnehmer zur Tätigkeit zu den alten Arbeitsbedingungen zu zwingen.[378] Der Arbeitgeber bekäme also gegebenenfalls überhaupt keine Arbeitsleistung, müsste aber nach § 615 BGB auch einem arbeitsunwilligen Arbeitnehmer die Vergütung zahlen.[379]

---

§ 2 KSchG 1969 Bl. 9: Der Betriebsrat stütze seine Zustimmungsverweigerung häufig auf § 99 Abs. 2 Nr. 3 und 4 BetrVG. Zudem blieben die Fälle unberücksichtigt, in denen der Arbeitgeber überhaupt nicht versuche, die Zustimmung einzuholen. Gegen eine solche Differenzierung bereits oben E.II.3.a)cc)(2)(a), S. 83.

376 *Miersch*, Rechtsfolgen, S. 289.

377 Vgl. *Waltermann*, Anm. zu BAG 2 AZR 283/93, SAE 1995, 367 (373).

378 Anders *Miersch*, Rechtsfolgen, S. 307, demzufolge der Arbeitgeber dem Arbeitnehmer wieder den alten Arbeitsplatz zuweisen könne, weil der Arbeitnehmer sich nach Treu und Glauben nicht darauf berufen könne, dass die alte Beschäftigung nach der Änderungskündigung nicht mehr vom Direktionsrecht des Arbeitgebers umfasst sei, wenn er gleichzeitig im Hinblick auf eine Beschäftigung im neuen Arbeitsbereich sein Leistungsverweigerungsrecht geltend mache.

379 Vgl. bezüglich § 324 BGB a.F.: *Kania*, Anm. zu BAG 2 AZR 283/93, EzA § 99 BetrVG 1972 Nr. 118, S. 24.

Der Ansatz, dass dem Arbeitnehmer bei einer Änderungskündigung zur Versetzung, die ohne Zustimmung des Betriebsrats gemäß § 99 BetrVG erfolgt, ein Leistungsverweigerungsrecht auf betriebsverfassungsrechtlicher Grundlage in Bezug auf die Tätigkeit im neuen Arbeitsbereich zusteht, ist daher abzulehnen. Insbesondere führt er nicht zu einem Anspruch des Arbeitnehmers auf Beschäftigung zu den alten Arbeitsbedingungen.

(c) Vorbehaltsannahme als Angebot zur Weiterbeschäftigung zu den alten Arbeitsbedingungen

Eine individualrechtliche Grundlage für eine Beschäftigung des Arbeitnehmers zu den alten Arbeitsbedingungen ist jedoch gegeben, wenn die Arbeitsvertragsparteien eine vorübergehende Weiterbeschäftigung im alten Arbeitsbereich während des Schwebezustands vereinbaren. Liegt keine ausdrückliche Vereinbarung vor, könnte die Vorbehaltsannahme des Arbeitnehmers als Angebot zur Weiterbeschäftigung zu den alten Arbeitsbedingungen anzusehen sein. Da es durchaus in Betracht kommt, dass der Arbeitgeber dem Arbeitnehmer anbietet, während des Änderungsschutzverfahrens zu den alten Arbeitsbedingungen weiter zu arbeiten,[380] ist es umgekehrt auch denkbar, dass der Arbeitnehmer dem Arbeitgeber ein solches Angebot unterbreitet.

In der Annahme des Änderungsangebots unter Vorbehalt kann gleichzeitig ein Angebot auf Weiterbeschäftigung zu den alten Arbeitsbedingungen gesehen werden, wenn sich dies im Wege der Auslegung der Willenserklärung gemäß §§ 133, 157 BGB ergibt.[381]

(i) Auslegung gemäß §§ 133, 157 BGB

Bei der Vorbehaltsannahme handelt es sich um eine Willenserklärung,[382] die der Auslegung gemäß §§ 133, 157 BGB zugänglich ist. Die Willenserklärung gilt demnach so, wie sie der Erklärungsempfänger nach Treu und Glauben sowie unter Berücksichtigung der Verkehrsanschauung verstehen musste.

---

380 Vgl. *Nikisch*, Festschr. Sitzler, 1956, S. 265 (284); *Waltermann*, Anm. zu BAG 2 AZR 283/93, SAE 1995, 367 (373); *Wernery*, Mitbestimmung, S. 345.

381 Dazu, dass § 157 BGB entgegen seinem Wortlaut nicht nur für die Auslegung von Verträgen, sondern auch für die Auslegung einzelner Willenserklärungen gilt und der Anwendungsbereich von § 133 BGB und § 157 BGB damit derselbe ist: RGZ 169, 122 (125); BGHZ 47, 75 (78); Palandt/*Heinrichs*, BGB, § 157 Rn. 1.

382 So jedenfalls die herrschende Meinung, vgl. APS/*Künzl*, § 2 KSchG Rn. 209; HaKo-*Pfeiffer*, § 2 Rn. 30; *Ratajczak*, Die Änderungskündigung des Arbeitgebers, S. 51 f.; KR-*Rost*, § 2 KSchG Rn. 58; die Gegenansicht misst dem Vorbehalt lediglich prozessuale Wirkung bei, vgl. *Adomeit*, DB 1969, 2179 (2180); *Schaub*, RdA 1970, 230 (234).

Mit der vorbehaltlichen Annahme des Änderungsangebots kann der Arbeitnehmer sich den Bestand seines Arbeitsverhältnisses sichern.[383] §§ 2 S. 1, 4 S. 2 KSchG eröffnen ihm die Möglichkeit, die Vertragsänderung auf ihre soziale Rechtfertigung überprüfen zu lassen. Ist der Arbeitnehmer mit der Änderung der Arbeitsbedingungen einverstanden, kann er das Änderungsangebot auch ohne Vorbehalt annehmen. Durch die Annahme unter Vorbehalt macht der Arbeitnehmer demgegenüber deutlich, dass er es vorziehen würde, weiter zu den alten Arbeitsbedingungen tätig zu sein. Die neuen Arbeitsbedingungen will er nur zur Not, das heißt im Falle ihrer sozialen Rechtfertigung, akzeptieren. Die Annahme des Änderungsangebots unter dem Vorbehalt der sozialen Rechtfertigung kann mithin so ausgelegt werden, dass der wirkliche Wille des Arbeitnehmers auf eine Weiterbeschäftigung zu den alten Arbeitsbedingungen gerichtet ist.[384] Die Annahme des Änderungsangebots enthält somit zugleich ein Angebot im Sinne von § 145 BGB seitens des Arbeitnehmers, bis zur endgültigen Klärung der Rechtslage zu den alten Arbeitsbedingungen weiter zu arbeiten.

(ii) Annahme des Angebots durch den Arbeitgeber

Dieses Angebot des Arbeitnehmers, während des Schwebezustands zu den alten Arbeitsbedingungen weiter zu arbeiten, muss der Arbeitgeber annehmen, damit eine individualrechtliche Grundlage für eine entsprechende Beschäftigung des Arbeitnehmers besteht.

Der betroffene Arbeitnehmer darf bis zur Einholung oder Ersetzung der Zustimmung nicht in dem neuen Arbeitsbereich beschäftigt werden. Will der Arbeitgeber überhaupt eine Arbeitsleistung bis zu diesem Zeitpunkt verlangen, kommt nur eine Beschäftigung zu den alten Arbeitsbedingungen in Betracht. Beschäftigt der Arbeitgeber den Arbeitnehmer nach Ausspruch der Änderungskündigung tatsächlich zu den alten Arbeitsbedingungen weiter, kann darin eine konkludente Annahme des Angebots des Arbeitnehmers gesehen werden.

Zu Problemen kommt es nach diesem Ansatz, wenn der Arbeitgeber das Angebot des Arbeitnehmers weder ausdrücklich noch konkludent annimmt.[385] Der

---

[383] *Von Hoyningen-Huene/Linck*, KSchG, § 2 Rn. 92a; KR-*Rost*, § 2 KSchG Rn. 55; HK-KSchG/*Weller/Hauck*, § 2 Rn. 95.

[384] Vgl. dazu *Raab*, ZfA 1995, 479 (514), der davon ausgeht, dass es sich bei der Vorbehaltsannahme im Grunde um eine Ablehnung des Änderungsangebots handelt; anders dagegen HK-KSchG/*Weller/Hauck*, § 2 Rn. 120: Mit einem Weiterbeschäftigungsverlangen zu den bisherigen Arbeitsbedingungen setze sich der Arbeitnehmer in Widerspruch zu seiner Annahme des Änderungsangebots unter Vorbehalt.

[385] Der Arbeitgeber wird sich schon deshalb regelmäßig weigern, den Arbeitnehmer zu den alten Arbeitsbedingungen weiter zu beschäftigen, weil er damit gegebenenfalls das Vor-

Arbeitgeber wird insofern stärker geschützt als der Arbeitnehmer: Er braucht das Angebot des Arbeitnehmers nur anzunehmen, um ihn wenigstens zu den alten Arbeitsbedingungen weiter beschäftigen zu können. Demgegenüber hat der Arbeitnehmer kein Recht, seine Beschäftigung zu verlangen, wenn der Arbeitgeber ihn nicht zu den alten Arbeitsbedingungen weiter beschäftigen will und sein Angebot nicht annimmt.

Es könnte jedoch eine Pflicht des Arbeitgebers zur Annahme des Angebots auf Weiterbeschäftigung zu den alten Arbeitsbedingungen bestehen. Dies ist dann der Fall, wenn sich ein Kontrahierungszwang aus dem betriebsverfassungswidrigen Verhalten des Arbeitgebers ergibt. Zur Begründung eines solchen Kontrahierungszwangs könnte die Rechtsprechung des Bundesarbeitsgerichts zum Wiedereinstellungsanspruch[386] nach wirksamer Kündigung herangezogen werden.[387] Danach hat der Arbeitnehmer im Falle einer betriebs- oder personenbedingten Kündigung grundsätzlich einen Wiedereinstellungsanspruch gegen den Arbeitgeber, wenn sich zwischen dem Ausspruch der Kündigung und dem Ablauf der Kündigungsfrist unvorhergesehen eine Weiterbeschäftigungsmöglichkeit für den Arbeitnehmer ergibt und dem keine berechtigten Interessen des Arbeitgebers entgegenstehen.

Vorliegend könnte sich ein Kontrahierungszwang daraus ergeben, dass aufgrund der noch fehlenden Zustimmung des Betriebsrats eine Beschäftigung des Arbeitnehmers zu den neuen Arbeitsbedingungen noch nicht möglich ist. Aus der Fürsorgepflicht des Arbeitgebers resultiert die Pflicht, dem Arbeitnehmer eine mögliche und zumutbare Beschäftigung anzubieten, wenn die eigentlich geschuldete Tätigkeit vom Arbeitnehmer vorübergehend nicht erbracht werden kann.[388] Es könnte folglich auch eine Pflicht des Arbeitgebers bestehen, ein Angebot des Arbeitnehmers auf Weiterbeschäftigung zu den alten Bedingungen während des Schwebezustands anzunehmen.

---

liegen des von ihm geltend gemachten Kündigungsgrunds widerlegt, beispielsweise die fehlende Weiterbeschäftigungsmöglichkeit im alten Arbeitsbereich.

[386] BAGE 85, 194 ff.; BAGE 86, 194 ff.; BAGE 87, 221 ff.; BAGE 90, 153 ff.; BAGE 95, 171 ff.; teilweise auch als Fortsetzungsanspruch bezeichnet, vgl. dazu *Boewer*, NZA 1999, 1177 f.

[387] Vgl. *Kania*, Anm. zu BAG 2 AZR 283/93, EzA § 99 BetrVG 1972 Nr. 118, S. 24, der auf die Möglichkeit hinweist, dem Arbeitnehmer einen Beschäftigungsanspruch auf dem bisherigen Arbeitsplatz über die Fürsorgepflicht des Arbeitgebers einzuräumen.

[388] Vgl. BAG NZA 1987, 377 (379) zu einem Fall, in dem ein Auslieferungsfahrer wegen des Entzugs des Führerscheins seine gewöhnliche Tätigkeit vorübergehend nicht ausüben konnte.

Ein solcher Ansatz setzt sich jedoch dem Vorwurf aus, dass Willenserklärungen angenommen werden, die tatsächlich nicht vorliegen. Dies wird auch bei der zur Herleitung von Ansprüchen aus betrieblicher Übung überwiegend angewandten so genannten Vertragstheorie[389] kritisiert. Nach der Vertragstheorie ist unter betrieblicher Übung die regelmäßige Wiederholung bestimmter Verhaltensweisen durch den Arbeitgeber zu verstehen, aus der die Arbeitnehmer schließen können, ihnen solle eine Leistung oder Vergünstigung auch für die Zukunft gewährt werden. Die Wiederholung dieser Verhaltensweisen beinhalte dabei ein Angebot des Arbeitgebers, welches die Arbeitnehmer konkludent oder stillschweigend (§ 151 BGB) annehmen und dadurch vertragliche Ansprüche begründen.

Die Vertragstheorie erscheint schon hinsichtlich der Unterstellung eines Vertragsangebots seitens des Arbeitgebers zweifelhaft. Aus der wiederholten Verhaltensweise kann nicht darauf geschlossen werden, dass der Arbeitgeber sich zur Erbringung der betreffenden Leistung auch für die Zukunft verpflichten will.[390] Das Verhalten des Arbeitgebers hat keinen derartigen Erklärungswert, das vermeintliche Vertragsangebot beruht vielmehr auf einer reinen Fiktion.[391] Darüber hinaus wird von einer Annahme dieses Vertragsangebots durch den Arbeitnehmer selbst dann ausgegangen, wenn dies negative Folgen für den Arbeitnehmer hat.[392] Die Konstruktion einer Annahmeerklärung allein aufgrund

---

389 BAG Nr. 9 zu § 242 BGB – Betriebliche Übung Bl. 2 R; BAG AP Nr. 64 zu § 77 BetrVG 1972 Bl. 4 R; anders die Theorie der Vertrauenshaftung, wonach die Rechtsbindung des Arbeitgebers durch das Vertrauen des Arbeitnehmers in die Fortsetzung der bisherigen Übung begründet wird, vgl. *Singer*, ZfA 1993, 487 (494 ff.); eine Übersicht zu weiteren Konstruktionsversuchen eines Anspruchs aus betrieblicher Übung bietet *Hromadka*, NZA 1984, 241 (243 f.); vgl. auch BAG AP Nr. 10 zu § 242 BGB – Betriebliche Übung Bl. 3, wonach je nach Fallkonstellation entweder eine stillschweigende Annahme gemäß § 151 BGB oder eine Haftungsbegründung über den vom Arbeitgeber gesetzten Vertrauenstatbestand in Betracht komme.

390 Vgl. aber BAG AP Nr. 10 zu § 242 BGB – Betriebliche Übung Bl. 4: Wenn für die Bindungswirkung einer betrieblichen Übung ein Verpflichtungswille des Arbeitgebers vorausgesetzt werde, so bedeute dies lediglich, dass er den objektiven Tatbestand einer betrieblichen Handhabung gesetzt haben müsse. Der Arbeitgeber müsse demgegenüber nicht wissen, dass sich daraus für ihn eine Dauerbindung ergebe, noch müsse er diese gewollt haben.

391 *Hromadka*, NZA 1984, 241 (243 f.); *Seiter*, DB 1967, 1585 (1587).

392 BAG AP Nr. 8 zu § 242 BGB – Betriebliche Übung Bl. 3; BAG AP Nr. 3 zu § 13 JArbSchG Bl. 3 R; vgl. auch MünchKommBGB/*Müller-Glöge*, § 611 Rn. 418: Für den Fall, dass die betriebliche Übung für die Arbeitnehmer ungünstig sei, könne eine Annahmeerklärung nicht mit § 151 BGB begründet werden, sondern erfolge konkludent.

der Weiterarbeit durch den Arbeitnehmer läuft erneut auf die Fiktion einer Willenserklärung hinaus.[393]

Es lässt sich demnach zwar durchaus eine Vereinbarung zwischen Arbeitnehmer und Arbeitgeber zur vorläufigen Weiterbeschäftigung zu den alten Arbeitsbedingungen konstruieren. Aufgrund der Kritik an der Haftungsbegründung im Fall der betrieblichen Übung, die auf eine solche rechtsgeschäftliche Lösung übertragbar wäre, sollte aber die Annahme im Wege eines Kontrahierungszwangs fingierter Willenserklärungen abgelehnt werden.

Eine Vereinbarung zwischen Arbeitgeber und Arbeitnehmer über die vorläufige Weiterbeschäftigung zu den alten Arbeitsbedingungen liegt daher im Regelfall nicht vor.

(3) Weiterbeschäftigungsanspruch zu den alten Arbeitsbedingungen

Die Weiterbeschäftigung des Arbeitnehmers zu den alten Arbeitsbedingungen könnte sich aus dem betriebsverfassungsrechtlichen Weiterbeschäftigungsanspruch gemäß § 102 Abs. 5 BetrVG oder aus den Grundsätzen über den allgemeinen Weiterbeschäftigungsanspruch ergeben.[394]

Ein Weiterbeschäftigungsanspruch besteht gemäß § 102 Abs. 5 S. 1 BetrVG, wenn der Betriebsrat der Kündigung widersprochen hat und der Arbeitnehmer Klage auf Feststellung erhoben hat, dass das Arbeitsverhältnis durch die Kündigung nicht aufgelöst worden ist. Aus diesem Wortlaut ergibt sich, dass sich § 102 Abs. 5 BetrVG nur auf die Beendigungskündigung bezieht. Im Falle einer vorbehaltlichen Annahme des Änderungsangebots steht der Fortbestand des Arbeitsverhältnisses demgegenüber außer Streit, das Arbeitsverhältnis kann also durch die Kündigung gar nicht aufgelöst sein. Zudem ist Voraussetzung für § 102 Abs. 5 BetrVG, dass der Arbeitnehmer eine Kündigungsschutzklage gemäß § 4 S. 1 KSchG erhebt, gegen die Änderungskündigung muss der Arbeitnehmer, der das Änderungsangebot unter Vorbehalt angenommen hat, eine Änderungsschutzklage gemäß § 4 S. 2 KSchG erheben.[395] Nach dem Ausspruch einer Änderungskündigung löst der Widerspruch des Betriebsrats den Weiterbeschäftigungsanspruch gemäß § 102 Abs. 5 BetrVG folglich nur dann aus, wenn der Arbeitnehmer das Änderungsangebot abgelehnt und infolgedessen

---

[393] *Kettler*, NJW 1998, 435 (436).

[394] Vgl. auch *Griese*, BB 1995, 458 (463), der meint, dass sich über den Umweg des § 99 BetrVG im Fall der Änderungskündigung zur Versetzung ein Weiterbeschäftigungsanspruch zu den alten Arbeitsbedingungen ergebe, der jedoch weder den Beschränkungen des § 102 Abs. 5 BetrVG noch denen der Entscheidung des Großen Senats des Bundesarbeitsgerichts vom 27.2.1985 unterliege.

[395] *Von Hoyningen-Huene/Linck*, KSchG, § 2 Rn. 112.

Kündigungsschutzklage erhoben hat.[396] Im Falle der Vorbehaltsannahme kommt demgegenüber nur eine analoge Anwendung des § 102 Abs. 5 BetrVG in Betracht.

Zu einem Weiterbeschäftigungsanspruch des Arbeitnehmers zu den alten Arbeitsbedingungen nach einer Änderungskündigung hat sich der 2. Senat des Bundesarbeitsgerichts in einem Urteil vom 18.1.1990[397] geäußert. In dem der Entscheidung zugrunde liegenden Sachverhalt hatte der Arbeitgeber eine Änderungskündigung zur Einführung von Wechselschicht ausgesprochen. Die klagende Arbeitnehmerin wollte weiterhin nur in der Frühschicht arbeiten. Dies hatte der Arbeitgeber verschiedenen anderen Arbeitnehmern gewährt. Die Klägerin beantragte neben der Feststellung, dass das Arbeitsverhältnis unverändert fortbestehe, den beklagten Arbeitgeber zu verurteilen, sie zu unveränderten Arbeitsbedingungen in der Frühschicht weiterzubeschäftigen.

Grundsätzlich setzt ein Weiterbeschäftigungsanspruch gemäß § 102 Abs. 5 BetrVG voraus, dass der Betriebsrat der Kündigung gemäß § 102 Abs. 3 BetrVG widersprochen hat. Ein Widerspruch des Betriebsrats gemäß § 102 Abs. 3 BetrVG lag in dem vom 2. Senat zu beurteilenden Fall jedoch nicht vor. Es ging vielmehr darum, ob der Arbeitnehmer einen Anspruch auf Beschäftigung zu den alten Arbeitsbedingungen während der Dauer des Änderungsschutzprozesses hat, wenn der Betriebsrat der damit verbundenen Versetzung gemäß § 99 Abs. 2 BetrVG widersprochen hat und die Zustimmung des Betriebsrats nicht durch das Arbeitsgericht gemäß § 99 Abs. 4 BetrVG ersetzt wurde und der Arbeitgeber die Maßnahme auch nicht vorläufig gemäß § 100 BetrVG durchführen darf.

In dem vom 2. Senat zu entscheidenden Fall hatte die Klägerin nur den allgemeinen Weiterbeschäftigungsanspruch nach den vom Großen Senat im Beschluss vom 27.2.1985 aufgestellten Voraussetzungen geltend gemacht.[398] Ein Weiterbeschäftigungsanspruch analog § 102 Abs. 5 BetrVG konnte wegen des fehlenden Sachvortrags der Klägerin vom 2. Senat nicht geprüft werden.[399]

---

[396] ErfK/*Ascheid/Oetker*, § 2 KSchG Rn. 28; *Enderlein*, ZfA 1992, 21 (51 f.); *von Hoyningen-Huene/Linck*, KSchG, § 2 Rn. 112; HaKo-*Pfeiffer*, § 2 Rn. 69a; KR-*Rost*, § 2 KSchG Rn. 118; Richardi/*Thüsing*, BetrVG, § 102 Rn. 211; Kittner/ Däubler/Zwanziger – *Zwanziger*, KSchR, § 2 KSchG Rn. 187a.

[397] BAGE 64, 24 ff. = SAE 1991, 11 ff. m. Anm. *Oetker* = EzA § 1 KSchG 1969 Nr. 65 – Betriebsbedingte Kündigung m. Anm. *Steinmeyer*.

[398] BAGE 64, 24 (31).

[399] Vgl. *Kania*, Anm. zu BAG 2 AZR 283/93, EzA § 99 BetrVG 1972 Nr. 118, S. 24 f.

Unter Hinweis auf einige Literaturstimmen[400] warf der 2. Senat dennoch die Frage nach einem betriebsverfassungsrechtlich begründeten Weiterbeschäftigungsanspruch in analoger Anwendung von § 102 Abs. 5 BetrVG auf. Die Vorschrift passt auf diesen Fall von der Rechtsfolge her, weil sie eine Weiterbeschäftigung zu *unveränderten* Arbeitsbedingungen gewährt.

Eine analoge Anwendung des § 102 Abs. 5 BetrVG setzt voraus, dass eine planwidrige Regelungslücke vorliegt, sowie eine vergleichbare Interessenlage und vergleichbare Tatbestände.[401] Zunächst müsste also eine Regelungslücke hinsichtlich der Frage bestehen, wie der Arbeitnehmer während des Änderungsschutzprozesses zu beschäftigen ist, wenn der Betriebsrat seine Zustimmung zu der im Zusammenhang mit der Änderungskündigung stehenden Versetzung verweigert hat. Grundsätzlich wird bei einer Änderungskündigung davon ausgegangen, dass der Arbeitnehmer im Falle einer Vorbehaltsannahme während des Änderungsschutzprozesses zu den geänderten Arbeitsbedingungen weiterarbeiten muss.[402] § 99 BetrVG enthält keine Regelung darüber, ob sich an dem Grundsatz der Weiterbeschäftigung zu geänderten Arbeitsbedingungen während des Änderungsschutzprozesses etwas ändert, wenn der Betriebsrat der personellen Einzelmaßnahme seine Zustimmung verweigert. Insofern kann von einer planwidrigen Regelungslücke gesprochen werden.

Weiter ist erforderlich, dass die Interessenlage im geregelten und im ungeregelten Fall vergleichbar ist. § 102 Abs. 5 BetrVG dient dazu, dem Arbeitnehmer einen Weiterbeschäftigungsanspruch nach dem Ende der Kündigungsfrist zu geben. Liegen die Voraussetzungen des § 102 Abs. 5 BetrVG bei einer Beendigungskündigung nicht vor, muss der Arbeitgeber den Arbeitnehmer nach Ablauf der Kündigungsfrist überhaupt nicht mehr beschäftigen. Ganz anders ist demgegenüber die Rechtslage im Falle einer Änderungskündigung: Nimmt der Arbeitnehmer das Änderungsangebot unter dem Vorbehalt der sozialen Rechtfertigung gemäß § 2 S. 1 KSchG an, steht der Fortbestand seines Arbeitsverhältnisses außer Streit. Auch die Weiterbeschäftigung des Arbeitnehmers ist gesichert, er muss vorläufig zu den geänderten Arbeitsbedingungen tätig werden. Die Interessenlage ist daher mit dem in § 102 Abs. 5 BetrVG geregelten Fall nicht vergleichbar.[403] Zudem würde die analoge Anwendung des § 102 Abs. 5 BetrVG nur dem Arbeitnehmer einen Anspruch auf Zuweisung

---

[400] In der Urteilsbegründung werden zitiert: *Dietz/Richardi,* BetrVG, 6. Aufl., § 102 Rn. 285; KR-*Etzel,* 3. Aufl., § 102 BetrVG Rn. 199d, der den Weiterbeschäftigungsanspruch allerdings auf §§ 99, 100 BetrVG stützt.

[401] Zu den Analogievoraussetzungen vgl. *Larenz,* Methodenlehre der Rechtswissenschaft, S. 381 ff.

[402] Siehe oben B.IV., S. 12 ff.

[403] A.A. *Enderlein,* ZfA 1992, 21 (50 f.).

der bisherigen Beschäftigung durch den Arbeitgeber gewähren, während der Arbeitgeber umgekehrt nicht die Aufnahme der bisherigen Tätigkeit vom Arbeitnehmer verlangen könnte.[404] Ein Anspruch auf Weiterbeschäftigung zu den alten Vertragsbedingungen aus § 102 Abs. 5 BetrVG analog ist somit abzulehnen.[405]

Ein Weiterbeschäftigungsanspruch zu den alten Vertragsbedingungen könnte sich allerdings aus der Rechtsprechung des Bundesarbeitsgerichts zum so genannten allgemeinen Weiterbeschäftigungsanspruch, begründet durch die Entscheidung des Großen Senats des Bundesarbeitsgerichts vom 27.2.1985[406], ergeben. Der Große Senat hat den allgemeinen Weiterbeschäftigungsanspruch aus §§ 611, 613, 242 BGB sowie dem allgemeinen Persönlichkeitsrecht gemäß Art. 1, 2 GG hergeleitet.[407] Diesem allgemeinen Weiterbeschäftigungsanspruch liegt eine Abwägung der Interessen des Arbeitgebers und des Arbeitnehmers zugrunde. Nach dem Ende der Kündigungsfrist wird grundsätzlich das Interesse des Arbeitgebers, die Kündigung durchsetzen zu können, als höher bewertet. Der Arbeitgeber muss den Arbeitnehmer also nicht mehr beschäftigen. Obsiegt der Arbeitnehmer mit seiner Kündigungsschutzklage in erster Instanz, kehrt sich die Interessenlage allerdings um: Das Interesse des Arbeitnehmers an seiner Beschäftigung ist dann grundsätzlich als höher zu bewerten, so dass dem Arbeitnehmer für die Zeit bis zum Ergehen des Berufungsurteils ein allgemeiner Weiterbeschäftigungsanspruch zusteht.[408]

Bei einer Änderungskündigung kann eine Abwägung zwischen dem Interesse des Arbeitgebers an der Nichtbeschäftigung und dem Interesse des Arbeitnehmers an der Beschäftigung nicht vorgenommen werden, weil der Arbeitnehmer sich durch die Vorbehaltsannahme seine Beschäftigung bereits gesichert hat.[409] Der Fortbestand des Arbeitsverhältnisses steht nicht mehr in Streit. Dafür, dass das Risiko des Arbeitsplatzverlustes durch die Vorbehaltsannahme ausgeschlos-

---

404 *Kania,* Anm. zu BAG 2 AZR 283/93, EzA § 99 BetrVG 1972 Nr. 118, S. 25.

405 A.A. LAG Düsseldorf LAGE Nr. 12 zu § 102 BetrVG 1972 – Beschäftigungspflicht.

406 BAGE (GS) 48, 122 ff. = BAG EzA § 611 BGB Nr. 9 – Beschäftigungspflicht m. Anm. *Gamillscheg.*

407 Dagegen *Bengelsdorf,* DB 1986, 168 (173 ff.), demzufolge die Anerkennung des allgemeinen Weiterbeschäftigungsanspruchs durch den Großen Senat des Bundesarbeitsgerichts einen Akt unzulässiger richterlicher Rechtsfortbildung darstellt.

408 Vgl. nur *von Hoyningen-Huene/Linck,* KSchG, § 4 Rn. 148 ff.; KR-*Etzel,* § 102 BetrVG Rn. 275.

409 KR-*Rost,* § 2 KSchG Rn. 158a; *Steinmeyer,* Anm. zu BAG 2 AZR 183/89, EzA § 1 KSchG 1969 Nr. 65 – Betriebsbedingte Kündigung S. 15; a.A. *Enderlein,* ZfA 1992, 21 (48 f.), demzufolge eine Interessenabwägung auch im Fall einer Änderungskündigung vorgenommen werden kann, weil der Arbeitnehmer nicht ein Interesse an irgendeiner Beschäftigung habe, sondern ein Interesse an der Beschäftigung in der bisherigen Form.

sen wird, muss der Arbeitnehmer zumindest vorübergehend die neuen Arbeitsbedingungen in Kauf nehmen. Stellt das Gericht die Sozialwidrigkeit der Änderung der Arbeitsbedingungen oder allgemein die Unwirksamkeit der Änderungskündigung fest, ist die Änderungskündigung gemäß § 8 KSchG als von Anfang an unwirksam anzusehen. Dadurch ist dem Interesse des Arbeitnehmers an der Beibehaltung der bisherigen Arbeitsbedingungen ausreichend Rechnung getragen.[410]

Die Grundsätze über den allgemeinen Weiterbeschäftigungsanspruch können somit nicht auf die mitbestimmungswidrige Änderungskündigung übertragen werden.[411] Dies gilt auch dann, wenn eine Beschäftigung des Arbeitnehmers zu den neuen Arbeitsbedingungen mangels Zustimmung des Betriebsrats gemäß § 99 Abs. 1 BetrVG ausscheidet. Selbst wenn der Arbeitnehmer erstinstanzlich im Änderungsschutzverfahren obsiegt, kann er somit bei Fortführung des Rechtsstreits nicht auf Grundlage des allgemeinen Weiterbeschäftigungsanspruchs verlangen, ab diesem Zeitpunkt wieder zu den alten Arbeitsbedingungen beschäftigt zu werden.[412]

Ein Weiterbeschäftigungsanspruch zu den alten Arbeitsbedingungen scheidet daher sowohl unter Heranziehung von § 102 Abs. 5 BetrVG als auch unter Heranziehung der Rechtsprechung des Bundesarbeitsgerichts zum allgemeinen Weiterbeschäftigungsanspruch aus.

(4) Weiterbeschäftigung zu den alten Arbeitsbedingungen nach der *ratio legis* des § 2 KSchG

Schließlich könnte sich aus der *ratio legis* des § 2 KSchG ergeben, dass während des Änderungsschutzverfahrens auf den alten Arbeitsvertrag als individualrechtliche Grundlage zurückgegriffen werden kann und damit eine entsprechende zwischenzeitliche Weiterbeschäftigung des Arbeitnehmers möglich ist.

---

410 KR-*Rost*, § 2 KSchG Rn. 158a; a.A. *Enderlein*, ZfA 1992, 21 (51 f.).

411 Anders LAG Köln, Urteil vom 14.8.2006, 14 Sa 146/06 (unveröffentlicht), wonach der allgemeine Weiterbeschäftigungsanspruch ausnahmsweise auch im Falle einer Änderungskündigung bestehen könne, wenn die Änderungskündigung noch nicht vollziehbar sei. Dies komme insbesondere dann in Betracht, wenn der Betriebsrat einer mit der Änderungskündigung verbundenen Versetzung nicht zugestimmt habe.

412 BAGE 64, 24 (33); LAG München, DB 1987, 1099; *J.-H. Bauer*, BB 1986, 799 (800); Bader/*Bram*/Dörner/Wenzel, KSchG, § 2 Rn. 33; *Becker-Schaffner*, BB 1991, 129 (136); *Färber/Kappes*, NZA 1986, 215 (222); *von Hoyningen-Huene/Linck*, KSchG, § 2 Rn. 113; Stahlhacke/*Preis* Rn. 1265; KR-*Rost*, § 2 KSchG Rn. 158a; *Schäfer*, NZA 1985, 691 (692); HK-KSchG/*Weller/Hauck*, § 2 Rn. 118; a.A. *Enderlein*, ZfA 1992, 21 (48 f.); *Ratajczak*, Änderungskündigung, S. 101.

(a) Wirkung des Kündigungselements bei Annahme des Änderungsangebots unter Vorbehalt

Während des Änderungsschutzverfahrens steht noch nicht fest, ob die Änderungskündigung wirksam ist und ob infolgedessen ein Rückgriff auf die alten Arbeitsbedingungen überhaupt noch möglich ist. In der Literatur wird demgegenüber vielfach behauptet, der alte Arbeitsvertrag existiere infolge der wirksamen Änderungskündigung nicht mehr.[413] Ein Rückgriff auf den alten Arbeitsvertrag als Grundlage für eine Beschäftigung des Arbeitnehmers verbiete sich daher.

Dem ist entgegen zu halten, dass nach dem Sinn und Zweck des § 2 KSchG das Kündigungselement im Fall der (vorbehaltlichen) Annahme des Änderungsangebots nie Wirkung entfaltet. Unabhängig davon, ob der Arbeitgeber die Änderungskündigung bedingt oder unbedingt ausgesprochen hat, ist das Kündigungselement hinfällig, sobald der Arbeitnehmer das Änderungsangebot unter Vorbehalt angenommen hat.[414] Hat der Arbeitgeber die Kündigung unter der aufschiebenden Bedingung der Nichtannahme des Änderungsangebots ausgesprochen, kommt durch die Annahme unter Vorbehalt ein Änderungsvertrag zustande. Das Kündigungselement ist hinfällig. Hat der Arbeitgeber die Änderungskündigung unbedingt ausgesprochen, geht das Kündigungselement gleichfalls ins Leere, weil Arbeitgeber und Arbeitnehmer zur Beendigung des ursprünglichen Arbeitsvertrags den Änderungsvertrag geschlossen haben und damit zugleich ein neuer Arbeitsvertrag zustande gekommen ist.[415]

Ist die Kündigung hinfällig, so bedeutet dies aber im Ergebnis nichts anderes, als dass sie bei Annahme des Änderungsangebots unter Vorbehalt durch den Arbeitnehmer keine Wirkung entfalten kann. Die alten Arbeitsbedingungen werden nicht durch das Kündigungselement geändert, sondern durch die Änderungsvereinbarung.[416] Im Änderungsschutzverfahren ist daher nur noch die Frage zu klären, ob für das Arbeitsverhältnis die alten oder die neuen Arbeitsbedingungen fortgelten.[417] Der Arbeitnehmer hat sich mit der Vorbehaltsannahme den Bestand seines Arbeitsverhältnisses gesichert, die Beendigungswirkung des Kündigungselements greift nicht ein. Wirkung entfaltet das Kün-

---

413 ErfK/*Ascheid/Oetker*, § 2 KSchG Rn. 32; *H. Hanau*, Anm. zu BAG 2 AZR 336/97, AP Nr. 49 zu § 2 KSchG 1969 Bl. 12 R; *Kania*, Anm. zu BAG 2 AZR 283/93, EzA § 99 BetrVG 1972 Nr. 118, S. 23; *Kraft/Raab*, GK-BetrVG, § 99 Rn. 126; *Raab*, ZfA 1995, 479 (512); zust. LAG Hessen, Urteil vom 1.6.2006, 9 Sa 1743/05 (unveröffentlicht).

414 Siehe oben B.IV., S. 12 ff.

415 *Hohmeister*, BB 1994, 1777 (1778.

416 *Raab*, ZfA 1995, 479 (513); *Wernery*, Mitbestimmung, S. 338.

417 *Richardi*, ZfA 1971, 73 (102).

digungselement nur dann, wenn der Arbeitnehmer das Änderungsangebot ablehnt.[418]

Es bleibt daher festzuhalten, dass das Kündigungselement zwar trotz der fehlenden Zustimmung des Betriebsrats gemäß § 99 Abs. 1 BetrVG wirksam ist, aber keine Wirkung entfaltet.[419]

(b) Fortgeltung des alten Arbeitsvertrags während des Änderungsschutzverfahrens

Wenn das Kündigungselement bei Annahme des Änderungsangebots unter Vorbehalt nie Wirkung entfaltet, ergibt sich daraus, dass der Arbeitsvertrag in seiner alten Fassung – zumindest vorläufig – noch fortbesteht. Die Vertragsänderung wird nicht durch die Kündigung, sondern durch die Änderungsvereinbarung herbeigeführt.[420] Solange die Änderungsvereinbarung nur schwebend wirksam ist, kann nichts anderes für den Arbeitsvertrag in seiner alten Fassung gelten. Endgültig wegfallen soll er erst dann, wenn die Änderungsvereinbarung sich als wirksam herausstellt. Dies ist dann der Fall, wenn die Änderungsschutzklage des Arbeitnehmers abgewiesen wird und damit feststeht, dass das Arbeitsverhältnis zu den neuen Bedingungen fortgeführt wird. Erst dann ist endgültig klar, dass die alten Vertragsbedingungen nicht mehr gelten. Durch die Annahme des Änderungsangebots unter Vorbehalt wird die Fortgeltung des Arbeitsvertrags in seiner ursprünglichen Fassung somit an die auflösende Bedingung geknüpft, dass der Arbeitnehmer im Änderungsschutzverfahren unterliegt. Mit anderen Worten ausgedrückt bedeutet dies, dass der alte Arbeitsvertrag unter der (rückwirkend) auflösenden Bedingung fortbesteht, dass die Wirksamkeit der Änderungsvereinbarung festgestellt wird.

Dieses Ergebnis kann im Wege eines Umkehrschlusses der Vorschrift des § 8 KSchG entnommen werden. Nach dieser Vorschrift sind die alten Arbeitsbedingungen rückwirkend wieder herzustellen, wenn das Arbeitsgericht die Sozialwidrigkeit der Änderung der Arbeitsbedingungen feststellt.[421] Der Arbeitnehmer ist also einerseits so zu stellen, als seien die alten Arbeitsbedingun-

---

[418] Vgl. *von Hoyningen-Huene*, RdA 1982, 205 (211), demzufolge das Arbeitsverhältnis bestehen bleibt, soweit der Arbeitnehmer nicht das Änderungsangebot ablehnt und damit die Kündigung wirksam wird.

[419] Zwischen Wirkung und Wirksamkeit der Kündigung unterscheidet auch *Kania*, Anm. zu BAG 2 AZR283/93, EzA § 99 BetrVG 1972 Nr. 118, S. 25, der zu dem Ergebnis kommt, dass die Kündigung Wirkung entfaltet, sobald die Zustimmung erteilt oder ersetzt wird; zu dem von *Kania* vertretenen Ansatz siehe oben E.II.2.b)bb), S. 56 f.

[420] *Raab*, ZfA 1995, 479 (513); *Wernery*, Mitbestimmung, S. 338.

[421] *Von Hoyningen-Huene/Linck*, KSchG, § 2 Rn. 209; APS/*Künzl*, § 8 KSchG Rn. 8; HaKo-*Pfeiffer*, § 8 Rn. 4; KR-*Rost*, § 8 KSchG Rn. 9.

gen ununterbrochen eingehalten worden.[422] Andererseits hat er für die Zukunft einen Anspruch auf Beschäftigung entsprechend den bisherigen Bedingungen.[423] Hat der Arbeitnehmer das Änderungsangebot unter Vorbehalt angenommen und obsiegt er im Änderungsschutzprozess, bestand der bisherige Arbeitsvertragsinhalt somit die ganze Zeit unverändert fort.[424] Der alte Arbeitsvertrag entfaltet wieder Wirkung, sobald der Änderungsschutzklage stattgegeben wird und die Wirkung der Änderungsvereinbarung infolgedessen entfällt.

Nur durch die – auflösend bedingte – Fortgeltung des Arbeitsvertrags in seiner alten Fassung lässt es sich dogmatisch sauber bewerkstelligen, dass der alte Arbeitsvertrag im Falle der Unwirksamkeit der Änderungskündigung wieder gelten soll. Durch § 8 KSchG soll der Arbeitnehmer so gestellt werden, als sei die Änderungskündigung nie erfolgt.[425] Diesem Zweck liefe es zuwider, wenn der alte Arbeitsvertrag durch die Änderungsvereinbarung zunächst vollständig wegfiele und für den Fall, dass der Änderungskündigung stattgegeben würde, rekonstruiert werden müsste.

Es ist folglich davon auszugehen, dass der alte Arbeitsvertrag bis zum Abschluss des Änderungsschutzverfahrens unter der auflösenden Bedingung weitergilt, dass die Änderungsschutzklage des Arbeitnehmers abgewiesen wird. Obsiegt der Arbeitnehmer im Änderungsschutzverfahren, kann die auflösende Bedingung nicht mehr eintreten, so dass der Arbeitsvertrag endgültig zu den alten Bedingungen fortbesteht.

(c) Vorübergehende Erweiterung des Direktionsrechts des Arbeitgebers

Neben dem (noch wirksamen) alten Arbeitsvertrag ist durch die Vorbehaltsannahme des Arbeitnehmers die Änderungsvereinbarung vorläufig wirksam zustande gekommen. Nach der *ratio legis* des § 2 KSchG gelten die alten Arbeitsbedingungen nach den obigen Ausführungen unter der auflösenden Bedingung fort, dass die Änderungsschutzklage abgewiesen wird. Die neuen Arbeitsbedingungen gelten demgegenüber vorläufig unter der auflösenden Bedingung, dass der Änderungsschutzklage stattgegeben wird. Während des Änderungsschutzverfahrens gelten somit parallel die alten und die neuen Arbeitsbedingungen. Wenn sowohl die neuen als auch die alten Arbeitsbedingungen auf das Arbeitsverhältnis Anwendung finden, führt dies grundsätzlich dazu, dass der Arbeitgeber dem Arbeitnehmer während des Änderungsschutzverfahrens so-

---

422 BAGE 47, 26 (39) = BAG AP Nr. 8 zu § 2 KSchG 1969 Bl. 5 R m. Anm. *von Hoyningen-Huene*; HK-KSchG/*Hauck*, § 8 Rn. 5.
423 APS/*Künzl*, § 8 KSchG Rn. 8; KR-*Rost*, § 8 Rn. 9.
424 ErfK/*Kiel*, § 8 KSchG Rn. 1.
425 HaKo-*Pfeiffer*, § 8 Rn. 1.

wohl die bisherige Tätigkeit als auch die neue Tätigkeit zuweisen kann. Es wird mithin durch die Annahme des Änderungsangebots unter Vorbehalt eine vorübergehende Erweiterung des Direktionsrechts des Arbeitgebers bewirkt.

Allerdings ergibt sich aus der Wertung des § 8 KSchG, dass die Änderungsvereinbarung das Arbeitsverhältnis grundsätzlich während der Prozessphase gestaltet. Der alte Arbeitsvertrag wird folglich bis zur rechtskräftigen Entscheidung im Änderungsschutzverfahren von der vorläufig wirksamen Änderungsvereinbarung überlagert. Eine Berechtigung und Verpflichtung des Arbeitnehmers zur Tätigkeit im alten Arbeitsbereich besteht daher nach Annahme des Änderungsangebots unter Vorbehalt grundsätzlich nicht. Das Arbeitsverhältnis konkretisiert sich vielmehr während des Änderungsschutzverfahrens auf eine Beschäftigung zu den neuen Arbeitsbedingungen.

Etwas anderes könnte sich für den Fall der Änderungskündigung zur Versetzung ergeben, sofern der Arbeitgeber die Zustimmung des Betriebsrats noch nicht eingeholt beziehungsweise ein Zustimmungsersetzungsverfahren gemäß § 99 Abs. 4 BetrVG nicht oder zumindest nicht erfolgreich durchgeführt hat. Solange die Zustimmung zu der Versetzung nicht vorliegt, besteht ein betriebsverfassungsrechtliches Beschäftigungsverbot hinsichtlich der neuen Arbeitsbedingungen.[426] Infolgedessen darf der Arbeitgeber dem Arbeitnehmer den neuen Arbeitsbereich nicht tatsächlich zuweisen, bevor die Zustimmung erteilt oder ersetzt worden ist. Die vorläufige Durchführung einer Versetzung ohne die Zustimmung des Betriebsrats ist gemäß § 100 BetrVG nur dann zulässig, wenn dies aus sachlichen Gründen dringend erforderlich ist. Eine Beschäftigung des Arbeitnehmers entsprechend der Änderungsvereinbarung ist somit regelmäßig nicht möglich.

Die *ratio legis* des § 2 KSchG beinhaltet allerdings, dass der Arbeitnehmer während des Änderungsschutzverfahrens beschäftigt werden muss.[427] Da eine Beschäftigung zu den neuen Arbeitsbedingungen nicht möglich ist, liegt ausnahmsweise keine Überlagerung der alten Arbeitsbedingungen durch die neuen Arbeitsbedingungen vor.[428] Der durch § 8 KSchG aufgestellte Grundsatz der vorläufigen Geltung der neuen Arbeitsbedingungen wird durchbrochen. Die alten Arbeitsbedingungen leben wieder auf und das Arbeitsverhältnis konkretisiert sich hinsichtlich einer Tätigkeit zu den alten Arbeitsbedingungen. Der

---

426 Siehe oben E.II.1.b), S. 44 f.

427 Siehe oben E.II.3.a)aa), S. 67 f.

428 Ähnlich *Raab*, ZfA 1995, 479 (514): Die Änderungsvereinbarung sei aufschiebend bedingt durch die Zustimmung des Betriebsrats beziehungsweise deren Ersetzung. Infolge der schwebenden Unwirksamkeit der Änderungsvereinbarung sei daher der ursprüngliche Arbeitsvertrag wieder maßgeblich.

Arbeitgeber muss dem Arbeitnehmer folglich, sofern keine anderen Hinderungsgründe entgegenstehen, während des Änderungsschutzverfahrens vor Zustimmung des Betriebsrats den alten Arbeitsplatz zuweisen. Für diesen Zeitraum ist der Arbeitnehmer auf Grundlage seines alten Arbeitsvertrags zur Tätigkeit im alten Arbeitsbereich berechtigt und verpflichtet.[429] Wird die Zustimmung vor Abschluss des Änderungsschutzverfahrens erteilt oder ersetzt, findet allerdings wieder eine Überlagerung des alten Arbeitsvertrags durch die Änderungsvereinbarung statt, so dass der Arbeitnehmer dann zu den neuen Arbeitsbedingungen tätig werden muss.

Ein Rückgriff auf den alten Arbeitsvertrag als Grundlage für die Beschäftigung des Arbeitnehmers während des Schwebezustands ist damit letztlich doch möglich, weil dieser während des Änderungsschutzverfahrens auflösend bedingt fortbesteht.

(d) Zwischenergebnis

Für die Dauer des Änderungsschutzverfahrens ist der Arbeitnehmer zu den alten Arbeitsbedingungen weiter zu beschäftigen, sofern der Arbeitgeber eine Änderungskündigung zur Versetzung ausgesprochen hat, ohne dass die Zustimmung des Betriebsrats gemäß § 99 BetrVG vorliegt. Die Möglichkeit der vorläufigen Versetzung nach den Vorgaben des § 100 BetrVG bleibt davon unberührt.

Ist eine vorübergehende Beschäftigung des Arbeitnehmers zu den alten Arbeitsbedingungen aus tatsächlichen Gründen nicht möglich, kann der Arbeitnehmer überhaupt nicht beschäftigt werden. Er hat dann den Vergütungsanspruch aus § 615 BGB.

b) Entgeltanspruch des Arbeitnehmers

Als Folgeproblem stellt sich die Frage, in welcher Höhe der Lohnanspruch des Arbeitnehmers während des Schwebezustands, also bis zum Abschluss des Änderungsschutzverfahrens beziehungsweise bis zur Erteilung oder Ersetzung der Zustimmung, besteht.

aa) Arbeitsvertraglich vereinbartes Entgelt

Zunächst ist auf die Fälle einzugehen, in denen sich die Vergütung des Arbeitnehmers nach der individualrechtlichen Vereinbarung der Arbeitsvertragsparteien richtet. Die Beantwortung der Frage nach dem Entgeltanspruch hängt

---

[429] So i.E. auch BAGE 74, 291 (305).

dabei maßgeblich davon ab, ob eine Beschäftigung zu den alten oder den neuen Arbeitsbedingungen angenommen und welche individualrechtliche Grundlage dafür gesehen wurde.

In der Literatur wird vielfach angenommen, dass bei Ausspruch einer Änderungskündigung zur Versetzung ohne Zustimmung des Betriebsrats dem Arbeitnehmer ein Leistungsverweigerungsrecht hinsichtlich einer Tätigkeit im neuen Arbeitsbereich zu gewähren ist.[430] Teilweise wird angenommen, dass der Arbeitnehmer der Versetzung deshalb nicht Folge zu leisten brauche, weil die (als rechtsgeschäftlich betrachtete) Versetzungsweisung gemäß § 134 BGB in Verbindung mit § 99 BetrVG unwirksam sei.[431] Wenn der Arbeitnehmer überhaupt nicht beschäftigt wird, gerät der Arbeitgeber in Annahmeverzug. Dem Arbeitnehmer steht infolgedessen die der Änderungsvereinbarung entsprechende Vergütung gemäß § 615 S. 1 BGB zu.[432] Kommt eine einvernehmliche Vertragsänderung nicht zustande und greift der Arbeitgeber daraufhin zur Änderungskündigung, wird es sich dabei regelmäßig um eine geringere Vergütung handeln. Zu einem Vergütungsanspruch nach den geänderten Bedingungen gelangen auch diejenigen Literaturvertreter, die eine Verpflichtung des Arbeitnehmers zur Weiterarbeit im neuen Arbeitsbereich annehmen.[433]

Nach dem Urteil des Bundesarbeitsgerichts vom 30.9.1993 ist der Arbeitnehmer zu den alten Bedingungen weiter zu beschäftigen. In der Entscheidung findet sich die Aussage, dass durch eine mitbestimmungswidrige Versetzung die Vergütungsansprüche des Arbeitnehmers nicht tangiert würden.[434] Im zugrunde liegenden Fall richtete sich die Vergütung allerdings nach einem Tarifvertrag und damit nach der auszuübenden Tätigkeit. Zur Frage der Vergütungshöhe auf individualvertraglicher Grundlage musste der 2. Senat somit nicht Stellung

---

430 *Galperin/Löwisch*, BetrVG, § 99 Rn. 119 f.; einschränkend *Kraft/Raab*, GK-BetrVG, § 99 Rn. 126, demzufolge der Arbeitnehmer der Weisung nicht Folge leisten muss, wenn die Zustimmungsverweigerung auf § 99 Abs. 2 Nr. 4 BetrVG gestützt wird; allgemein zum Leistungsverweigerungsrecht bei Versetzung ohne Zustimmung des Betriebsrats: *Ehrich*, NZA 1992, 731 (734); Richardi/*Thüsing*, BetrVG, § 99 Rn. 299, 300, 301; ähnlich *Kraft/Hoehn*, Anm. zu BAG 1 AZR 531/86, SAE 1989, 77 (78).

431 *Waltermann*, Anm. zu BAG 2 AZR 283/93, SAE 1995, 367 (372 f.).

432 *Kraft/Raab*, GK-BetrVG, § 99 Rn. 126; *Waltermann*, Anm. zu BAG 2 AZR 283/93, SAE 1995, 367 (373); vgl. aber *Ehrich*, NZA 1992, 731 (734), demzufolge der Arbeitnehmer bei einer Versetzung ohne Zustimmung des Betriebsrats bis zur rechtskräftigen Ersetzung derselben seinen Anspruch auf die bisherige Vergütung behalte.

433 *Von Hoyningen-Huene/Linck*, KSchG, § 2 Rn. 200; *Linck*, AR-Blattei SD 1020.1.1 Rn. 124; *Claus Weber*, Auswirkungen, S. 123 f.

434 BAGE 74, 291 (306).

nehmen. Damit kann der Entscheidung keine Aussage darüber entnommen werden, welche Vergütung geschuldet ist.[435]

Nach der in der vorliegenden Arbeit vertretenen Auffassung folgt aus der *ratio legis* des § 2 KSchG, dass im Falle einer Änderungskündigung der alte Arbeitsvertrag unter der auflösenden Bedingung fortbesteht, dass die Änderungsschutzklage abgewiesen wird. Der alte Arbeitsvertrag wird während des Änderungsschutzverfahrens grundsätzlich von der vorläufig wirksamen Änderungsvereinbarung überlagert, es sei denn, eine gemäß § 99 Abs. 1 BetrVG erforderliche Zustimmung ist noch nicht erteilt oder ersetzt worden. Dann richtet sich das Arbeitsverhältnis auch während des Änderungsschutzverfahrens nach dem alten Arbeitsvertrag.

Bis zum Ende des Änderungsschutzverfahrens gelten bei fehlender Zustimmung des Betriebsrats gemäß § 99 Abs. 1 BetrVG somit die alten Arbeitsbedingungen weiter.[436] Der Arbeitnehmer hat folglich einen Anspruch auf das bisherige Arbeitsentgelt, das in der Regel höher sein wird als das neue Arbeitsentgelt. Sobald die Zustimmung während des Änderungsschutzverfahrens erteilt oder durch das Arbeitsgericht ersetzt wird, überlagert die vorläufig wirksame Änderungsvereinbarung die alten Arbeitsbedingungen. Der Arbeitnehmer muss dann im neuen Arbeitsbereich tätig werden und hat den Entgeltanspruch entsprechend der geänderten Arbeitsbedingungen.

Wird der Änderungsschutzklage stattgegeben, hat der Arbeitnehmer endgültig einen Anspruch auf das Entgelt nach den ursprünglichen Arbeitsbedingungen. Dies gilt selbst dann, wenn nachträglich die Zustimmung gemäß § 99 Abs. 4 BetrVG durch das Arbeitsgericht ersetzt wird, weil sich der Entgeltanspruch des Arbeitnehmers auch dann nach dem Arbeitsvertrag in seiner geltenden Fassung richtet. Falls der Arbeitnehmer infolge einer bereits vorliegenden Zustimmung während des Änderungsschutzverfahrens zu den neuen Bedingungen arbeiten musste, ist er für die Vergangenheit gemäß § 8 KSchG so zu stellen, als habe er ununterbrochen zu den bisherigen Bedingungen gearbeitet.

Etwas anderes ergibt sich nur dann, wenn die Änderungsschutzklage vor Erteilung oder Ersetzung der Zustimmung abgewiesen wird. Dann gelten individual-

---

[435] *H. Hanau*, Anm. zu BAG 2 AZR 336/97, AP Nr. 49 zu § 2 KSchG 1969 Bl. 12 R interpretiert die Entscheidung folgendermaßen: Nach dem vom 2. Senat vertretenen Trennungskonzept müsse der Arbeitnehmer zu den alten Arbeitsbedingungen weiter beschäftigt werden, habe aber nur einen Anspruch auf die Vergütung nach den geänderten Vertragsbedingungen.

[436] So i.E. auch *Raab*, ZfA 1995, 479 (513 f.), der die Änderungsvereinbarung als aufschiebend bedingt ansieht.

rechtlich die neuen Arbeitsbedingungen, auch wenn der Arbeitnehmer mangels Zustimmung noch nicht entsprechend beschäftigt werden darf. Der Arbeitgeber kommt dadurch in Annahmeverzug, so dass der Arbeitnehmer einen Entgeltanspruch gemäß § 615 S. 1 BGB hat. Nach dieser Vorschrift kann der Arbeitnehmer die „vereinbarte Vergütung" verlangen. Nach der Abweisung der Änderungsschutzklage kann der Arbeitnehmer somit nur die geänderte Vergütung verlangen.

bb) Tariflich geregeltes Entgelt

Einfacher zu beantworten ist die Frage nach dem Entgeltanspruch in den Fällen, in denen sich die Vergütung des Arbeitnehmers nach einem Entgelttarifvertrag richtet.

Nach Ansicht des 2. Senats ist davon auszugehen, dass der Arbeitnehmer während des Schwebezustands zu den alten Arbeitsbedingungen weiter zu beschäftigen ist.[437] Sofern die Bezahlung an die auszuübende Tätigkeit anknüpfe, ergebe sich daraus zugleich, dass durch die betriebsverfassungswidrige Versetzung die Vergütungsansprüche nicht berührt würden.[438]

In dem der Entscheidung des 2. Senats vom 30.9.1993 zugrunde liegenden Sachverhalt richtete sich die Vergütung nach einem Tarifvertrag, nämlich dem Bundesrahmentarifvertrag für die Arbeitnehmer in der deutschen Brauwirtschaft. Ursprünglich war der betroffene Arbeitnehmer aufgrund seiner Tätigkeit als Betriebskontrolleur in die Bewertungsgruppe IX eingruppiert. Der Arbeitgeber hatte mit der Änderungskündigung neben der Versetzung auch eine Herabgruppierung bezweckt. Die Wirksamkeit einer Umgruppierung hängt allein von ihrer Richtigkeit ab.[439] Der Arbeitnehmer hat also in jedem Fall einen Anspruch auf die Vergütung, die der von ihm tatsächlich ausgeübten Tätigkeit entspricht. Da der Arbeitnehmer vorläufig zu den alten Arbeitsbedingungen weiter zu beschäftigen ist, richtet sich auch sein Vergütungsanspruch nach den alten Bedingungen.[440] Zu diesem Ergebnis gelangt man auch nach der in dieser Arbeit vertretenen Auffassung.

---

437 BAGE 74, 291 (305).

438 BAGE 74, 291 (306).

439 *Galperin/Löwisch,* BetrVG, § 99 Rn. 122; *von Hoyningen-Huene,* RdA 1982, 205 (214); *Raab,* ZfA 1995, 479 (493).

440 Vgl. *Kania,* Anm. zu BAG 2 AZR 283/93, EzA § 99 BetrVG 1972 Nr. 118, S. 22; anders insoweit wohl *von Hoyningen-Huene/Linck,* KSchG, § 2 Rn. 200; *Linck,* AR-Blattei SD 1020.1.1 Rn. 124, die von einer Beschäftigung des Arbeitnehmers zu den neuen Bedingungen ausgehen.

III. Individualrechtliche Rückgängigmachung der Änderungskündigung

Wird der Änderungsschutzklage des Arbeitnehmers stattgegeben, sind die alten Arbeitsbedingungen kraft Gesetzes – gemäß § 8 KSchG – *ex tunc* wieder herzustellen. Anders ist die Situation, wenn die Änderungsschutzklage rechtskräftig abgewiesen wird, der Arbeitgeber die Zustimmung des Betriebsrats zu der Versetzung aber endgültig nicht erreichen kann. Individualrechtlich steht damit die Wirksamkeit der Änderung der Arbeitsbedingungen fest, die Regelung des § 8 KSchG greift nicht ein. Da jedoch die neuen Arbeitsbedingungen mangels Zustimmung des Betriebsrats endgültig nicht umgesetzt werden dürfen, muss die durch die Vorbehaltsannahme zustande gekommene Vertragsänderung individualrechtlich wieder rückgängig gemacht werden.

Von einer endgültigen Nichterreichbarkeit der Zustimmung ist auszugehen, wenn das Arbeitsgericht die Ersetzung der Zustimmung im Verfahren gemäß § 99 Abs. 4 BetrVG aus materiellen Gründen verweigert. Dies ist dann der Fall, wenn der Betriebsrat sich bei der Zustimmungsverweigerung auf einen der in § 99 Abs. 2 BetrVG genannten Gründe stützen konnte.[441] Sofern der Arbeitgeber das Beteiligungsverfahren gemäß § 99 Abs. 1 BetrVG nicht ordnungsgemäß eingeleitet hat, wird sein Antrag auf Ersetzung der Zustimmung demgegenüber als unzulässig abgewiesen.[442] In diesem Fall kann der Arbeitgeber jederzeit die Unterrichtung des Betriebsrats nachholen und gegebenenfalls noch einmal die Ersetzung der Zustimmung durch das Arbeitsgericht beantragen.[443]

1. Unmöglichkeit gemäß § 275 BGB

Zur individualrechtlichen Rückgängigmachung wird vielfach die schuldrechtliche Regelung über die nachträgliche Unmöglichkeit herangezogen. Im Falle der rechtskräftigen Abweisung des Zustimmungsersetzungsantrags könne die Versetzung endgültig nicht durchgeführt werden. Es liege daher ein Fall der nachträglichen Unmöglichkeit im Sinne von § 275 Abs. 1 BGB vor. Demgemäß würden die Vertragsparteien von ihren Rechten und Pflichten aus der Änderungsvereinbarung befreit und es bliebe beim ursprünglichen Arbeitsvertrag.[444] Die Änderungskündigung sowie das Änderungsschutzverfahren würden damit

---

[441] Vgl. BAGE 35, 239 (246).

[442] *Kraft/Raab*, GK-BetrVG, § 99 Rn. 170; Richardi/*Thüsing*, BetrVG, § 99 Rn. 284 f.

[443] *Boemke*, ZfA 1992, 473 (492 f.).

[444] So unter Bezugnahme auf § 275 Abs. 2 BGB a.F.: BAGE 74, 291 (306); *von Hoyningen-Huene/Linck*, KSchG, § 2 Rn. 203; KR-*Rost*, § 2 KSchG Rn. 141; *Wernery*, Mitbestimmung, S. 346; *Wlotzke*, Anm. zu BAG 2 AZR 283/93, AP Nr. 33 zu § 2 KSchG 1969 Bl. 11; a.A. *von Hoyningen-Huene*, NZA 1993, 145 (150), demzufolge zur individualrechtlichen Rückgängigmachung ein erneuter Änderungsvertrag erforderlich ist; ähnlich KPK-*Bengelsdorf*, KSchG, § 2 Rn. 132.

für die Parteien gegenstandslos.[445] Sofern der Arbeitgeber die Änderungskündigung zur Versetzung ausgesprochen habe, weil der bisherige Arbeitsplatz des Arbeitnehmers weggefallen sei, könne er dann gegebenenfalls eine Beendigungskündigung aussprechen.[446]

Zu beachten ist allerdings, dass § 275 Abs. 1 BGB als Rechtsfolge nur das Erlöschen der Leistungspflicht des Schuldners vorsieht.[447] Betroffen von dieser Schuldbefreiung sind nur die einzelnen Leistungspflichten, nicht das Schuldverhältnis als Ganzes. Die Anwendung von § 275 Abs. 1 BGB führt daher nicht zu einem gänzlichen Wegfall der Änderungsvereinbarung, so dass es insofern auch nicht zu einem Wiederaufleben des alten Arbeitsvertrags kommen kann. Der Arbeitnehmer könnte aus dieser Vorschrift lediglich ein Leistungsverweigerungsrecht hinsichtlich der Tätigkeit im neuen Arbeitsbereich herleiten.[448]

Zu einem Wegfall der Änderungsvereinbarung würde die endgültige Nichterreichbarkeit der Zustimmung nur dann führen, wenn der Arbeitgeber die Wirksamkeit seines Änderungsangebots von der Bedingung der Erteilung oder Ersetzung der Zustimmung abhängig gemacht hätte. Eine solche Vorgehensweise erscheint zwar für den Arbeitgeber empfehlenswert, entspricht aber nicht der gängigen Praxis.[449]

2. Störung der Geschäftsgrundlage gemäß § 313 BGB

Zu einem Wegfall der Änderungsvereinbarung – und damit zu einem Aufleben des alten Arbeitsvertrags – könnte es nach den Grundsätzen über die Störung der Geschäftsgrundlage gemäß § 313 BGB kommen. Rechtsfolge der Störung der Geschäftsgrundlage ist grundsätzlich die Anpassung des Vertrags an die geänderte Sachlage, in Ausnahmefällen kommt auch die Vertragsaufhebung in Betracht.

---

[445] APS/*Künzl*, § 2 KSchG Rn. 159.

[446] BAGE 74, 291 (306); *von Hoyningen-Huene*, NZA 1993, 145 (150); krit. dazu *H. Hanau*, Anm. zu BAG 2 AZR 336/97, AP Nr. 49 zu § 2 KSchG 1969 Bl. 12 R.

[447] *Grüneberg*, in: Bamberger/Roth, BGB, § 275 Rn. 44; vgl. auch die amtliche Überschrift der Vorschrift: „Ausschluss der Leistungspflicht"; zu § 275 BGB a.F.: Palandt/ *Heinrichs*, BGB, 61. Aufl., § 275 Rn. 24.

[448] Ähnlich *Miersch*, Rechtsfolgen, S. 284 ff., demzufolge die Konsequenz der Unmöglichkeit eine Rechtseinschränkung ist und damit zu einer rechtsvernichtenden Einwendung des Arbeitgebers hinsichtlich des Beschäftigungsanspruchs führt. Unmöglichkeit im Sinne von § 275 BGB könne erst bei Vorliegen eines rechtskräftigen Aufhebungsgebots gemäß § 101 BetrVG angenommen werden.

[449] Siehe oben E.II.3.a)cc)(2)(a), S. 83 ff.

Geschäftsgrundlage sind die bei Vertragsabschluss zutage getretenen, dem anderen Teil erkennbar gewordenen und von ihm nicht beanstandeten Vorstellungen der einen Partei oder die gemeinsamen Vorstellungen beider Parteien von dem Vorhandensein oder dem zukünftigen Eintritt bestimmter Umstände, sofern der Geschäftswille der Parteien auf diesen Vorstellungen aufbaut.[450] Es kommt in Betracht, dass die Erteilung beziehungsweise Ersetzung der Zustimmung als zukünftig eintretender Umstand zur Geschäftsgrundlage geworden ist. Zu beachten ist allerdings, dass vorhersehbare Änderungen der Umstände in der Regel keine Rechte aus § 313 BGB begründen.[451] Ebenso kann der Nichteintritt eines zukünftigen Umstands kein Recht auf Vertragsanpassung aus § 313 BGB begründen, wenn der Nichteintritt vorhersehbar war. Der Eintritt des Umstands der Erteilung der Zustimmung zu einer Versetzung ist ungewiss, weil er von der Entscheidung des Betriebsrats beziehungsweise des Arbeitsgerichts abhängig ist. Von der Erteilung oder Ersetzung der Zustimmung kann daher weder der Arbeitgeber noch der Arbeitnehmer fest ausgehen. Die Parteien könnten den Änderungsvertrag zwar von der Bedingung der Zustimmung abhängig machen, Geschäftsgrundlage ist die Zustimmung jedoch nicht ohne weiteres. Gänzlich ausgeschlossen ist die Einordnung der Zustimmung als Geschäftsgrundlage des Änderungsvertrags in dem vom 2. Senat des Bundesarbeitsgerichts mit Urteil vom 30.9.1993 entschiedenen Fall: Der Arbeitgeber war davon ausgegangen, dass eine Versetzung im Sinne von § 99 Abs. 1 BetrVG überhaupt nicht vorliege und die Zustimmung des Betriebsrats deswegen nicht eingeholt werden müsse.[452]
Auch die Grundsätze über die Störung der Geschäftsgrundlage führen somit nicht zur Aufhebung der Änderungsvereinbarung, wenn die Zustimmung zu der Versetzung endgültig nicht mehr erreicht werden kann.

3. Anspruch auf Wiederherstellung der alten Arbeitsbedingungen

Wenn die Änderungsvereinbarung nicht automatisch wegen Unmöglichkeit wegfällt und Vertragsaufhebung auch nicht wegen einer Störung der Geschäftsgrundlage verlangt werden kann, müssen Arbeitgeber und Arbeitnehmer die Änderung der Arbeitsbedingungen einvernehmlich durch erneuten Änderungsvertrag rückgängig machen. Gegebenenfalls kann der Änderungsvertrag auch durch eine erneute Änderungskündigung seitens des Arbeitgebers zustande

---

450 RGZ 103, 328 (332); BGHZ 25, 390 (392); BGHZ 133, 281 (293); *Grüneberg*, in: Bamberger/Roth, BGB § 313 Rn. 4; MünchKommBGB/*Roth*, § 313 Rn. 47 ff.
451 BGH NJW 1981, 1668; BGH NJW 2002, 3695 (3698); *Grüneberg*, in: Bamberger/Roth, BGB § 313 Rn. 30; Palandt/*Grüneberg*, BGB, § 313 Rn. 23.
452 BAGE 74, 291 (293).

kommen.[453] Gleiches gilt für den Fall, dass die Versetzung auf einer einvernehmlichen Änderung des Arbeitsvertrags beruht.[454] Will oder kann der Arbeitgeber den Arbeitnehmer nicht mehr auf dem alten Arbeitsplatz beschäftigen, wird er den Abschluss eines solchen Änderungsvertrags verweigern. Hat der Arbeitgeber eine Änderungskündigung ausgesprochen, ohne vorher die Zustimmung eingeholt beziehungsweise das Zustimmungsersetzungsverfahren gemäß § 99 Abs. 4 BetrVG erfolgreich durchgeführt zu haben, könnte allerdings eine Pflicht zum Abschluss eines Änderungsvertrags bestehen. Zu prüfen ist daher, ob eine Pflicht des Arbeitgebers zur Wiederherstellung der alten Arbeitsbedingungen besteht und ob daraus ein Kontrahierungszwang für den Arbeitgeber resultiert.[455]

Stellt sich die Nichterreichbarkeit der Zustimmung noch im Verlauf des Änderungsschutzverfahrens heraus, muss das Änderungsschutzverfahren trotzdem zu Ende geführt werden, da die Änderungsvereinbarung nicht ohne weiteres wegfällt.[456]

Ist es ausnahmsweise so, dass die Änderungskündigung auf eine Erweiterung des Direktionsrechts des Arbeitgebers gerichtet war, muss die individualrechtliche Änderung des Arbeitsvertrags nicht rückgängig gemacht werden. Es reicht dann vielmehr eine Ausübung des Direktionsrechts des Arbeitgebers aus.[457] Der Arbeitgeber muss dem Arbeitnehmer seinen alten Arbeitsplatz wieder zuweisen.

a) Herleitung eines Wiederherstellungsanspruchs

Zur Herleitung eines Wiederherstellungsanspruchs kommt die Heranziehung der Rechtsprechung des Bundesarbeitsgerichts zum so genannten Wiederein-

---

453 KPK-*Bengelsdorf*, KSchG, § 2 Rn. 132; *von Hoyningen-Huene*, NZA 1993, 145 (150); ähnlich Bader/*Bram*/Dörner/Wenzel, KSchG, § 2 Rn. 98; *Baumann*, Rechtsstellung, S. 199; *Claus Weber*, Auswirkungen, S. 173.

454 Vgl. *Claus Weber*, Auswirkungen, S. 172.

455 Vgl. *Stoffels*, ZfA 2002, 401 (419 f.), demzufolge ein Wiederherstellungsanspruch hinsichtlich des früheren Entgeltniveaus nach einer betriebsbedingten Änderungskündigung zur Entgeltsenkung zu bejahen ist, wenn sich die wirtschaftliche Lage des Betriebs wieder verbessert.

456 Anders APS/*Künzl*, § 2 KSchG Rn. 159, demzufolge das Änderungsschutzverfahren gegenstandslos wird, weil die Änderungsvereinbarung gemäß § 275 Abs. 2 BGB a.F. wegfalle.

457 Vgl. *Baumann*, Rechtsstellung, S. 197; *von Hoyningen-Huene*, NZA 1993, 145 (150); *Claus Weber*, Auswirkungen, S. 171.

stellungsanspruch[458] in Betracht.[459] Dementsprechend könnte der Arbeitnehmer nach einer wirksamen Änderungskündigung zur Versetzung einen Anspruch auf Wiederherstellung der alten Arbeitsbedingungen haben, wenn der Arbeitgeber die Zustimmung des Betriebsrats endgültig nicht erreicht.[460]

Die Rechtsprechung des Bundesarbeitsgerichts zeigt sich bezüglich der Herleitung des Wiedereinstellungsanspruchs uneinheitlich. Der 2. Senat stellt für die Herleitung des Wiedereinstellungsanspruchs nebeneinander auf den Schutzzweck des § 1 KSchG, rechtsmissbräuchliches Verhalten des Arbeitgebers, Vertrauensschutz sowie die durch Art. 12 GG geschützte Grundrechtsposition des Arbeitnehmers ab. Zudem weist der 2. Senat darauf hin, dass es für die Beurteilung der Wirksamkeit einer Kündigung auf den Zeitpunkt des Zugangs der Kündigungserklärung im Sinne von § 130 BGB ankomme und daher eine Veränderung der für die Kündigung maßgeblichen Umstände nicht berücksichtigt werden könne. Er betrachtet den Wiedereinstellungsanspruch daher als Korrektiv für das bei der Prüfung der Wirksamkeit der Kündigung anzuwendende Prognoseprinzip und zieht zudem eine Parallele zum Wegfall der Geschäftsgrundlage nach Abschluss eines Aufhebungsvertrags.[461] Demgegenüber ergibt sich nach der Auffassung des 7. Senats der Wiedereinstellungsanspruch aus einer vertraglichen Nebenpflicht aus dem noch fortbestehenden Arbeitsverhältnis. Diese Nebenpflicht beruhe auf § 242 BGB und beinhalte die Pflicht zur Rücksichtnahme auf die berechtigten Interessen des Vertragspartners.[462]

Auch in der arbeitsrechtlichen Literatur gibt es verschiedene Ansätze zur Herleitung des Wiedereinstellungsanspruchs. Der Wiedereinstellungsanspruch wird

---

458 BAG AP Nr. 2 zu § 1 KSchG 1969 – Soziale Auswahl m. Anm. *Wank* = BAG SAE 1985, 302 ff. m. Anm. *Mummenhoff*; BAG AP Nr. 1 zu § 620 BGB – Saisonarbeit; BAGE 85, 194 ff.; BAGE 86, 194 ff.; BAGE 87, 115 ff.; BAGE 87, 221 ff.

459 So auch *Stoffels*, ZfA 2002, 401 (419 f.) unter Hinweis auf BAGE 83, 82 (90 f.), worin der 2. Senat des Bundesarbeitsgerichts in Erwägung zieht, dass ein Arbeitnehmer, dem eine Änderungskündigung zur nachträglichen Befristung ausgesprochen wurde, erneute Änderung der Arbeitsbedingungen im Sinne einer Entfristung verlangen könne, wenn sich eine unbefristete Weiterbeschäftigungsmöglichkeit ergebe. Der 2. Senat verweist hierzu auf seine eigene Rechtsprechung zum Wiedereinstellungsanspruch nach betriebsbedingter Kündigung.

460 Ähnlich *Bauer/Winzer*, BB 2006, 266 (270): Ergebe sich nach Ausspruch der Änderungskündigung eine Beschäftigungsmöglichkeit, die mit weniger Nachteilen verbunden sei, entfalle der Kündigungsgrund. Ein Anspruch des Arbeitnehmers auf Nachbesserung der Änderungskündigung ergebe sich in diesem Fall aus vertraglichen Nebenpflichten und § 242 BGB. Dieser Nachbesserungsanspruch sei im Kern mit dem Wiedereinstellungsanspruch identisch, jedoch mit dem Unterschied, dass er auf Änderung des Arbeitsvertrages und nicht auf dessen Neubegründung gerichtet sei.

461 BAGE 85, 194 (201 ff.).

462 BAGE 86, 194 (196 f.); BAGE 95, 171 (177).

zunächst als Korrektiv für die sich als falsch erweisende Prognose des Arbeitgebers hinsichtlich des Wegfalls der Beschäftigungsmöglichkeit angesehen.[463] Teilweise wird auch von einer verdeckten Regelungslücke gesprochen, die durch eine erweiternde Auslegung des § 1 KSchG zu schließen sei.[464] Andere Literaturvertreter stellen auf das Verbot des *venire contra factum proprium*[465] oder den Grundsatz des Vertrauensschutzes[466] ab. Der Wiedereinstellungsanspruch wird auch aus der Grundrechtsposition des Arbeitnehmers hergeleitet, dessen Recht, seinen Arbeitsplatz nicht grundlos zu verlieren, durch Art. 12 GG geschützt sei.[467] Schließlich wird zur Herleitung des Wiedereinstellungsanspruchs auf die vertragliche Nebenpflicht des Arbeitgebers, auf die Interessen des Arbeitnehmers Rücksicht zu nehmen, abgestellt.[468] Teilweise wird dabei der Begriff der Fürsorgepflicht des Arbeitgebers gebraucht.[469]

Unabhängig von den verschiedenen Ansatzpunkten zur Herleitung des Wiedereinstellungsanspruchs[470] besteht weitgehende Einigkeit über dessen Existenz.[471] Uneinigkeit besteht sowohl in der Rechtsprechung des Bundesarbeitsgerichts[472] als auch im Schrifttum[473] lediglich dahingehend, ob ein Wiedereinstellungsanspruch auch dann entstehen kann, wenn die für die Kündigung maßgeblichen Umstände sich erst nach Ablauf der Kündigungsfrist ändern.

---

463 *Von Hoyningen-Huene/Linck*, KSchG, § 1 Rn. 230; HK-KSchG/*Weller/Dorndorf*, § 1 Rn. 946.

464 *Raab*, RdA 2000, 147 (152): systemimmanente Rechtsfortbildung; dem folgend: KR-*Griebeling*, § 1 KSchG Rn. 729; *Kort*, Anm. zu BAG 7 AZR 904/98, SAE 2001, 131 (134).

465 *Boewer*, NZA 1999, 1121 (1128); a.A. *Kort*, Anm. zu BAG 7 AZR 904/98, SAE 2001, 131 (133).

466 *Hueck/von Hoyningen-Huene*, KSchG, 12. Aufl., § 1 Rn. 156b.

467 *Kort*, Anm. zu BAG 7 AZR 904/98, SAE 2001, 131 (135).

468 *Oetker*, ZIP 2000, 643 (646); *vom Stein*, RdA 1991, 85 (87 f.).

469 KR-*Etzel*, 5. Aufl., § 1 KSchG Rn. 569; vgl. auch *Oetker*, ZIP 2000, 643 (646); ob die Fürsorgepflicht Grundlage für einen Wiedereinstellungsanspruch sein kann, wurde vom 2. Senat des Bundesarbeitsgerichts offen gelassen, BAG AP Nr. 2 zu § 1 KSchG 1969 – Soziale Auswahl Bl. 3.

470 Umfassend dazu *Raab*, RdA 2000, 147 (148 ff.).

471 Dagegen *Adam*, ZTR 1999, 113 ff.; *Kaiser*, ZfA 2000, 205 (217 ff.).

472 Ablehnend der 7. Senat in BAGE 86, 194 (197); offen gelassen vom 2. Senat in BAGE 87, 221 (226 f.); vgl. auch *Kania*, Anm. zu 2 AZR 160/96, EzA § 1 KSchG 1969 Nr. 1 – Wiedereinstellungsanspruch S. 16 ff., der eine Übersicht zur Rechtsprechung der verschiedenen Senate des Bundesarbeitsgerichts in dieser Frage bietet.

473 Ablehnend *Raab*, RdA 2000, 147 (155); für einen Wiedereinstellungsanspruch auch bei einer Veränderung der Umstände erst nach Ablauf der Kündigungsfrist: APS/*Dörner*, § 1 KSchG Rn. 78; einschränkend *Boewer*, NZA 1999, 1177 (1178); KR-*Griebeling*, § 1 KSchG Rn. 741; *Hambitzer*, NJW 1985, 2239 (2240); *vom Stein*, RdA 1991, 85 (90), die einen Wiedereinstellungsanspruch nach Ablauf der Kündigungsfrist nur für den Fall der Verdachtskündigung bejahen.

Zu prüfen ist, ob die Grundsätze über den Wiedereinstellungsanspruch auf die individualrechtliche Rückgängigmachung einer betriebsverfassungswidrigen Änderungskündigung zur Versetzung übertragen werden können. Dafür spricht zunächst, dass in beiden Fällen eine wirksame Kündigung vorliegt. In den Fällen des Wiedereinstellungsanspruchs liegt dies am Prognoseprinzip. Beurteilungszeitpunkt für die Wirksamkeit der Kündigung ist der Zugang der Kündigungserklärung im Sinne von § 130 BGB, so dass ein späterer Wegfall des Kündigungsgrunds keinen Einfluss mehr auf die Wirksamkeit der Kündigung hat. In den Fällen der Änderungskündigung zur Versetzung, die der Arbeitgeber ohne die vorherige Zustimmung des Betriebsrats ausgesprochen hat, liegt ebenfalls eine wirksame Kündigung vor, weil die fehlende Zustimmung gemäß § 99 BetrVG nicht in die Beurteilung der Wirksamkeit der Änderungskündigung einfließt.

Eine weitere Parallele besteht darin, dass in beiden Fällen die Lage wiederhergestellt werden soll, die ohne den Kündigungsausspruch herrschen würde. In den Fällen des Wiedereinstellungsanspruchs soll das Arbeitsverhältnis fortgesetzt werden. Bei einer Änderungskündigung zur Versetzung, die mangels Zustimmung des Betriebsrats nicht durchgeführt werden kann, sollen die ursprünglichen Arbeitsbedingungen wiederhergestellt werden.

Durch den Wiedereinstellungsanspruch wird der Arbeitgeber dazu gezwungen, ein Arbeitsverhältnis einzugehen beziehungsweise fortzuführen.[474] Dann kann es dem Arbeitgeber aber erst recht zugemutet werden, im Fall der Änderungskündigung die alten Arbeitsbedingungen innerhalb eines bestehenden Arbeitsverhältnisses wiederherzustellen. Dies erscheint auch im Hinblick darauf gerechtfertigt, dass in den Fällen des Wiedereinstellungsanspruchs der Kündigungsgrund ohne Zutun des Arbeitgebers wegfällt, während bei der Änderungskündigung zur Versetzung das Beschäftigungsverbot sogar im Verantwortungsbereich des Arbeitgebers liegt. Schließlich wäre es ihm möglich gewesen, das Zustimmungsersetzungsverfahren vor Ausspruch der Änderungskündigung durchzuführen und sich dadurch abzusichern.

Zur Begründung eines Kontrahierungszwangs können allerdings nicht alle Ansätze, die zur Herleitung des Wiedereinstellungsanspruchs dienen, übertragen werden. Der Wiedereinstellungsanspruch wird als Korrektiv zu der sich als unzutreffend herausstellenden Prognose hinsichtlich des Kündigungsgrunds angesehen. Bei der Änderungskündigung zur Versetzung könnte man die Prognose des Arbeitgebers darin sehen wollen, dass er die Änderungskündigung nur

---

[474] Zum Streit darüber, ob der Anspruch auf Wiedereinstellung oder Fortsetzung des Arbeitsverhältnisses gerichtet ist: *Raab*, RdA 2000, 147 (157 f.); *Walker*, Anm. zu BAG 2 AZR 160/96, SAE 1998, 103 (107).

deshalb ausspricht, weil er davon ausgeht, dass er die neuen Arbeitsbedingungen auch tatsächlich durchsetzen kann. Dies mag zwar ein Motiv für die Änderungskündigung sein. Jedoch hat das Vorliegen oder Nichtvorliegen der Zustimmung des Betriebsrats gemäß § 99 BetrVG grundsätzlich keinen Einfluss auf die individualrechtliche Wirksamkeit der Änderungskündigung. Beim Prognoseprinzip geht es um eine Prognose hinsichtlich des Kündigungsgrunds. Kündigungsgrund für die Änderungskündigung ist aber nicht, dass der Betriebsrat zukünftig den neuen Arbeitsbedingungen zustimmen wird. Insofern lässt sich hier das Korrekturbedürfnis hinsichtlich des Prognoseprinzips nicht für die Herleitung eines Kontrahierungszwangs heranziehen.

Zudem kann der Gedanke des Vertrauensschutzes des Arbeitnehmers, dass er seinen Arbeitsplatz nicht unnötig verliert, nicht zur Herleitung eines Wiederherstellungsanspruches herangezogen werden. Der Arbeitnehmer muss zwar vor unberechtigten Änderungen seiner Arbeitsbedingungen geschützt werden. Dieser Schutz wird bei Änderungskündigungen jedoch bereits durch § 8 KSchG bewirkt, der zu einer Wiederherstellung der alten Arbeitsbedingungen im Falle der Sozialwidrigkeit führt. Auch der Schutzzweck des § 1 KSchG ist daher nicht zur Begründung eines Kontrahierungszwangs für die Fälle der Änderungskündigung geeignet.

Der 2. Senat des Bundesarbeitsgerichts zieht zur Herleitung des Wiedereinstellungsanspruchs den Vergleich mit dem Wegfall der Geschäftsgrundlage (jetzt Störung der Geschäftsgrundlage, § 313 BGB) nach Abschluss eines Aufhebungsvertrags heran.[475] Eine Parallele zum Wegfall des Kündigungsgrunds erscheint zwar verfehlt, weil bei einer Beendigungskündigung die Auflösung des Arbeitsverhältnisses nicht auf einem einvernehmlich geschlossenen Aufhebungsvertrag beruht, sondern Folge eines einseitigen Rechtsgeschäfts des Arbeitgebers ist, für dessen Wirksamkeit der Wille des Arbeitnehmers unerheblich ist.[476] Auf einen durch Vorbehaltsannahme des Änderungsangebots zustande gekommenen Änderungsvertrag findet § 313 BGB demgegenüber grundsätzlich Anwendung. Aus den oben genannten Gründen kann die Erteilung beziehungsweise Ersetzung der Zustimmung des Betriebsrats aber nicht als Geschäftsgrundlage für die Änderungsvereinbarung angesehen werden.[477] Die Heranziehung der Grundsätze über die Störung der Geschäftsgrundlage zur Begründung eines Anspruchs auf Wiederherstellung der alten Arbeitsbedingungen ist mithin abzulehnen.

---

475 BAGE 85, 194 (202).

476 *Otto*, Festschr. Kraft, 1998, S.451 (464); *Raab*, RdA 2000, 147 (150).

477 Siehe oben E.III.2, S. 107 f.

Letztlich wird ein Kontrahierungszwang im vorliegenden Fall daher nur auf die vertragliche Nebenpflicht des Arbeitgebers, auf die berechtigten Interessen des Arbeitnehmers Rücksicht zu nehmen, gestützt werden können.[478] Der Arbeitnehmer hat auf der Grundlage seines fortbestehenden Arbeitsverhältnisses einen Beschäftigungsanspruch, dessen Inhalt sich nach dem Arbeitsvertrag richtet. Infolge der wirksamen Änderungskündigung beinhaltet der Arbeitsvertrag die Beschäftigung zu den neuen Arbeitsbedingungen, die aber aufgrund der fehlenden Zustimmung des Betriebsrats nicht durchgeführt werden darf. Der Arbeitnehmer hat daher ein berechtigtes Interesse daran, dass die ursprünglichen Arbeitsbedingungen wiederhergestellt werden. Aus der Fürsorgepflicht lässt sich folglich die Pflicht des Arbeitgebers herleiten, die alten Arbeitsbedingungen im Wege eines Änderungsvertrags mit dem Arbeitnehmer wieder herzustellen. Es besteht mithin ein Kontrahierungszwang hinsichtlich der Wiederherstellung der alten Arbeitsbedingungen, so dass der Arbeitgeber eine Einschränkung seiner negativen Vertragsfreiheit erleidet.

b) Voraussetzungen

Der Anspruch des Arbeitnehmers auf Wiederherstellung der alten Arbeitsbedingungen setzt zunächst nur voraus, dass die Änderungsschutzklage abgewiesen, die Zustimmung des Betriebsrats zu der Versetzung aber im Verfahren nach § 99 Abs. 4 BetrVG nicht ersetzt wurde.

Eine Einschränkung könnte sich aus dem Grundsatz des Vertrauensschutzes ergeben. Dieser stellt nach der Rechtsprechung des Bundesarbeitsgerichts die Grenze des Wiedereinstellungsanspruchs dar. Ein Wiedereinstellungsanspruch besteht demnach nicht, wenn der Arbeitgeber im Vertrauen auf die Beendigung des Arbeitsverhältnisses Dispositionen getroffen hat, die einer Weiterbeschäftigung des Arbeitnehmers entgegenstehen.[479] Dies ist beispielsweise dann der Fall, wenn der Arbeitgeber nach einer personenbedingten Kündigung einen neuen Arbeitsvertrag mit einem anderen Arbeitnehmer abschließt und dieser den gekündigten Arbeitnehmer ersetzen soll. Der Vertrauensschutz des gekündigten Arbeitnehmers muss in diesem Fall zurückstehen. Diese Einschränkung des Wiedereinstellungsanspruchs kann auf den soeben hergeleiteten Anspruch auf Wiederherstellung der alten Arbeitsbedingungen allerdings nicht übertragen werden. Hat der Arbeitgeber eine Änderungskündigung zur Versetzung ausgesprochen, ohne vorher die Zustimmung des Betriebsrats eingeholt zu haben, darf er nicht auf den Bestand der geänderten Vertragsbedingungen vertrauen.

---

[478] Ähnlich *Bauer/Winzer*, BB 2006, 266 (270).

[479] BAGE 85, 194 (206); BAGE 86, 194 (197); vgl. auch *Boewer*, NZA 1999, 1121 (1131); *Raab*, RdA 2000, 147 (155 f.).

Die Wiederherstellung der alten Arbeitsbedingungen hat somit trotz anderweitiger bereits vom Arbeitgeber getroffener Dispositionen zu erfolgen. Hat der Arbeitgeber bereits einen neuen Arbeitnehmer eingestellt, hat dies zunächst zur Folge, dass der Arbeitgeber zwei Arbeitnehmer für denselben Arbeitsplatz hat. Kommt eine sonstige Beschäftigung des neu eingestellten Arbeitnehmers nicht in Betracht, muss der Arbeitgeber sich von diesem im Wege der Kündigung wieder trennen. Dies ist unproblematisch, solange der Arbeitnehmer noch nicht unter den Geltungsbereich des Kündigungsschutzgesetzes fällt. Im Übrigen dürfte eine betriebsbedingte Kündigung zulässig sein, sofern infolge der Wiederherstellung der Arbeitsbedingungen des ersten Arbeitnehmers die Beschäftigungsmöglichkeit für den neuen Arbeitnehmer entfallen ist.[480]

Zu einer Wiederherstellung der alten Arbeitsbedingungen kommt es folglich auch dann, wenn die bisherige Beschäftigungsmöglichkeit für den Arbeitnehmer weggefallen ist und der Arbeitgeber aus diesem Grund eine Änderungskündigung ausgesprochen hat. Der Arbeitgeber ist dann allerdings berechtigt, eine betriebsbedingte Beendigungskündigung auszusprechen.[481] Die Möglichkeit der Beendigungskündigung muss dem Arbeitgeber beim Wegfall der Beschäftigungsmöglichkeit verbleiben, weil er das mildere Mittel der Änderungskündigung zur Versetzung zwar zunächst ergriffen hat, er aber an der Durchsetzung der Änderung mangels Zustimmung des Betriebsrats gehindert ist.

Weiter ist zu bedenken, dass der Arbeitgeber gegebenenfalls das Zustimmungsersetzungsverfahren gemäß § 99 Abs. 4 BetrVG nicht eingeleitet hat oder darüber hinaus nicht einmal gemäß § 99 Abs. 1 BetrVG den Betriebsrat von der geplanten Versetzung unterrichtet hat. Die Voraussetzung der rechtskräftig verweigerten Zustimmungsersetzung kann in diesem Fall nicht erfüllt werden. Sobald die Änderungsschutzklage abgewiesen ist, dürfte der Arbeitnehmer infolgedessen überhaupt nicht mehr beschäftigt werden. Der Arbeitgeber könnte durch das Nicht-Einleiten des Zustimmungsersetzungsverfahrens den Wiederherstellungsanspruch des Arbeitnehmers blockieren.

---

480 Zu den Folgen des Wiedereinstellungsanspruchs bei fehlendem schutzwürdigen Vertrauen des Arbeitgebers vgl. *Raab*, RdA 2000, 147 (156 f.), demzufolge der Arbeitgeber dem nun wieder zu kündigenden neuen Arbeitnehmer zum Ersatz des Vertrauensschadens aus *culpa in contrahendo* (jetzt §§ 311 Abs. 2, 241 Abs. 2 BGB) verpflichtet ist; a.A. *Gentges*, Prognoseprobleme im Kündigungsschutzrecht, S. 369, demzufolge ein Wiedereinstellungsanspruch generell zu verneinen ist, wenn kein freier Arbeitsplatz für den gekündigten Arbeitnehmer besteht; so wohl auch MünchArbR/*Berkowsky*, § 134 Rn. 92.

481 So i.E. auch der 2. Senat des Bundesarbeitsgerichts, BAGE 74, 291 (306); sowie *von Hoyningen-Huene*, NZA 1993, 145 (150); HaKo-*Pfeiffer*, § 2 Rn. 70c.

In Betracht kommt allerdings ein Anspruch des Arbeitnehmers gegen den Arbeitgeber auf Einleitung des Verfahrens gemäß § 99 Abs. 4 BetrVG.[482] Diesen Anspruch könnte der Arbeitnehmer im Wege eines Urteilsverfahrens einklagen.[483] Ein solches Verfahren müsste dem Wiederherstellungsverfahren vorgeschaltet werden. Eine Klage des Arbeitnehmers auf Einleitung des Zustimmungsersetzungsverfahrens erweist sich jedoch in der Praxis als äußerst umständlich.[484] Insbesondere würde ein solches Vorgehen zu einer weiteren Zeitverzögerung führen. Im Ergebnis ist daher vom Arbeitgeber kein Zustimmungsersetzungsantrag zu verlangen. Sachgerechter erscheint es vielmehr, dem Arbeitnehmer die Möglichkeit einzuräumen, direkt nach Abschluss des Änderungsschutzverfahrens auf Wiederherstellung der alten Arbeitsbedingungen klagen zu können.

Vom Erfordernis der rechtskräftig verweigerten Zustimmungsersetzung sollte daher in den Fällen abgesehen werden, in denen der Arbeitgeber die Einleitung des Verfahrens gemäß § 99 Abs. 4 BetrVG treuwidrig unterlässt. Spätestens während des Änderungsschutzverfahrens wird der Arbeitgeber darauf aufmerksam, dass zur Umsetzung der von ihm angestrebten Vertragsänderung die Zustimmung des Betriebsrats erforderlich ist. Es kann von ihm verlangt werden, dass er das Zustimmungsersetzungsverfahren dann einleitet beziehungsweise zuvor den Betriebsrat unterrichtet und ihn um seine Zustimmung ersucht. Tut der Arbeitgeber dies nicht, so kann sein Verhalten als treuwidrig angesehen werden, sofern er dadurch versucht, sich seiner Beschäftigungspflicht zu entziehen. Dazu kann der Rechtsgedanke der §§ 162, 815 BGB herangezogen werden, wonach niemand aus seinem eigenen treuwidrigen Verhalten Vorteile für sich herleiten darf.[485] Der Arbeitgeber kann sich folglich nicht auf das Fehlen der rechtskräftig verweigerten Zustimmungsersetzung berufen, wenn er nach Kenntnis der Zustimmungsbedürftigkeit und Verweigerung der Zustim-

---

482 *Baumann*, Rechtsstellung, S. 70 ff.; *Boewer*, RdA 1974, 76 (78) (Fn. 57); *Fitting*, BetrVG, § 99 Rn. 236; *Galperin/Löwisch*, BetrVG, § 75 Rn. 41; *Schlochauer*, in: HSWG § 99 Rn. 141; *KraftRaab*, GK-BetrVG, § 99 Rn. 176; einschränkend DKK-*Kittner/ Bachner*, § 99 Rn. 216; a.A. *Stege/Weinspach*, BetrVG, §§ 99-101 Rn. 102; *Blomeyer*, Gedächtnisschrift Dietz, S. 147 (152); differenzierend danach, ob der Betriebsrat die Zustimmung zu Recht verweigert: *Claus Weber*, Auswirkungen, S. 149 ff.; vgl. auch BAGE 85, 107 (112 f.): Im Rahmen der Schaffung eines leidensgerechten Arbeitsplatzes für einen erkrankten Arbeitnehmer habe der Arbeitgeber sich zwar um die Zustimmung des Betriebsrats zu erforderlichen Versetzungen zu bemühen. Zur Durchführung eines Zustimmungsersetzungsverfahrens sei er dagegen nicht verpflichtet.

483 *Fitting*, BetrVG, § 99 Rn. 236.

484 *Fitting*, BetrVG, § 99 Rn. 236; *Kraft/Raab*, GK-BetrVG, § 99 Rn. 176.

485 Vgl. Erman/*Armbrüster*, BGB, § 162 Rn. 7; Palandt/*Heinrichs*, BGB, § 162 Rn. 6; *Rövekamp*, in: Bamberger/Roth, BGB, § 162 Rn. 163.

mung durch den Betriebsrat das Zustimmungsersetzungsverfahren nicht innerhalb angemessener Zeit einleitet.

c) Anspruchsinhalt

Nach der grundsätzlichen Bejahung des Wiederherstellungsanspruchs stellt sich die weitere Frage, ob die Wiederherstellung der alten Arbeitsbedingungen *ex tunc* oder *ex nunc* verlangt werden kann.

Dieses Problem taucht in gleicher Weise beim Wiedereinstellungsanspruch auf. Zum Abschluss eines Arbeitsvertrags, der in der Vergangenheit liegt, kann der Arbeitgeber nicht verurteilt werden.[486] Ein solcher Vertrag hätte eine gemäß § 275 Abs. 1 BGB unmögliche Leistung zum Gegenstand, weil der Arbeitnehmer für die Vergangenheit keine Arbeitsleistung mehr erbringen kann.[487] Entsprechend kann der Arbeitnehmer nach einer Änderungskündigung zur Versetzung ohne Zustimmung des Betriebsrats nur Wiederherstellung der alten Arbeitsbedingungen *ex nunc*, also ab dem Zeitpunkt der Annahme durch den Arbeitgeber beziehungsweise des stattgebenden Urteils, verlangen.

d) Prozessuale Durchsetzung des Wiederherstellungsanspruchs

Zu untersuchen ist weiter, wie der Arbeitnehmer seinen Anspruch auf Wiederherstellung der alten Arbeitsbedingungen prozessual durchsetzen kann, wenn der Arbeitgeber den erneuten Abschluss eines Änderungsvertrags verweigert. In dem Verlangen auf Weiterbeschäftigung zu den alten Arbeitsbedingungen ist ein konkludentes Angebot des Arbeitnehmers auf erneute Vertragsänderung zu sehen. Der Wiederherstellungsanspruch ist somit auf die Abgabe einer Willenserklärung gerichtet, nämlich die Annahme dieses Änderungsangebots durch den Arbeitgeber. Der Arbeitnehmer muss daher im Wege der Leistungsklage gegen den Arbeitgeber vorgehen.[488] Mit Rechtskraft des der Klage stattgebenden Urteils gilt die Willenserklärung gemäß § 894 Abs. 1 S. 1 ZPO als abgegeben.

---

[486] BAG NZA 2000, 894 (895); BAGE 95, 171 (175) = SAE 2001, 125 (126) m. zust. Anm. *Kort*; BAGE 98, 141 (143); BAGE 99, 326 (329); *Boewer*, NZA 1999, 1177 (1182); Bader/*Bram*/Dörner/Wenzel, KSchG, § 1 Rn. 73; APS/*Kiel*, § 1 KSchG Rn. 818; *Meinel/T. Bauer*, NZA 1999, 575 (581); a.A. LAG Hamm LAGE Nr. 29 zu § 1 KSchG – Krankheit S. 14; *Oetker*, ZIP 2000, 643 (653); *Raab*, RdA 2000, 147 (158); *ders.*, Anm. zu BAG 7 AZR 904/98, RdA 2001, 248 (249).

[487] Zur Begründung dieses Ergebnisses kann § 306 BGB a.F. nicht mehr herangezogen werden. Verträge, die auf eine anfänglich unmögliche Leistung gerichtet sind, sind vielmehr gemäß § 311a BGB n.F. wirksam, es besteht jedoch keine primäre Leistungspflicht, vgl. *Lepke*, NZA-RR 2002, 617 (623); HaKo-*Mestwerdt*, § 613a BGB Rn. 138.

[488] So zum Wiedereinstellungsanspruch: *Boewer*, NZA 1999, 1177 (1182); *Lepke*, NZA-RR 2002, 617 (623).

Zu beachten ist dabei, dass § 894 ZPO nur die Willenserklärung des Arbeitgebers substituiert, nicht jedoch die tatsächliche Beschäftigung des Arbeitnehmers im alten Arbeitsbereich bewirkt. Die Vornahme dieser Handlung muss gesondert eingeklagt und gemäß § 888 ZPO vollstreckt werden.[489]

Nach einer Entscheidung des 2. Senats des Bundesarbeitsgerichts vom 27.2.1997[490] kann der Arbeitnehmer im Falle eines Wiedereinstellungsanspruchs auch direkt auf die Feststellung der Pflicht zur Weiterbeschäftigung klagen. Die unmittelbare Klage auf Erfüllung der Hauptpflichten aus dem bestehenden Arbeitsverhältnis diene der Prozessökonomie. Damit wird bezweckt, dass der Arbeitgeber sich seinen arbeitsvertraglichen Pflichten, insbesondere der Vergütungspflicht, nicht dadurch entziehen kann, dass er zunächst die Annahme des Wiedereinstellungsangebots verweigert. Der Arbeitgeber soll sich nach Treu und Glauben nicht auf sein eigenes pflichtwidriges Verhalten berufen können, indem er den Arbeitnehmer auf den Umweg einer Vollstreckung nach §§ 894, 888 ZPO verweist.[491] Bei Übertragung dieser Grundsätze auf den hier entwickelten Wiederherstellungsanspruch könnte der Arbeitnehmer direkt die Feststellung der Pflicht des Arbeitgebers zur Beschäftigung zu den alten Arbeitsbedingungen beantragen.

Zu beachten ist dabei zunächst, dass in dem der Entscheidung vom 27.2.1997 zugrunde liegenden Sachverhalt eine Besonderheit dahingehend bestand, dass sich der Arbeitgeber in einem Parallelprozess ausdrücklich dem Ausgang des auf Feststellung der Pflicht zur Weiterbeschäftigung sowie auf das Fortbestehen des Arbeitsverhältnisses gerichteten Prozesses unterworfen hatte. Der 2. Senat war der Ansicht, dass diese Tatsache die Abgabe einer auf Fortsetzung des Arbeitsverhältnisses gerichteten Willenserklärung durch den Arbeitgeber überflüssig gemacht habe.[492] Eine Übertragung dieser Entscheidung auf andere Fälle des Wiedereinstellungsanspruchs ist schon aus diesem Grund abzulehnen.[493]

Allerdings sprechen auch in der Sache gewichtige Gründe gegen die Annahme, dass der Arbeitnehmer bei einem Wiedereinstellungsanspruch direkt auf Weiterbeschäftigung klagen kann. Zum einen ist festzuhalten, dass es sich bei der Klage auf Abgabe der Willenserklärung und der Klage auf tatsächliche Weiterbeschäftigung um unterschiedliche Streitgegenstände handelt.[494] Zum anderen

---

489 Vgl. *Boewer*, NZA 1999, 1177 (1182).
490 BAGE 85, 194 ff. = EzA § 1 KSchG 1969 Nr. 1 – Wiedereinstellungsanspruch m. Anm. *Kania* = SAE 1998, 98 ff. m. Anm. *Walker*.
491 BAGE 85, 194 (207).
492 BAGE 85, 194 (198).
493 *Otto*, Festschr. Kraft, 1998, S. 451 (475).
494 *Boewer*, NZA 1999, 1177 (1182); *Otto*, Festschr. Kraft, 1998, S. 451 (475).

unterscheidet die Argumentation des 2. Senats nicht hinreichend zwischen der Fortführung eines bestehenden Arbeitsverhältnisses und der Neubegründung eines wirksam beendeten Arbeitsverhältnisses.[495] Weiter wird angemerkt, dass die Auslegung eines Antrags auf Feststellung eines Weiterbeschäftigungsanspruchs als Antrag auf Wiedereinstellung problematisch sei.[496] Schließlich ist darauf hinzuweisen, dass die Verzögerung, die aus dem in § 894 ZPO enthaltenen Rechtskrafterfordernis resultiert, materiellrechtlich durch einen Anspruch des Arbeitnehmers auf Ersatz des Verzögerungsschadens (§§ 280 Abs. 1, 2, 286 BGB) abgesichert ist.[497] Der Arbeitnehmer kann somit im Fall des Wiedereinstellungsanspruchs nicht direkt auf Weiterbeschäftigung klagen.[498]

Demnach kann auch ein Arbeitnehmer, der einen Anspruch auf Wiederherstellung der alten Arbeitsbedingungen hat, nicht direkt auf Weiterbeschäftigung zu den alten Arbeitsbedingungen klagen. Er muss vielmehr eine Leistungsklage auf Annahme des Änderungsangebots erheben und dann gegebenenfalls gemäß § 888 ZPO vollstrecken.

e) Beteiligung des Betriebsrats bei der Wiederherstellung der alten Arbeitsbedingungen

Die Zuweisung des alten Arbeitsplatzes im Zuge der Wiederherstellung der alten Arbeitsbedingungen könnte erneut als Versetzung im Sinne von § 95 Abs. 3 BetrVG anzusehen sein und damit das Beteiligungsrecht des Betriebsrats aus § 99 Abs. 1 BetrVG ein zweites Mal auslösen.

Im Fall der Wiedereinstellung des Arbeitnehmers nach Wegfall des Kündigungsgrunds wird eine Beteiligung gemäß § 99 BetrVG unter dem Gesichtspunkt der Einstellung mit der Begründung verneint, dass für den Arbeitgeber ein Kontrahierungszwang bestehe.[499] Sinn und Zweck der Beteiligung bei personellen Einzelmaßnahmen sei es, dass die Belegschaft durch den Betriebsrat auf die sie betreffenden Entscheidungen des Arbeitgebers Einfluss nehmen

495 *Lepke*, NZA-RR 2002, 617 (623); *Ziemann*, MDR 1999, 716 (719).

496 APS/*Kiel*, § 1 KSchG Rn. 817; *Ziemann*, MDR 1999, 716 (719).

497 *Otto*, Festschr. Kraft, 1998, S. 451 (475).

498 Kittner/Däubler/Zwanziger – *Zwanziger*, KSchR, Einl Rn. 390s; a.A. *Meinel/T. Bauer*, NZA 1999, 575 (581), die einen Vergleich zur kaufrechtlichen Wandlung gemäß § 465 BGB a.F. heranziehen, bei der der Käufer nach h.M. auch direkt auf Rückzahlung des Kaufpreises klagen kann.

499 *Boewer*, NZA 1999, 1177 (1180); KR-*Griebeling*, § 1 KSchG Rn. 745; *Oetker*, ZIP 2000, 643 (652); Richardi/*Thüsing*, BetrVG, § 99 Rn. 46; a.A. *Bram/Rühl*, NZA 1990, 753 (758); *Furier*, AiB 1999, 246 (249); *Nägele*, BB 1998, 1686 (1689); *Ziemann*, MDR 1999, 716 (720).

und Kontrolle ausüben könne.[500] Der von § 99 BetrVG teleologisch vorausgesetzte Entscheidungsspielraum fehle jedoch bei Vorliegen eines Wiedereinstellungsanspruchs.[501] Wenn schon bei der Wiedereinstellung kein Beteiligungsrecht besteht, kann aber bei der bloßen Wiederherstellung der alten Arbeitsbedingungen innerhalb eines fortlaufenden Arbeitsverhältnisses erst recht kein Beteiligungsrecht bestehen. Darüber hinaus scheitert die Umsetzung der neuen Arbeitsbedingungen zumindest in den Fällen, in denen der Arbeitgeber das Beteiligungsverfahren ordnungsgemäß eingeleitet hat, gerade an der Verweigerung der Zustimmung des Betriebsrats. Die Wiederherstellung der alten Arbeitsbedingungen durch erneuten Änderungsvertrag sowie die Zuweisung des alten Arbeitsbereichs geschieht somit in seinem Sinne. Es wird die Lage wiederhergestellt, die vor der Änderungskündigung herrschte. Bei der Wiederherstellung der alten Arbeitsbedingungen steht dem Betriebsrat folglich kein erneutes Beteiligungsrecht aus § 99 Abs. 1 BetrVG zu.[502]

f) Zwischenergebnis

Wird die Änderungsschutzklage rechtskräftig abgewiesen und stellt sich heraus, dass der Arbeitgeber die Zustimmung des Betriebsrats endgültig nicht erreichen kann, steht dem Arbeitnehmer ein Anspruch auf Wiederherstellung der alten Arbeitsbedingungen zu. Dieser Wiederherstellungsanspruch kann unter Heranziehung der Rechtsprechung des Bundesarbeitsgerichts zum Wiedereinstellungsanspruch hergeleitet werden. Grundlage eines solchen Anspruchs ist die Fürsorgepflicht des Arbeitgebers.

Der Wiederherstellungsanspruch setzt grundsätzlich voraus, dass die Zustimmung des Betriebsrats im Zustimmungsersetzungsverfahren nach § 99 Abs. 4 BetrVG nicht ersetzt wurde. Von diesem Erfordernis ist jedoch abzusehen, wenn der Arbeitgeber die Einleitung des Zustimmungsersetzungsverfahrens beziehungsweise schon die Unterrichtung des Betriebsrats von der geplanten Versetzung treuwidrig unterlassen hat.

---

500 *Hambitzer*, Wiedereinstellungsanspruch, S. 145 f.

501 *Oetker*, ZIP 2000, 643 (652). Ein Beteiligungsrecht gemäß § 99 BetrVG kann jedoch auch beim Wiedereinstellungsanspruch zu bejahen sein, wenn der Arbeitgeber eine Auswahlentscheidung zwischen mehreren interessierten Arbeitnehmern zu treffen hat, vgl. *Hambitzer*, Wiedereinstellungsanspruch, S. 146.

502 So i.E. auch *Beckschulze*, DB 1998, 417 (420 f.), demzufolge ein Mitbestimmungsrecht aus § 99 BetrVG deshalb nicht vorliegt, weil es an einer Eingliederung des Arbeitnehmers fehlt, wenn dieser an seinem bisherigen Arbeitsplatz weiter beschäftigt wird; sowie *Baumann*, Rechtsstellung, S. 199, demzufolge eine Beteiligung des Betriebsrats ausscheidet, weil sich die Rückgängigmachung allein auf individualrechtlicher Ebene vollzieht.

Die Wiederherstellung der alten Arbeitsbedingungen kann nur *ex nunc* verlangt werden. Den Wiederherstellungsanspruch kann der Arbeitnehmer im Wege einer Leistungsklage auf Abgabe einer Willenserklärung geltend machen. Der Betriebsrat ist dabei nicht erneut gemäß § 99 BetrVG zu beteiligen, weil für den Arbeitgeber ein Kontrahierungszwang hinsichtlich der Wiederherstellung der alten Arbeitsbedingungen und damit auch eine Pflicht zur erneuten Zuweisung des alten Arbeitsplatzes besteht.

Ist die Änderung der Arbeitsbedingungen im Wege einer vorbehaltlosen Annahme des Änderungsangebots oder sonstigen einvernehmlichen Vertragsänderung zustande gekommen, kann der Arbeitnehmer ohne die Zustimmung des Betriebsrats überhaupt nicht beschäftigt werden. Sein Vergütungsanspruch richtet sich nach dem geänderten Arbeitsvertrag. Wird die Zustimmung durch das Arbeitsgericht nicht ersetzt, ist auch in diesen Fällen davon auszugehen, dass der Arbeitnehmer einen Anspruch auf Wiederherstellung der alten Arbeitsbedingungen hat.

IV. Prozessuale Probleme

In prozessualer Hinsicht besteht die Gefahr gegenläufiger Entscheidungen durch das Arbeitsgericht. Hat der Arbeitnehmer das Änderungsangebot unter Vorbehalt angenommen, läuft unter Umständen das Änderungsschutzverfahren gemäß §§ 2, 4 S. 2 KSchG parallel zum Zustimmungsersetzungsverfahren gemäß § 99 Abs. 4 BetrVG. Es ist nicht ausgeschlossen, dass die Änderungsschutzklage abgewiesen wird, das Arbeitsgericht im Beschlussverfahren aber nicht die Zustimmung des Betriebsrats zur Versetzung ersetzt. Die Vertragsänderung wäre damit endgültig wirksam, der Arbeitgeber dürfte die personelle Maßnahme aber gleichfalls endgültig nicht durchsetzen. In dieser Fallkonstellation hat der Arbeitnehmer nach dem in der vorliegenden Arbeit vertretenen Ansatz nach rechtskräftiger Zurückweisung des Zustimmungsersetzungsverfahrens einen Anspruch auf Wiederherstellung der alten Arbeitsbedingungen, den er im Wege einer Leistungsklage durchsetzen kann.[503]

Möglicherweise kann die Gefahr gegenläufiger Entscheidungen durch die Aussetzung eines der Verfahren gemäß § 148 ZPO vermieden werden.[504] Die

---

503 Siehe oben E.III.3, S. 108 ff.

504 Eine Verbindung des Änderungsschutzverfahrens und des Zustimmungsersetzungsverfahrens gemäß § 147 ZPO scheidet aus, weil es sich im einen Fall um ein Urteilsverfahren handelt, im anderen Fall um ein Beschlussverfahren.

§§ 148 ff. ZPO gelten gemäß §§ 46 Abs. 2, 64 Abs. 6, 72 Abs. 5 ArbGG für die Aussetzung von Verfahren in Arbeitssachen entsprechend.[505]

1. Aussetzung des Änderungsschutzverfahrens

Zunächst kommt eine Aussetzung des Änderungsschutzverfahrens bis zum rechtskräftigen Abschluss des Zustimmungsersetzungsverfahrens gemäß § 148 ZPO in Betracht.[506]

Voraussetzung für die Aussetzung eines Verfahrens gemäß § 148 ZPO ist, dass die Entscheidung in einem anderen – bereits anhängigen[507] – Verfahren Bindungswirkung für das auszusetzende Verfahren erzeugt. Dies ist dann der Fall, wenn in dem anderen Verfahren über ein Rechtsverhältnis entschieden wird, dessen Bestehen für das auszusetzende Verfahren präjudizielle Bindungswirkung hat.[508] Dies bedeutet, dass die in dem anderen Rechtsstreit ergehende Entscheidung für die im auszusetzenden Verfahren ergehende Entscheidung grundsätzlich vorgreiflich sein muss. Das Rechtsverhältnis muss mithin den Gegenstand des anderen anhängigen Zivilprozesses bilden und darf dort nicht seinerseits nur Vorfrage sein.[509]

Eine präjudizielle Bindungswirkung ist nicht schon etwa deswegen ausgeschlossen, weil die Entscheidung über die Zustimmungsersetzung im Beschlussverfahren ergeht, während die Entscheidung über die Änderungskündi-

---

505 Dies gilt auch für das arbeitsgerichtliche Beschlussverfahren, obwohl eine Verweisung auf § 148 ZPO in § 80 Abs. 2 ArbGG fehlt, vgl. *Dahlem/Wiesner*, NZA-RR 2001, 619 f.

506 Teilweise wird von direkter, teilweise von analoger Anwendung des § 148 ZPO ausgegangen: *von Hoyningen-Huene*, NZA 1993, 145 (150); *von Hoyningen-Huene/Linck*, KSchG, § 2 Rn. 203; APS/*Künzl*, § 2 KSchG Rn. 157; *Rieble*, Anm. zu BAG 1 ABR 38/93, EzA § 99 BetrVG 1972 Nr. 122, S. 22; KR-*Rost*, § 2 KSchG Rn. 141; HK-KSchG/*Weller/Hauck*, § 2 Rn. 175; *Wernery*, Mitbestimmung, S. 347; vgl. auch BAGE 74, 291 (305), worin der 2. Senat selbst für den Fall, dass man die Zustimmung als Wirksamkeitsvoraussetzung ansieht, meint, dass die Gefahr divergierender Entscheidungen nur durch die „zweifelhafte Möglichkeit" der Aussetzung des Änderungsschutzverfahrens abgemildert werden könne; anders *Kania*, Anm. zu BAG 2 AZR 283/93, EzA § 99 BetrVG 1972 Nr. 118, S. 26, demzufolge das Kündigungsschutzverfahren zu Ende geführt werden kann, ohne dass der Ausgang des Zustimmungsersetzungsverfahrens abgewartet werden muss.

507 Zöller/*Greger*, ZPO, § 148 Rn. 6; MünchKommZPO – *Peters*, § 148 Rn. 11; Stein/Jonas/*Roth*, ZPO, § 148 Rn. 30; Musielak/*Stadler*, ZPO, § 148 Rn. 6.

508 Zöller/*Greger*, ZPO, § 148 Rn. 5; Stein/Jonas/*Roth*, ZPO, § 148 Rn. 23; Musielak/*Stadler*, ZPO, § 148 Rn. 5.

509 Stein/Jonas/*Roth*, ZPO, § 148 Rn. 23; *Thomas/Putzo*, ZPO, § 148 Rn. 3; Zöller/*Greger*, ZPO, § 148 Rn. 5.

gung im Urteilsverfahren stattfindet.[510] Hat das Arbeitsgericht im Rahmen des Beschlussverfahrens die Ersetzung der Zustimmung rechtskräftig abgelehnt, stellt sich die Frage, welchen Einfluss dies auf die Entscheidung des Arbeitsgerichts im Änderungsschutzverfahren haben kann. Eine Bindungswirkung für das Urteilsverfahren besteht nur dann, wenn der Streitgegenstand des ersten Prozesses identisch oder als Vorfrage erneut zu prüfen ist.[511]

Auch bei der Kündigung eines Betriebsratsmitglieds sind unter Umständen ein Beschlussverfahren und ein Urteilsverfahren durchzuführen. Verweigert der Betriebsrat die gemäß § 103 Abs. 1 BetrVG zur Kündigung erforderliche Zustimmung, kann das Arbeitsgericht diese gemäß § 103 Abs. 2 BetrVG auf Antrag des Arbeitgebers ersetzen, wenn die außerordentliche Kündigung unter Berücksichtigung aller Umstände gerechtfertigt ist. Das Arbeitsgericht prüft folglich im Rahmen des Zustimmungsersetzungsverfahrens nach § 103 Abs. 2 BetrVG, ob ein wichtiger Grund im Sinne von § 626 Abs. 1 BGB vorliegt. Die rechtskräftige Entscheidung des Arbeitsgerichts im Zustimmungsersetzungsverfahren hat Präklusionswirkung für den späteren, die außerordentliche Kündigung betreffenden Rechtsstreit.[512] Eine abweichende Beurteilung der Frage, ob ein wichtiger Grund im Sinne von § 626 Abs. 1 BGB vorliegt, ist mithin im Kündigungsschutzprozess grundsätzlich ausgeschlossen. Bei der Kündigung eines Betriebsratsmitglieds können das Zustimmungsersetzungsverfahren und das Änderungsschutzverfahren allerdings nie gleichzeitig laufen, weil die Zustimmung zwingend vor Ausspruch der Änderungskündigung vorliegen muss.[513] Die Aussetzung des Kündigungsschutzverfahrens bis zum Abschluss des Zustimmungsersetzungsverfahrens gemäß § 148 ZPO kommt mithin überhaupt nicht in Betracht.

Zu prüfen ist daher, ob auch in den hier zu betrachtenden Fallkonstellationen einer Änderungskündigung zur Versetzung eine Präklusionswirkung des Zustimmungsersetzungsverfahrens gemäß § 99 Abs. 4 BetrVG besteht. Im Ver-

---

510 BAGE 27, 113 (118 f.) = BAG AP Nr. 3 zu § 103 BetrVG 1972 Bl. 3 R m. Anm. *G. Hueck*; *von Hoyningen-Huene*, Anm. zu BAG 4 AZR 1076/78, AP Nr. 24 zu § 59 HGB Bl. 5 R.

511 *Boemke*, ZfA 1992, 473 (504); vgl. auch *Jauernig*, Zivilprozessrecht, § 62 III 1; MünchKommZPO – *Peters*, § 148 Rn. 6; Zöller/*Vollkommer*, ZPO, vor § 322 Rn. 22 ff.

512 BAGE 27, 113 (119); BAGE 65, 28 (32 f.); BAG AP Nr. 4 zu § 87 ArbGG 1979 Bl. 5; BAGE 94, 313 (319); zust. Stahlhacke/*Stahlhacke* Rn. 1677; Richardi/*Thüsing*, BetrVG, § 103 Rn. 89; abl. *Ascheid*, Kündigungsschutzrecht, Rn. 697 ff.; vgl. auch BAGE 102, 190 (194 f.), wonach die Präklusionswirkung jedoch nicht in einem Kündigungsschutzprozess über eine auf denselben Sachverhalt gestützte ordentliche Kündigung gelten soll, die der Arbeitgeber nach Beendigung des Sonderkündigungsschutzes ausgesprochen hat.

513 Vgl. BAGE 28, 233 (237 ff.); *Raab*, GK-BetrVG, § 103 Rn. 48; Richardi/*Thüsing*, BetrVG, § 103 Rn. 85.

hältnis eines Zustimmungsersetzungsverfahrens gemäß § 99 Abs. 4 BetrVG zu einem Urteilsverfahren über die der personellen Einzelmaßnahme zugrunde liegende individualrechtliche Gestaltung ist eine Präklusionswirkung jedoch zu verneinen.[514] Im Zustimmungsersetzungsverfahren wird nur darüber entschieden, ob die vom Betriebsrat vorgetragenen Zustimmungsverweigerungsgründe im Sinne von § 99 Abs. 2 BetrVG vorliegen.[515] Das Arbeitsgericht ersetzt die Zustimmung des Betriebsrats, wenn die Zustimmungsverweigerung dem Arbeitgeber zwar form- und fristgerecht mitgeteilt wurde, der Betriebsrat aber nicht berechtigt war, seine Zustimmung aus einem der in § 99 Abs. 2 BetrVG genannten Gründe zu verweigern.[516] Demgegenüber geht es im Änderungsschutzverfahren um die soziale Rechtfertigung der Änderungskündigung sowie sonstige Unwirksamkeitsgründe. Die Wirksamkeit der Änderungskündigung hängt nicht von der Zustimmung des Betriebsrats zu der Versetzung ab.[517]

Gegen eine Präklusionswirkung spricht weiter, dass der betroffene Arbeitnehmer im Zustimmungsersetzungsverfahren gemäß § 99 Abs. 4 BetrVG nicht Beteiligter ist,[518] er hat insbesondere kein Antragsrecht.[519] Der Arbeitnehmer wird nur zu den Zustimmungsverweigerungsgründen gehört, einen weitergehenden Einfluss auf das Beschlussverfahren hat er jedoch nicht. Würde man eine Präklusionswirkung annehmen, bliebe dem Arbeitnehmer Rechtsschutz vorenthalten.[520] Die Entscheidung über die Ersetzung der Zustimmung zur

---

514 *Boemke*, ZfA 1992, 473 (504); so auch in Bezug auf eine Eingruppierung im Sinne von § 99 BetrVG: BAGE 35, 239 (246) = BAG AP Nr. 24 zu § 59 HGB Bl. 3 m. zust. Anm. *von Hoyningen-Huene*; BAGE 42, 121 (126); sowie BAGE 77, 1 (10 f.) = EzA § 99 BetrVG 1972 Nr. 122, S. 8 m. krit. Anm. *Rieble*, wonach eine im Zustimmungsersetzungsverfahren als zutreffend festgestellte Eingruppierung für den Arbeitgeber im Verhältnis zum Arbeitnehmer verbindlich sei, eine präjudizielle Wirkung zu Lasten des Arbeitnehmers sei aber abzulehnen, die Eingruppierungsentscheidung des Arbeitsgerichts habe vielmehr nur einseitig individualrechtliche Wirkung; zust. Germelmann/ *Matthes*/Prütting/Müller-Glöge, ArbGG, § 84 Rn. 28; dagegen bejahen *Galperin/Löwisch*, BetrVG, § 99 Rn. 114a eine Präklusionswirkung für das Urteilsverfahren; vgl. auch *von Hoyningen-Huene/Boemke*, Versetzung, S. 200 sowie *Backmeister*/Trittin/Mayer, KSchG, § 2 Rn. 40, die eine präjudizielle Wirkung annehmen, wenn die Zustimmungsverweigerungsgründe mit den Gründen der Änderungskündigung übereinstimmen.

515 BAGE 35, 239 (246); *Boemke*, ZfA 1992, 473 (497); Richardi/*Thüsing*, BetrVG, § 99 Rn. 283.

516 *Kraft/Raab*, GK-BetrVG, § 99 Rn. 169; Richardi/*Thüsing*, BetrVG, § 99 Rn. 286.

517 Siehe oben E.II.2, S. 45 ff.

518 Demgegenüber ist das Betriebsratsmitglied im Zustimmungsersetzungsverfahren gemäß § 103 Abs. 2 S. 2 BetrVG Beteiligter.

519 Zum fehlenden Antragsrecht vgl. *Boemke*, ZfA 1992, 473 (490 f.); *Fitting*, BetrVG, § 99 Rn. 235; DKK-*Kittner/Bachner*, § 99 Rn. 214; *Kraft/Raab*, GK-BetrVG, § 99 Rn. 176.

520 BAGE 35, 239 (246); *von Hoyningen-Huene*, Anm. zu BAG 4 AZR 1076/78, AP Nr. 24 zu § 59 HGB Bl. 5 R f.

Versetzung im Beschlussverfahren entfaltet somit keine Präklusionswirkung für das Änderungsschutzverfahren.[521]

Da nach dem oben gesagten die Streitgegenstände im Beschlussverfahren auf der einen Seite und im Urteilsverfahren auf der anderen Seite nicht identisch sind und das Zustimmungsersetzungsverfahren auch keine Vorfrage des Änderungsschutzverfahrens betrifft,[522] besteht aber auch keine Vorgreiflichkeit im Sinne von § 148 ZPO. Mangels Vorgreiflichkeit des Zustimmungsersetzungsverfahrens kommt daher nur eine analoge Anwendung von § 148 ZPO in Betracht.[523]

Für eine Aussetzung des Änderungsschutzverfahrens trotz Fehlens einer Bindungswirkung des Zustimmungsersetzungsverfahrens wird angeführt, dass beide Verfahren faktisch miteinander verbunden seien.[524] Die faktische Verbundenheit wird allerdings damit begründet, dass im Falle der rechtskräftigen Abweisung des Zustimmungsersetzungsantrags die Arbeitsvertragsparteien in analoger Anwendung von § 275 BGB von ihren Verpflichtungen aus dem Änderungsvertrag befreit würden und es deshalb beim bisherigen Vertragsinhalt bleibe.[525] Dem ist zuzugeben, dass der Wegfall der Änderungsvereinbarung zwar vom Streitgegenstand der Änderungskündigung umfasst wäre und daher im Rahmen des Änderungsschutzverfahrens geltend gemacht werden könnte.[526] Wie bereits gezeigt, ist die Anwendung von § 275 BGB jedoch schon deshalb abzulehnen, weil diese Vorschrift nur zu einer Leistungsbefreiung führen würde, nicht aber zum gänzlichen Wegfall der Änderungsvereinbarung.[527] Von einer faktischen Verbundenheit beider Verfahren kann daher nicht ausgegangen werden.

Für eine Aussetzung des Änderungsschutzverfahrens wird weiter die Ansicht vertreten, dass es darin der Sache nach letztlich um die Durchführung der durch die Änderungskündigung angestrebten personellen Einzelmaßnahme gehe.

---

521 KPK-*Bengelsdorf*, KSchG, § 2 Rn. 131; *Boemke*, ZfA 1992, 473 (504); *von Hoyningen-Huene/Linck*, KSchG, § 2 Rn. 203; APS/*Künzl*, § 2 KSchG Rn. 157; KR-*Rost*, § 2 KSchG Rn. 141.

522 *Boemke*, ZfA 1992, 473 (505); *von Hoyningen-Huene/Linck*, KSchG, § 2 Rn. 50.

523 So auch KR-*Rost*, § 2 KSchG Rn. 141; zur Analogiefähigkeit der Vorschrift vgl. MünchKommZPO – *Peters*, § 148 Rn. 20 ff.

524 APS/*Künzl*, § 2 KSchG Rn. 157.

525 APS/Künzl, § 2 KSchG Rn. 159.

526 Streitgegenstand der Änderungskündigung ist die Unwirksamkeit der Änderung schlechthin, vgl. BAGE 42, 142 (147); *von Hoyningen-Huene/Linck*, KSchG, § 4 Rn. 84; *Löwisch*, NZA 1988, 633 (638); *Richardi*, ZfA 1971, 73 (102); KR-*Rost*, § 2 KSchG Rn. 147-156.

527 Siehe oben E.III.1, S. 106 ff.

Diese sei aber von der Zustimmung des Betriebsrats abhängig. Das Änderungsschutzverfahren diene zwar nur der Feststellung der Wirksamkeit der Änderung der Arbeitsbedingungen und betreffe nicht die beiderseitige Pflicht zur Durchführung der vereinbarten Änderung. Die damit fehlende Vorgreiflichkeit sei aber kein Hinderungsgrund für die Anwendung des § 148 ZPO.[528] Dieser Argumentation ist entgegen zu halten, dass die fehlende Berechtigung des Arbeitgebers zur Durchführung der Versetzung die Wirksamkeit der herbeigeführten Änderungen und damit den Ausgang des Änderungsschutzverfahrens unberührt lässt.

Schließlich wird argumentiert, dass eine Aussetzung des Änderungsschutzverfahrens in analoger Anwendung von § 148 ZPO aus prozessökonomischen Gründen vorzunehmen sei.[529] Es ist allerdings nicht ersichtlich, wie die Aussetzung des Änderungsschutzverfahrens der Prozessökonomie dienen soll, wenn Änderungsschutzverfahren und Zustimmungsersetzungsverfahren inhaltlich unabhängig voneinander sind. Denkbar ist eine Aussetzung des Änderungsschutzverfahrens aus prozessökonomischen Erwägungen allenfalls in Fällen, in denen der Arbeitgeber eine Auswahl unter mehreren für die Versetzung in Frage kommenden Arbeitnehmern treffen muss. Nach der Rechtsprechung des Bundesarbeitsgerichts muss seine Auswahlentscheidung den Grundsätzen einer Sozialauswahl im Sinne von § 1 Abs. 3 KSchG entsprechen.[530] Der Betriebsrat kann seine Zustimmung zu der Versetzung gemäß § 99 Abs. 2 Nr. 3 und 4 BetrVG daher mit der Begründung verweigern, der Arbeitgeber habe soziale Auswahlkriterien nicht berücksichtigt.[531] In einem solchen Fall müssen für das Zustimmungsersetzungsverfahren und das Änderungsschutzverfahren hinsichtlich der Sozialauswahl derselbe Sachverhalt ermittelt und dieselben Fragen geklärt werden. Auf die Sachverhaltsermittlung im Zustimmungsersetzungsverfahren könnte im Änderungsschutzverfahren zurückgegriffen werden, wenn es bis zum Ende des Zustimmungsersetzungsverfahrens ausgesetzt werden würde.[532] Eine Aussetzung des Änderungsschutzverfahrens aus prozess-

---

528 KPK-*Bengelsdorf*, § 2 Rn. 130; *Herschel/Löwisch*, KSchG, § 2 Rn. 65.

529 KR-*Rost*, § 2 KSchG Rn. 141.

530 BAGE 56, 99 (106); BAG AP Nr. 5 zu § 99 BetrVG 1972 – Versetzung Bl. 3 ff. = EzA § 99 BetrVG 1972 Nr. 130, S. 6 ff. m. abl. Anm. *Löwisch*; BAG AP Nr. 9 zu § 99 BetrVG 1972 – Versetzung Bl. 3 R m. krit. Anm. *Jansen*; vgl. dazu *Löwisch/Kaiser*, BetrVG, § 99 Rn. 59, 68: Diese Rechtsprechung überdehne den Anwendungsbereich des § 99 Abs. 2 Nr. 3, 4 BetrVG.

531 BAG AP Nr. 9 zu § 99 BetrVG 1972 – Versetzung Bl. 3 R m. krit. Anm. *Jansen*.

532 Zur Möglichkeit der Aussetzung eines Verfahrens analog § 148 ZPO aus prozessökonomischen Gründen vgl. BGH, Urteil vom 18.7.2000, VIII ZR 323/99 (unveröffentlicht).

ökonomischen Gründen kommt folglich nur in dem genannten Ausnahmefall in Betracht.[533]

Die Entscheidung des Arbeitsgerichts im Änderungsschutzverfahren wird nicht dadurch beeinflusst, dass die Zustimmung des Betriebsrats im Beschlussverfahren gemäß § 99 Abs. 4 BetrVG ersetzt wird. Die Aussetzung des Änderungsschutzverfahrens ist daher – ob in direkter oder analoger Anwendung des § 148 ZPO – grundsätzlich abzulehnen. Änderungsschutzverfahren und Zustimmungsersetzungsverfahren können folglich parallel betrieben werden. Angesichts des unterschiedlichen Streitgegenstands des Änderungsschutzverfahrens und des Zustimmungsersetzungsverfahrens kommt ein echter Widerspruch beider Entscheidungen ohnehin nicht in Betracht.[534] Dass die Entscheidungen sich in tatsächlicher Hinsicht widersprechen mögen, ist lediglich Folge der Trennung der kollektivrechtlichen und der individualrechtlichen Ebene im Arbeitsverhältnis.[535]

2. Aussetzung des Wiederherstellungsverfahrens

In Betracht kommt allerdings, dass das Wiederherstellungsverfahren bis zum rechtskräftigen Abschluss des Zustimmungsersetzungsverfahrens gemäß § 148 ZPO auszusetzen ist.

Nach dem in der vorliegenden Arbeit vertretenen Lösungsansatz hat der Arbeitnehmer einen Anspruch auf Wiederherstellung der alten Arbeitsbedingungen, wenn die Änderung der Arbeitsbedingungen sich als wirksam erweist, aber wegen der rechtskräftig verweigerten Zustimmung zu der Versetzung nicht durchgesetzt werden kann. Dieser Wiederherstellungsanspruch ändert nichts daran, dass die Änderung der Arbeitsbedingungen wirksam ist. Die Wiederherstellung hat vielmehr in einem zweiten Schritt, nach Feststellung der Wirksamkeit der Änderungskündigung durch erneuten Änderungsvertrag zu erfolgen.

Prozessual durchzusetzen ist dieser Anspruch im Wege einer Leistungsklage, die auf Abgabe einer Willenserklärung gerichtet ist.[536] Der Wiederherstellungsanspruch kann im Wege der Eventualklagehäufung mit der Änderungsschutz-

---

[533] Vgl. auch *Kraft/Raab*, GK-BetrVG, § 99 Rn. 127: Eine Aussetzung des Änderungsschutzverfahrens analog § 148 ZPO komme in Betracht, sofern die Zustimmungsverweigerungsgründe Bedeutung für die soziale Rechtfertigung der Änderungskündigung haben könnten.

[534] Zum Widerspruchsverbot im Sinne der prozessualen Rechtskrafttheorie vgl. *H. F. Gaul*, Festschr. Flume, 1978, S. 443 (517); *Schilken*, Zivilprozessrecht, Rn. 1011.

[535] Siehe dazu oben E.II., S. 38 ff.

[536] Siehe oben E.III.3.d), S. 117 ff.

klage verbunden werden,[537] weil die Abweisung der Änderungsschutzklage eine Bedingung für die Begründetheit des Wiederherstellungsverlangens ist. Der Wiederherstellungsanspruch ist sowohl von der Wirksamkeit der Änderungskündigung als auch von der rechtskräftigen Verweigerung der Zustimmungsersetzung abhängig: Die Wiederherstellung der alten Arbeitsbedingungen im Wege der Leistungsklage kommt nur dann in Betracht, wenn der Arbeitnehmer im Änderungsschutzverfahren unterliegt und eine Wiederherstellung der alten Arbeitsbedingungen deshalb nicht schon gemäß § 8 KSchG kraft Gesetzes erfolgt. Zudem besteht der Anspruch auf Wiederherstellung nur dann, wenn der Zustimmungsersetzungsantrag des Arbeitgebers rechtskräftig durch das Arbeitsgericht abgewiesen worden ist. Das Beschlussverfahren erzeugt mithin eine Bindungswirkung für den Wiederherstellungsanspruch, nicht aber für das Änderungsschutzverfahren.

Der Ausgang des Zustimmungsersetzungsverfahrens ist daher vorgreiflich im Sinne von § 148 ZPO in Bezug auf das Wiederherstellungsverfahren. Das Wiederherstellungsverfahren ist infolgedessen gemäß § 148 ZPO bis zum Abschluss des Zustimmungsersetzungsverfahrens auszusetzen. Das vorgeschaltete Änderungsschutzverfahren kann demgegenüber unabhängig vom Zustimmungsersetzungsverfahren zu Ende geführt werden; das Arbeitsgericht kann durch Teilurteil entscheiden. Eine Aussetzung scheidet nur dann aus, wenn der Arbeitgeber das Zustimmungsersetzungsverfahren in treuwidriger Weise nicht eingeleitet hat und deshalb der Wiederherstellungsanspruch ausnahmsweise keine rechtskräftig verweigerte Zustimmungsersetzung voraussetzt.[538] In diesem Fall kann das Wiederherstellungsverfahren direkt im Anschluss an das Änderungsschutzverfahren durchgeführt werden. Eine Aussetzung gemäß § 148 ZPO scheitert schon daran, dass das Zustimmungsersetzungsverfahren nicht anhängig ist.

3. Konsequenzen

Können das Änderungsschutzverfahren und das Zustimmungsersetzungsverfahren parallel durchgeführt werden, ergeben sich unterschiedliche Konsequenzen je nachdem, welches der beiden Verfahren zuerst abgeschlossen wird.

---

[537] So zumindest zum Verhältnis von Kündigungsschutzklage und Wiedereinstellungsanspruch: BAG, Urteil vom 26.2.1986, 7 AZR 503/84 (unveröffentlicht); *Boewer*, RdA 2001, 380 (403); *Bram/Rühl*, NZA 1990, 753 (757); *Coen*, Anm. zu BAG 2 AZR 15/82, AuR 1984, 319; *Hambitzer*, Wiedereinstellungsanspruch, S. 178 f.; *vom Stein*, Fehleinschätzungen bei der Kündigung von Arbeitsverhältnissen, S. 162

[538] Siehe oben E.III.3.b), S. 114 ff.

Wird das Änderungsschutzverfahren als erstes abgeschlossen und obsiegt der Arbeitnehmer darin, ist er endgültig zu den alten Arbeitsbedingungen weiter zu beschäftigen.[539] Wird dagegen das Zustimmungsersetzungsverfahren als erstes abgeschlossen und ersetzt das Arbeitsgericht die Zustimmung des Betriebsrats, muss der Arbeitnehmer zumindest bis zum Abschluss des Änderungsschutzverfahrens zu den neuen Arbeitsbedingungen weiterarbeiten.

Unterliegt der Arbeitnehmer im Änderungsschutzverfahren, ohne dass das Arbeitsgericht schon über den Zustimmungsersetzungsantrag entschieden hat, kann der Arbeitnehmer vorerst überhaupt nicht beschäftigt werden. Die im Arbeitsvertrag vorgesehene Beschäftigung darf dem Arbeitnehmer nicht zugewiesen werden, solange die Zustimmung des Betriebsrats nicht vorliegt. Verweigert das Arbeitsgericht die Ersetzung der Zustimmung des Betriebsrats, bevor das Änderungsschutzverfahren abgeschlossen ist, muss der Arbeitgeber den Arbeitnehmer entsprechend dem in der vorliegenden Arbeit vertretenen Ansatz bis zum Abschluss des Änderungsschutzverfahrens zu den alten Arbeitsbedingungen weiter beschäftigen. Wird die Änderungsschutzklage des Arbeitnehmers daraufhin abgewiesen, darf der Arbeitnehmer überhaupt nicht beschäftigt werden. Eine Beschäftigung des Arbeitnehmers entsprechend den geänderten Vertragsbedingungen kommt mangels Zustimmungsersetzung nicht in Betracht.

In den beiden letztgenannten Fallkonstellationen ist die Änderungskündigung individualrechtlich im Wege des Anspruchs auf Wiederherstellung der alten Arbeitsbedingungen rückgängig zu machen. Bis zur Wiederherstellung der alten Arbeitsbedingungen ist weder eine Beschäftigung zu den neuen noch zu den alten Bedingungen möglich. Für diese Zeit ist der Arbeitnehmer auf den Annahmeverzugslohn gemäß § 615 BGB angewiesen, der ihm allerdings nur einen Anspruch auf die Vergütung zu den geänderten Vertragsbedingungen gibt, weil die Wiederherstellung der alten Arbeitsbedingung nur *ex nunc* erfolgen kann.[540]

In der Praxis kommen Fälle, in denen parallel das Änderungsschutzverfahren und das Zustimmungsersetzungsverfahren laufen, kaum vor. Erteilt der Betriebsrat seine Zustimmung zu der geplanten Versetzung nicht, wird der Arbeitgeber statt der Änderungskündigung eine Beendigungskündigung aussprechen,

---

539 In diesem Fall verliert der Arbeitgeber gegebenenfalls sein Interesse an der Fortführung des Zustimmungsersetzungsverfahrens. Den Zustimmungsersetzungsantrag kann der Arbeitgeber gemäß § 81 Abs. 2 S. 1 ArbGG jederzeit zurücknehmen, vgl. *Boemke*, ZfA 1992, 473 (499).

540 Siehe oben E.III.3.c), S. 117.

weil er nach der Rechtsprechung des Bundesarbeitsgerichts grundsätzlich nicht verpflichtet ist, das Zustimmungsersetzungsverfahren durchzuführen.[541]

V. Ergebnis

Zur Durchführung der Versetzung muss der Arbeitgeber sowohl in kollektivrechtlicher als auch in individualrechtlicher Hinsicht berechtigt sein.[542] Rechtsfolge der fehlenden Zustimmung des Betriebsrats zur Versetzung ist neben den in §§ 23 Abs. 3, 101, 121 BetrVG geregelten Rechtsfolgen ein betriebsverfassungsrechtliches Beschäftigungsverbot, das sich aus der Systematik der §§ 99 ff. BetrVG herleiten lässt.[543] Die fehlende Zustimmung hat allerdings keine individualrechtlichen Rechtsfolgen für die ausgesprochene Änderungskündigung. Das Änderungsangebot ist wirksam, weil es nicht gegen das in § 99 BetrVG enthaltene Verbot, dem Arbeitnehmer nicht tatsächlich den anderen Arbeitsbereich zuzuweisen, verstößt.[544] Auch das Kündigungselement ist ohne die vorherige Zustimmung des Betriebsrats wirksam. Zum einen kann die Beteiligung des Betriebsrats gemäß § 99 Abs. 1 BetrVG nicht als selbständige Wirksamkeitsvoraussetzung für das Kündigungselement angesehen werden, weil dies zu einer schwebenden Unwirksamkeit der Kündigung führen würde. Zum anderen ergibt sich eine Unwirksamkeit des Kündigungselements auch nicht aus der Theorie der Wirksamkeitsvoraussetzung, weil nicht die Kündigung Anknüpfungspunkt des Beteiligungsrechts ist, sondern die personelle Einzelmaßnahme.[545] Schließlich führt die noch fehlende Zustimmung des Betriebsrats auch nicht zur Sozialwidrigkeit der Änderungskündigung, weil die betriebsverfassungsrechtliche Umsetzbarkeit der personellen Einzelmaßnahme bei der Prüfung der sozialen Rechtfertigung grundsätzlich keine Berücksichtigung findet.[546]

Dies hat zur Folge, dass der Arbeitnehmer individualrechtlich verpflichtet ist, zu den neuen Bedingungen zu arbeiten, kollektivrechtlich aber nicht zu den neuen Bedingungen beschäftigt werden darf. Während dieses Schwebezustands ist der Arbeitnehmer nach dem in der vorliegenden Arbeit vertretenen Ansatz zu den alten Arbeitsbedingungen weiter zu beschäftigen. Rechtsgrundlage für die Beschäftigung zu den alten Arbeitsbedingungen ist der Arbeitsvertrag in seiner alten Fassung. Das Kündigungselement ist zwar trotz der fehlenden Zustimmung des Betriebsrats wirksam, entfaltet aber wegen der (vorbehaltli-

---

541 Vgl. BAGE 85, 107 (113).
542 Siehe oben E.II., S. 38 ff.
543 Siehe oben E.II.1, S. 40 ff.
544 Siehe oben E.II.2.a), S. 49 ff.
545 Siehe oben E.II.2.b), S. 54 ff.
546 Siehe oben E.II.2.c), S. 62 ff.

chen) Annahme des Änderungsangebots nie Wirkung.[547] Die alten Arbeitsbedingungen werden nicht durch das Kündigungselement geändert, sondern durch die Änderungsvereinbarung. Durch die Annahme des Änderungsangebots unter dem Vorbehalt der sozialen Rechtfertigung ist die Änderungsvereinbarung schwebend wirksam zustande gekommen. Solange die Änderungsvereinbarung nur schwebend wirksam ist, bleibt auch der Arbeitsvertrag in seiner alten Fassung schwebend wirksam. Der alte Arbeitsvertrag besteht unter der rückwirkend auflösenden Bedingung fort, dass die Wirksamkeit der Änderungskündigung im Änderungsschutzverfahren festgestellt wird.[548]
Der Arbeitsvertrag in seiner alten Fassung und die Änderungsvereinbarung bestehen somit nebeneinander, was zu einer Erweiterung des Direktionsrechts des Arbeitgebers während des Schwebezustands führt.[549] Die Regelung des § 8 KSchG führt jedoch dazu, dass sich das Arbeitsverhältnis grundsätzlich bis zur Entscheidung im Änderungsschutzverfahren auf eine Beschäftigung des Arbeitnehmers zu den neuen Arbeitsbedingungen konkretisiert. Ist eine Beschäftigung im neuen Arbeitsbereich wegen der noch fehlenden Zustimmung des Betriebsrats nicht möglich, konkretisiert sich das Arbeitsverhältnis ausnahmsweise auf eine Beschäftigung zu den alten Arbeitsbedingungen. Solange die Zustimmung des Betriebsrats zu der Versetzung noch nicht vorliegt, muss der Arbeitgeber dem Arbeitnehmer somit den alten Arbeitsplatz zuweisen. Der Arbeitnehmer ist infolgedessen zur Tätigkeit im alten Arbeitsbereich berechtigt und verpflichtet.

Solange der alte Arbeitsvertrag die vorläufig wirksam zustande gekommene Änderungsvereinbarung überlagert, hat der Arbeitnehmer auch einen Vergütungsanspruch gemäß den bisherigen Arbeitsbedingungen. Richtet sich die Vergütung nach einem Entgelttarifvertrag, ist die tatsächlich ausgeübte Tätigkeit maßgeblich. Da der Arbeitnehmer vorläufig zu den alten Bedingungen weiter zu beschäftigen ist, richtet sich auch in diesem Fall der Vergütungsanspruch nach den alten Bedingungen.[550]

Wird nach der rechtskräftigen Abweisung der Änderungsschutzklage auch das Zustimmungsersetzungsverfahren rechtskräftig zurückgewiesen, muss die durch die Änderungskündigung bewirkte Vertragsänderung individualrechtlich wieder rückgängig gemacht werden, weil § 8 KSchG in diesem Fall nicht eingreift. Der Arbeitnehmer hat einen Anspruch auf Wiederherstellung der alten Arbeitsbedingungen *ex nunc*. Dieser Wiederherstellungsanspruch kann unter Heranzie-

---

547 Siehe oben E.II.3.a)cc)(4)(a), S. 98 ff.
548 Siehe oben E.II.3.a)cc)(4)(b), S. 99 ff.
549 Siehe oben E.II.3.a)cc)(4)(c), S. 100 ff.
550 Siehe oben E.II.3.b), S. 102 ff.

hung der Rechtsprechung des Bundesarbeitsgerichts zum Wiedereinstellungsanspruch auf Grundlage der Fürsorgepflicht des Arbeitgebers hergeleitet werden.[551] Voraussetzung für den Wiederherstellungsanspruch ist, dass die Zustimmung im Zustimmungsersetzungsverfahren nicht ersetzt wurde, es sei denn, der Arbeitgeber hat die Einleitung des Verfahrens beziehungsweise schon die Unterrichtung des Betriebsrats treuwidrig unterlassen.[552] Der Wiederherstellungsanspruch ist im Wege einer Leistungsklage auf Abgabe einer Willenserklärung geltend zu machen.

Die Entscheidung über die Zustimmungsersetzung im Beschlussverfahren hat keine präjudizielle Wirkung für das Änderungsschutzverfahren. Eine Aussetzung des Änderungsschutzverfahrens bis zum Ende des Zustimmungsersetzungsverfahrens gemäß § 148 ZPO ist daher abzulehnen. Es besteht jedoch eine präjudizielle Bindungswirkung des Zustimmungsersetzungsverfahrens für das Wiederherstellungsverfahren. Dieses ist gemäß § 148 ZPO bis zum Abschluss des Zustimmungsersetzungsverfahrens auszusetzen.[553]

Will der Arbeitgeber den Arbeitnehmer nach Ablauf der Kündigungsfrist im neuen Arbeitsbereich beschäftigen und ihn auch dementsprechend entlohnen, muss er vor Ausspruch der Änderungskündigung die Zustimmung des Betriebsrats einholen oder durch das Arbeitsgericht ersetzen lassen. Nur dann ist die Umsetzbarkeit der personellen Einzelmaßnahme gewährleistet.

Auch eine der Versetzung zugrunde liegende einvernehmliche Vertragsänderung oder Ausübung des Direktionsrechts ist unabhängig von der vorherigen Beteiligung des Betriebsrats gemäß § 99 BetrVG als wirksam anzusehen. Aufgrund des betriebsverfassungsrechtlichen Beschäftigungsverbots darf der Arbeitnehmer nicht zu den neuen Bedingungen beschäftigt werden. Liegt eine Versetzung im Wege des Direktionsrechts vor, kann der Arbeitnehmer vom Arbeitgeber verlangen, dass dieser ihm bis zur Einholung oder Ersetzung der Zustimmung wieder den alten Arbeitsbereich zuweist und dadurch seiner arbeitsvertraglichen Beschäftigungspflicht nachkommt. Im Falle einer einvernehmlichen Vertragsänderung kommt eine Beschäftigung des Arbeitnehmers zu den alten Arbeitsbedingungen demgegenüber nur in Betracht, wenn Arbeitgeber und Arbeitnehmer dies für die Zeit bis zur Zustimmung vereinbaren.[554]

---

551 Siehe oben E.III.3, S. 108 ff.

552 Siehe oben E.III.3.b), S. 114 ff.

553 Siehe oben E.IV., S. 121 ff.

554 A.A. *Kania*, Anm. zu BAG 2 AZR 283/93, EzA § 99 BetrVG 1972 Nr. 118, S. 26, demzufolge die Wirkung des Änderungsvertrags bis zur Erteilung der Zustimmung suspendiert ist.

F. Zusammenfassung

Die Änderungskündigung gemäß § 2 KSchG beinhaltet ein vollwertiges Kündigungselement. Hat der Arbeitnehmer das Änderungsangebot des Arbeitgebers unter Vorbehalt angenommen, so ist er an diesen Vorbehalt gebunden. Bei der Prüfung der sozialen Rechtfertigung einer Änderungskündigung ist das Änderungsangebot mit einzubeziehen. Dies gilt unabhängig davon, ob der Arbeitnehmer das Änderungsangebot vorbehaltlich angenommen oder ob er es abgelehnt hat und die Änderungskündigung infolgedessen als Beendigungskündigung wirkt **(B.)**.

Ist bei einer Änderungskündigung neben § 102 BetrVG auch das Beteiligungsrecht des Betriebsrats aus § 99 BetrVG einschlägig, sind beide Beteiligungsverfahren nebeneinander durchzuführen, weil keines als vorrangig zu betrachten ist. Zu beachten ist allerdings, dass der Betriebsrat gemäß § 102 Abs. 1 BetrVG bereits vor dem Ausspruch der Änderungskündigung angehört werden muss, während die Beteiligung des Betriebsrats gemäß § 99 Abs. 1 BetrVG erst zur tatsächlichen Durchführung der personellen Einzelmaßnahme erfolgen muss. Der Grund hierfür ist der unterschiedliche Anknüpfungspunkt der Beteiligungsrechte **(C.)**.

Hat der Arbeitgeber den Betriebsrat vor Ausspruch der Änderungskündigung nicht angehört, führt dies gemäß § 102 Abs. 1 S. 3 BetrVG zur Unwirksamkeit des Kündigungselements. Das Änderungsangebot ist trotz fehlender Anhörung wirksam. Hat der Arbeitnehmer das Änderungsangebot vorbehaltlos angenommen, kommt mithin ein wirksamer Änderungsvertrag zustande **(D.II.)**.

Die fehlende vorherige Beteiligung des Betriebsrats gemäß § 99 Abs. 1 BetrVG bei einer Änderungskündigung zur innerbetrieblichen Versetzung lässt das Kündigungselement und das Änderungsangebot in ihrer Wirksamkeit unberührt und führt auch nicht zur Sozialwidrigkeit der Änderungskündigung **(E.II.2)**. Allerdings darf der Arbeitgeber die geplante Versetzung nicht durchführen, solange er die Zustimmung des Betriebsrats nicht eingeholt hat oder die Zustimmung gemäß § 99 Abs. 4 BetrVG durch das Arbeitsgericht ersetzt worden ist. Es besteht insofern ein betriebsverfassungsrechtliches Beschäftigungsverbot **(E.II.1)**.

Während des Änderungsschutzverfahrens ist der Arbeitnehmer entgegen der grundsätzlichen Wertung des § 8 KSchG in seinem alten Arbeitsbereich weiter zu beschäftigen. Für den Fall, dass durch die Änderungskündigung eine Erweiterung des Direktionsrechts bewirkt worden ist, ergibt sich dies schon daraus, dass aufgrund der fehlenden Zustimmung des Betriebsrats eine entsprechende Ausübung des Direktionsrechts des Arbeitgebers für den Arbeitnehmer wegen des betriebsverfassungsrechtlichen Beschäftigungsverbots unbeachtlich ist und es infolgedessen bei der Tätigkeit zu den alten Arbeitsbedingungen bleibt.

Ist durch die Änderungskündigung – wie im Regelfall – ein Austausch der Arbeitspflichten bewirkt worden, bedarf es zur zwischenzeitlichen Beschäftigung des Arbeitnehmers auf seinem alten Arbeitsplatz des Rückgriffs auf den alten Arbeitsvertrag als Grundlage für die Beschäftigung. Dies ist möglich, weil der alte Arbeitsvertrag während des Änderungsschutzverfahrens auflösend bedingt durch das Unterliegen des Arbeitnehmers fortbesteht. Nach der Wertung des § 8 KSchG gilt während des Änderungsschutzverfahrens zwar grundsätzlich vorläufig die Änderungsvereinbarung. Ist eine Beschäftigung zu den neuen Bedingungen jedoch aus betriebsverfassungsrechtlichen Gründen nicht zulässig, lebt der alte Arbeitsvertrag wieder auf. Dies ergibt sich aus der *ratio legis* des § 2 KSchG. Aus denselben Gründen hat der Arbeitnehmer während des Änderungsschutzverfahrens einen Anspruch auf Zahlung seiner bisherigen arbeitsvertraglichen Vergütung **(E.II.3)**.

Obsiegt der Arbeitnehmer im Änderungsschutzverfahren, gilt die Änderungskündigung als von Anfang an unwirksam. Die ursprünglichen Arbeitsbedingungen sind gemäß § 8 KSchG *ex tunc* wieder herzustellen. Ist die Änderungsschutzklage dagegen abgewiesen und der Zustimmungsersetzungsantrag des Arbeitgebers rechtskräftig abgelehnt worden, muss die durch die Änderungskündigung herbeigeführte Vertragsänderung im Wege eines Anspruchs auf Wiederherstellung der alten Arbeitsbedingungen wieder rückgängig gemacht werden. Diesen Anspruch kann der Arbeitnehmer im Wege einer Leistungsklage geltend machen. Der Antrag auf Wiederherstellung der alten Arbeitsbedingungen ist dabei als Eventualantrag zum Antrag auf Feststellung, dass die Änderung der Arbeitsbedingungen sozial ungerechtfertigt ist (§ 4 S. 2 KSchG), zu stellen **(E.III.3)**.

Das Änderungsschutzverfahren und das Zustimmungsersetzungsverfahren sind inhaltlich völlig getrennt voneinander und können daher parallel verlaufen. Eine Aussetzung des Änderungsschutzverfahrens bis zum Abschluss des Beschlussverfahrens gemäß § 148 ZPO ist nicht möglich. Allerdings ist der Anspruch des Arbeitnehmers auf Wiederherstellung der alten Arbeitsbedingungen vom Ausgang des Zustimmungsersetzungsverfahrens abhängig. Das Verfahren über die Wiederherstellung ist daher bis zum Abschluss des Beschlussverfahrens gemäß § 148 ZPO auszusetzen **(E.IV.)**.

Die vorliegende Arbeit trifft keine Aussage über die Richtigkeit der Theorie der Wirksamkeitsvoraussetzung. Diese ist lediglich auf die Fälle der Änderungskündigung zur innerbetrieblichen Versetzung nicht anwendbar. Bei Anwendung der Theorie der Wirksamkeitsvoraussetzung kommt es maßgeblich auf den

Anknüpfungspunkt des jeweiligen Mitbestimmungsrechts an. Sofern die individualrechtliche Maßnahme nicht Anknüpfungspunkt des Beteiligungsrechts ist, kann die Beteiligung des Betriebsrats auch nicht Wirksamkeitsvoraussetzung sein.

Bei der Beteiligung des Betriebsrats gemäß § 99 BetrVG ist die Änderungskündigung nicht Anknüpfungspunkt des Beteiligungsrechts, so dass sie auch bei fehlender vorheriger Zustimmung des Betriebsrats wirksam ist, sofern sie sozial gerechtfertigt ist. Im Falle der Nichtannahme des Änderungsangebots führt dies zu der Konsequenz, dass die nunmehr als Beendigungskündigung wirkende Änderungskündigung wirksam ist, obwohl der Arbeitgeber damit eine Vertragsänderung durchsetzen wollte, die er betriebsverfassungsrechtlich nicht durchsetzen darf. Der 2. Senat des Bundesarbeitsgerichts meint hierzu, dass der Arbeitnehmer bei der Nichtannahme des Änderungsangebots auf eigenes Risiko handele, wenn infolge der Beendigung des Arbeitsverhältnisses die Durchsetzung der Mitbestimmung für ihn nicht mehr relevant werde.[555]

Es bleibt daher festzuhalten, dass dem Ergebnis des 2. Senats, dass die Änderungskündigung trotz der fehlenden vorherigen Beteiligung des Betriebsrats gemäß § 99 BetrVG wirksam ist, zuzustimmen ist. Entgegen der Ansicht des 2. Senats kommt es bei einer Änderungskündigung zur innerbetrieblichen Versetzung allerdings nicht auf die Durchsetzbarkeit, sondern auf die Berechtigung des Arbeitgebers zur Durchführung einer kollektivrechtlichen Maßnahme an. Aus der fehlenden Berechtigung zur Durchführung der Maßnahme folgt dabei einerseits, dass der Besitzstand des Arbeitnehmers gewahrt wird, bis eine Einigung mit dem Betriebsrat erzielt worden ist. Andererseits werden dem Arbeitnehmer jedoch bis zu diesem Zeitpunkt auch Verbesserungen vorenthalten.

Dem 2. Senat ist darin zu folgen, dass ebenso wie bei der Einstellung eine Trennung zwischen wirksamem Abschluss des Arbeitsvertrags und unzulässiger Beschäftigung des Arbeitnehmers auch bei der Änderungskündigung zur Versetzung eine Trennung zwischen wirksamer Änderungskündigung und unzulässiger Beschäftigung[556] vorzunehmen ist. Wie *H. Hanau* richtig feststellt, läuft dieses Trennungskonzept des 2. Senats allerdings dem Arbeitnehmerschutz zuwider, weil aus dem veränderten Arbeitsvertrag auch nur noch ein reduzierter Entgeltanspruch herzuleiten ist.[557]

---

555 BAGE 89, 149 (169).

556 Der 2. Senat sagt, die Beschäftigung des Arbeitnehmers sei nicht durchsetzbar. Diese Wortwahl erweist sich als unglücklich, vgl. schon E.II.1.a), S. 41.

557 *H. Hanau*, Anm. zu BAG 2 AZR 336/97, AP Nr. 49 zu § 2 KSchG 1969 Bl. 12 R.

Der in der vorliegenden Arbeit vertretene Ansatz behält dieses Trennungskonzept bei, trägt aber gleichzeitig dem Arbeitnehmerschutz Rechnung, indem der alte Arbeitsvertrag als während des Änderungsschutzverfahrens vorläufig noch wirksam angesehen wird. Der Arbeitnehmer hat dadurch nicht nur einen Anspruch auf Beschäftigung in seinem alten Arbeitsbereich, sondern auch einen Anspruch auf die bisherige Vergütung. Die Frage der Beschäftigung und des Entgeltanspruchs sind damit in angemessener Weise geregelt.

Literaturverzeichnis

Adam, Roman F. — Die zweifelhafte Wirkung der Prognose im Kündigungsrecht, ZTR 1999, S. 113-115

Adomeit, Klaus — Änderungskündigung – neu geregelt, DB 1969, S. 2179-2181

Einstellungen und Entlassungen nach dem neuen Betriebsverfassungsgesetz, DB 1971, S. 2360-2364

APS — Kündigungsrecht: Großkommentar zum gesamten Recht der Beendigung von Arbeitsverhältnissen, Hrsg.: Reiner Ascheid, Ulrich Preis, Ingrid Schmidt, 2. Auflage, München 2004

Armbrüster, Christian — Bearbeiter in Erman, BGB

Ascheid, Reiner — Kündigungsschutzrecht: Die Kündigung des Arbeits-verhältnisses, Stuttgart, Berlin, Köln 1993

Bearbeiter in ErfK

Bachner, Michael — Bearbeiter in DKK

Backmeister, Thomas — Bearbeiter in Backmeister/Trittin/Mayer, KSchG

Backmeister, Thomas / Trittin, Wolfgang / Mayer, Udo R. — Kommentar zum Kündigungsschutzgesetz und weiteren wichtigen Vorschriften des Kündigungsrechts, 3. Auflage, München 2004

Bader, Peter / Bram, Rainer / Dörner, Hans-Jürgen / Wenzel, Leonhard — Kommentar zum Kündigungsschutzgesetz und zu den §§ 620 bis 628 BGB, Neuwied, Loseblatt (Stand April 2003)

Bamberger, Heinz Georg / Roth, Herbert (Hrsg.) — Kommentar zum Bürgerlichen Gesetzbuch, Band 1 (§§ 1-610), bearb. von Christoph Ann, Heinz Georg Bamberger, Jörn Becker u.a., München 2003 (zit.: *Bearbeiter*, Bamberger/Roth, BGB)

Bartels, Dirk — Rechtsfolgen betriebsverfassungswidriger Versetzungen auf die Wirksamkeit der arbeitsvertraglichen Gestaltungsform unter besonderer Berücksichtigung der Änderungskündigung, Dissertation Hagen 1999 (zit.: *Bartels*, Rechtsfolgen)

Bauer, Jobst-Hubertus — Rechtliche und taktische Konsequenzen des Weiterbeschäftigungsanspruchs, BB 1986, S. 799-801

Bauer, Jobst-Hubertus / Thomas Winzer — Vom Personalleiter zum Pförtner? Änderungskündigung als Bürokratiemonster!, BB 2006, S. 266-272

Baumann, Wolfgang — Die Rechtsstellung des Arbeitnehmers bei betriebsverfassungswidrigen Maßnahmen im Rahmen der §§ 99-101 BetrVG, Dissertation Bayreuth 1987 (zit.: *Baumann*, Rechtsstellung)

Becker-Schaffner, Reinhard — Die Änderungskündigung aus materiellrechtlicher und prozessualer Sicht, BB 1991, S. 129-137

Beckschulze, Martin — Der Wiedereinstellungsanspruch nach betriebsbedingter Kündigung, DB 1998, S. 417-422

Bengelsdorf, Peter — Beschluss des Großen Senats des BAG zum Weiterbeschäftigungsanspruch – Unzulässiger richter-licher Rechtssetzungsakt (I), DB 1986, S. 168-175

Bearbeiter in KPK

Berkowsky, Wilfried

Die Änderungskündigung, NZA-RR 2003, S. 449-458

Die Änderungskündigung zur Tarifumgehung – Zugleich Besprechung des BAG-Urteils vom 10.2.1999 –, DB 1999, S. 1606-1608

Die betriebsbedingte Änderungskündigung, Dissertation Halle/Wittenberg, 1999 (zit.: *Berkowsky*, Änderungskündigung)

Bearbeiter in MünchArbR

Bernstein, Rainer

Anmerkung zu BAG 2 ABR 28/94, EzA § 15 KSchG 1969 Nr. 43

Biebl, Josef

Bearbeiter in APS

Blomeyer, Wolfgang

Der Interessenkonflikt zwischen Arbeitnehmer und Betriebsrat bei Individualmaßnahmen, in: Gedächtnisschrift für Rolf Dietz, Hrsg.: Götz Hueck, Reinhard Richardi, München 1973, S. 147-174

Bearbeiter in MünchArbR

Boemke, Burkhard

Das arbeitsgerichtliche Zustimmungsersetzungsverfahren nach § 99 Abs. 4 BetrVG, ZfA 1992, S. 473-525

Boewer, Dietrich

Ausgewählte Aspekte des Kündigungsschutzprozesses, RdA 2001, S. 380-404

Der Wiedereinstellungsanspruch – Teil 1, NZA 1999, S. 1121-1132

Der Wiedereinstellungsanspruch – Teil 2, NZA 1999, S. 1177-1184

Boewer, Dietrich — Die Auswirkungen der §§ 99, 100 BetrVG auf die individualrechtliche Stellung des Arbeitnehmers, RdA 1974, S. 72-80

Bram, Rainer — Bearbeiter in Bader/Bram/Dörner/Wenzel, KSchG

Bram, Rainer / Rühl, Werner — Praktische Probleme des Wiedereinstellungsanspruchs nach wirksamer Kündigung, NZA 1990, S. 753-758

Bröhl, Knut — Änderungskündigung zwischen Bestandsschutz und Anpassungsdruck, BB 2007, S. 437-447

Brox, Hans — Allgemeiner Teil des BGB, 27. Auflage, Köln, Berlin, Bonn, München 2003

Busche, Jan — Bearbeiter in MünchKommBGB

Coen, Martin — Anmerkung zu BAG 2 AZR 15/82, AuR 1984, S. 319-320

Corts, Jochen — Anmerkung zu BAG 2 AZR 1055/78, SAE 1982, S. 103-106

Dahlem, Wolfgang / Wiesner, Wolfgang — Die Aussetzung eines Arbeitsgerichtsprozesses, insbesondere die Aussetzung der Lohnklage wegen eines Kündigungsschutzprozesses nach § 148 ZPO, NZA-RR 2001, S. 169-173

Däubler, Wolfgang — Obligatorische Schriftform für Kündigungen, Aufhebungsverträge und Befristungen – Der neue § 623 BGB, AiB 2000, S. 188-192

Bearbeiter in Kittner/Däubler/Zwanziger, KSchR

Dietz, Rolf — Betriebsverfassungsgesetz, 4. Auflage, München, Berlin 1967

Dietz, Rolf — Der Anspruch auf Abschluss einer Betriebsvereinbarung nach § 56 BetrVG, in: Festschrift für Hans-Carl Nipperdey zum 60. Geburtstag, Hrsg.: Rolf Dietz, Alfred Hueck, Rudolf Reinhardt, München, Berlin 1955, S. 147-162

Probleme des Mitbestimmungsrechts, Berlin 1966

Dietz, Rolf / Richardi, Reinhard — Betriebsverfassungsgesetz, Band 2: §§ 74-Schluß mit Betriebsverfassungsgesetz 1952, 6. Auflage, München 1982 (zit.: *Dietz/Richardi*, BetrVG)

DKK — Betriebsverfassungsgesetz, Kommentar für die Praxis, Hrsg.: Wolfgang Däubler, Michael Kittner, Thomas Klebe, bearb. von Michael Bachner, Peter Berg, Rudolf Buschmann u.a., 10. Auflage, Frankfurt am Main 2006

DKKS — Betriebsverfassungsgesetz, Kommentar für die Praxis, Hrsg.: Wolfgang Däubler, Michael Kittner, Thomas Klebe, Wolfgang Schneider, bearb. von Peter Berg, Hermann Blanke, Manfred H. Bobke u.a., 3. Auflage, Köln 1992

Dörner, Klemens — Bearbeiter in APS

Dütz, Wilhelm — Mitbestimmungssicherung bei Eingruppierungen, AuR 1993, S. 33-39

Ehrich, Christian — Die individualrechtlichen Auswirkungen der fehlenden Zustimmung des Betriebsrats i.S. von § 99 BetrVG auf die Versetzung des Arbeitnehmers, NZA 1995, S. 731-734

Enderlein, Wolfgang — Anmerkung zu BAG 2 AZR 271/94 sowie BAG 2 AZR 428/94, AP Nr. 37 zu § 2 KSchG 1969

Die Annahme unter Vorbehalt nach § 2 Satz 1 KSchG, ZfA 1992, S. 21-60

ErfK — Erfurter Kommentar zum Arbeitsrecht, Hrsg.: Thomas Dieterich, Rudi Müller-Glöge, Ulrich Preis, Günter Schaub, bearb. von Reiner Ascheid, Thomas Dieterich, Hans-Jürgen Dörner u.a., 7. Auflage, München 2007

Erman, Walter (Begr.) — Handkommentar zum Bürgerlichen Recht, Band I (§§ 1-811), Hrsg.: Harm Peter Westermann, bearb. von Lutz Aderhold, Christian Armbrüster, Detlev W. Belling u.a., 11. Auflage, Münster 2004 (zit.: Erman/*Bearbeiter*, BGB)

Etzel, Gerhard — Betriebsverfassungsrecht, Hrsg.: Wolfgang Leinemann, 7. Auflage, Neuwied, Kriftel 2000

Bearbeiter in KR

Färber, Peter / Kappes, Karl-Heinz — Die Entscheidung des Großen Senats zum Weiterbeschäftigungsanspruch während des Kündigungsprozesses, NZA 1986, S. 215-222

Fitting — Betriebsverfassungsgesetz, von Gerd Engels, Ingrid Schmidt, Yvonne Trebinger, Wolfgang Linsenmaier, 23. Auflage, München 2006

Fitting, 17. Aufl. — Betriebsverfassungsgesetz, von Karl Fitting, Fritz Auffahrt, Heinrich Kaiser, Friedrich Heither, Gerd Engels,17. Auflage, München 1992

Furier, Manfred-Theo — Wiedereinstellungsanspruch, AiB 1999, S. 246-249

Galperin, Hans — Wirkung und Unwirksamkeit der Änderungskündigung (Teil I), DB 1958, S. 799-804

Galperin, Hans / Löwisch, Manfred — Betriebsverfassungsgesetz, Band II (§§ 74-132), 6. Auflage, Heidelberg 1982 (zit.: *Galperin/Löwisch*, BetrVG)

Gamillscheg, Franz — Anmerkung zu BAG GS 1/84, EzA § 611 BGB Nr. 9 – Beschäftigungspflicht

Gaul, Björn — Das Arbeitsgerichtsbeschleunigungsgesetz: Schriftform für Kündigung und andere Änderungen, DStR 2000, S. 691-695

Gaul, Hans Friedhelm — Die Entwicklung der Rechtskraftlehre seit Savigny und der heutige Stand, in: Festschrift für Werner Flume zum 70. Geburtstag, Hrsg.: Horst Heinrich Jacobs, Brigitte Knobbe-Keuk, Eduard Picker u.a., Köln 1978, S. 443-525

Gentges, Peter — Prognoseprobleme im Kündigungsschutzrecht, Baden-Baden 1995

Germelmann, Claas-Hinrich / Matthes, Hans-Christoph / Prütting, Hanns / Müller-Glöge, Rudi — Arbeitsgerichtsgesetz, 5. Auflage, München 2004

GK-BetrVG — Gemeinschaftskommentar zum Betriebsverfassungsgesetz

Band I (§§ 1-73b), von Günther Wiese, Peter Kreutz, Hartmut Oetker u.a., 8. Auflage, München, Neuwied 2005

Band II (§§ 74-132), von Günther Wiese, Peter Kreutz, Hartmut Oetker u.a., 8. Auflage, München, Neuwied 2005

Greger, Reinhard — Bearbeiter in Zöller, ZPO

Griebeling, Jürgen — Bearbeiter in KR

Griese, Thomas — Die Mitbestimmung bei Versetzungen, BB 1995, S. 458-464

Grothe, Helmut — Bearbeiter in Bamberger/Roth, BGB

Grüneberg, Christian | Bearbeiter in Bamberger/Roth, BGB

Bearbeiter in Palandt, BGB

Gutzeit, Martin | Die Mitbestimmung des Betriebsrats in sozialen Angelegenheiten, AR-Blattei SD 530.14.2

HaKo | Kündigungsschutzgesetz, Handkommentar, von Stefan Fiebig, Inken Gallner, Jürgen Griebeling, Wilhelm Mestwerdt u.a., 2. Auflage, Baden-Baden 2004

Hambitzer, Ulrich Max | Der Wiedereinstellungsanspruch des Arbeitnehmers nach wirksamer Kündigung, Dissertation Bonn 1987 (zit.: *Hambitzer*, Wiedereinstellungsanspruch)

Wiedereinstellungsanspruch nach wirksamer betriebs-bedingter Kündigung? NJW 1985, S. 2239-2242

Hanau, Hans | Anmerkung zu BAG 2 AZR 336/97, AP Nr. 49 zu § 2 KSchG 1969

Individualautonomie und Mitbestimmung in sozialen Angelegenheiten, Berlin, Bonn, München 1994 (zit.: *H. Hanau*, Individualautonomie)

Hanau, Peter | Allgemeine Grundsätze der betrieblichen Mitbestimmung, RdA 1973, S. 281-294

Praktische Fragen zur Neuregelung der Mitbestimmung in personellen Angelegenheiten, BB 1972, S. 451- 455

Hauck, Friedrich | Bearbeiter in HK-KSchG

Heinrichs, Helmut | Bearbeiter in Palandt, BGB

Heinze, Meinhard | Personalplanung, Einstellung und Kündigung, Stuttgart 1982

Heinze, Meinhard — Widersprüchliches zur Änderungskündigung, in: Sozialrecht und Sozialpolitik in Deutschland und Europa – Festschrift für Bernd Baron von Maydell, Hrsg.: Winfried Boecken, Franz Ruland, Heinz-Dietrich Steinmeyer, Neuwied, Kriftel 2002, S. 269-282

Henssler, Martin — Anmerkung zu BAG 2 AZR 336/97, SAE 2000, S. 247-251

Anmerkung zu BAG 2 AZR 352/96, EzA § 2 KSchG 1969 Nr. 26

Herschel, Wilhelm / Löwisch, Manfred — Kommentar zum Kündigungsschutzgesetz, 6. Auflage, Heidelberg 1984

HK-KSchG — Heidelberger Kommentar zum Kündigungsschutzgesetz, von Eberhard Dorndorf, Bernhard Weller, Friedrich Hauck u.a., 4. Auflage, Heidelberg 2001

Hohmeister, Frank — Die Beteiligung des Betriebsrats bei unter Vorbehalt angenommener Änderungskündigung, BB 1994, S. 1777-1782

Hoß, Axel — Änderungskündigung – Voraussetzungen und Reaktionsmöglichkeiten des Arbeitnehmers, MDR 2000, S. 562-570

Hoyningen-Huene, Gerrick von — Anmerkung zu BAG 2 AZR 283/93, AR-Blattei ES 1700 Nr. 21

Anmerkung zu BAG 1 AZR 303/92, AP Nr. 102 zu § 99 BetrVG 1972

Anmerkung zu BAG 2 AZR 543/83, EzA § 1 KSchG 1969 Nr. 34 – Betriebsbedingte Kündigung

Anmerkung zu BAG 2 AZR 62/83, AP Nr. 8 zu § 2 KSchG 1969

Hoyningen-Huene, Gerrick von	Anmerkung zu BAG 4 AZR 158/79, SAE 1983, S. 108-110
	Anmerkung zu BAG 4 AZR 1076/78, AP Nr. 24 zu § 59 HGB
	Betriebsverfassungsrecht, 5. Auflage, München 2002
	Die fehlerhafte Beteiligung des Betriebsrats in sozialen Angelegenheiten – Rechtsfolgen und Handlungsmöglichkeiten, DB 1987, S. 1426-1434
	Die Rechtsstellung des Arbeitnehmers bei betriebsverfassungswidrigen personellen Einzelmaßnahmen, RdA 1982, S. 205-214
	Grundlagen und Auswirkungen einer Versetzung, NZA 1993, S. 145-155
Hoyningen-Huene, Gerrick von / Boemke, Burkhard	Die Versetzung, Heidelberg 1991 (zit.: *von Hoyningen-Huene/Boemke*, Versetzung)
Hoyningen-Huene, Gerrick von / Linck, Rüdiger	Kündigungsschutzgesetz, 14. Auflage, München 2007
	Kündigungsschutzgesetz, 13. Auflage, München 2002
Hromadka, Wolfgang	Die Änderungskündigung – eine Skizze, DB 2002, S. 1322-1326
	Mitbestimmung bei übertariflichen Zulagen – insbesondere bei deren Anrechnung, DB 1991, S. 2133-2139
	Möglichkeiten und Grenzen der Änderungskündigung, NZA 1996, S. 2-14
	Zur betrieblichen Übung, NZA 1984, S. 241-246

Hromadka, Wolfgang (Hrsg.) — Änderung von Arbeitsbedingungen, Heidelberg 1990

HSWG — Kommentar zum Betriebsverfassungsgesetz, von Harald Hess, Ursula Schlochauer, Michael Worzalla, Dirk Glock, 6. Auflage, München, Unterschleißheim 2003

Hueck, Alfred — Anmerkung zu BAG 2 AZR 591/54, AP Nr. 2 zu § 611 BGB – Beschäftigungspflicht

Hueck, Götz — Anmerkung zu BAG 2 AZR 118/74, AP Nr. 3 zu § 103 BetrVG 1972

Hueck, Götz / Hoyningen-Huene, Gerrick von — Kündigungsschutzgesetz, 12. Auflage, München 1997

Hunold, Wolf — Die Rechtsprechung zur Mitbestimmung des Betriebsrats bei Versetzungen, NZA-RR 2001, S. 617-624

Hurlebaus, Günther — Fehlende Mitbestimmung bei § 87 BetrVG, Köln, Berlin, Bonn, München 1987 (zit.: *Hurlebaus*, Mitbestimmung)

Jansen, Guido — Anmerkung zu BAG 1 ABR 39/95, AP Nr. 9 zu § 99 BetrVG 1972 – Versetzung

Jauernig, Othmar — Zivilprozessrecht, 27. Auflage, München 2002

Kaiser, Dagmar — Wegfall des Kündigungsgrundes – Weder Unwirksamkeit der Kündigung noch Wiedereinstellungsanspruch, ZfA 2000, S. 205-235

Kallmeier, Harald — Änderungskündigung und Mitbestimmung des Betriebsrats, DB 1973, S. 970-971

Kania, Thomas — Anmerkung zu BAG 2 AZR 283/93, EzA § 99 BetrVG 1972 Nr. 118

Kania, Thomas	Anmerkung zu BAG 2 AZR 160/96, EzA § 1 KSchG 1969 Nr. 1 – Wiedereinstellungsanspruch
	Bearbeiter in ErfK
Käppler, Renate	Die Rechtsprechung des Bundesarbeitsgerichts im Jahre 1993, ZfA 1995, S. 271-416
Kettler, Gero	Das BAG und die „umgekehrte" betriebliche Übung – Wer sich nicht wehrt, lebt verkehrt, NJW 1998, S. 435-438
Kiel, Heinrich	Bearbeiter in APS
	Bearbeiter in ErfK
Kiel, Heinrich / Koch, Ulrich	Die betriebsbedingte Kündigung, München 2000
Kittner, Michael	Bearbeiter in DKK
Kittner, Michael / Däubler, Wolfgang / Zwanziger, Betram	Kündigungsschutzrecht, 6. Auflage, Frankfurt am Main 2004 (zit.: Kittner/Däubler/Zwanziger – *Bearbeiter*, KSchR)
Klebe, Thomas	Bearbeiter in DKK
Knauf, Ute	Der Schutzzweck des § 99 BetrVG, Dissertation Marburg 2000 (zit.: *Knauf*, Schutzzweck)
Koch, Ulrich	Bearbeiter in APS
	Bearbeiter in Schaub, ArbR-Hdb.
Kort, Michael	Anmerkung zu BAG 7 AZR 904/98, SAE 2001, S. 131-138

KPK Kündigungsschutzgesetz, Kölner Praxiskommentar unter Berücksichtigung sozialrechtlicher Bezüge, von Peter Bengelsdorf, Hans-Wilhelm Köster, Peter G. Meisel u.a., Köln 1996

KR Gemeinschaftskommentar zum Kündigungsschutzgesetz und zu sonstigen kündigungsschutzrechtlichen Vorschriften, bearbeitet von Peter Bader, Gerhard Etzel, Ernst Fischermeier u.a., 8. Auflage, Neuwied 2007

KR, 3. Aufl. Gemeinschaftskommentar zum Kündigungsschutzgesetz und zu sonstigen kündigungsschutzrechtlichen Vorschriften, von Friedrich Becker, Gerhard Etzel, Hans-Wolf Friedrich u.a., 3. Auflage, Neuwied 1989

KR, 5. Aufl. Gemeinschaftskommentar zum Kündigungsschutzgesetz und zu sonstigen kündigungsschutzrechtlichen Vorschriften, von Friedrich Becker, Gerhard Etzel, Ernst Fischermeier u.a., 5. Auflage, Neuwied, Kriftel 1998

Kraft, Alfons Anmerkung zu BAG 2 AZR 920/93, AP Nr. 64 zu § 102 BetrVG 1972

Bearbeiter in GK-BetrVG

Kraft, Alfons / Hoehn, Stephan Anmerkung zu BAG 1 AZR 531/86, SAE 1989, S. 77-79

Kreutz, Peter Bearbeiter in GK-BetrVG

Künzl, Reinhard Bearbeiter in APS

Larenz, Karl Anmerkung zu BAG 1 AZR 95/55, AP Nr. 1 zu § 184 BGB

Methodenlehre der Rechtswissenschaft, 6. Auflage, Berlin, Heidelberg, New York 1991

Leinemann, Wolfgang — Änderung von Arbeitsbedingungen durch Betriebs-vereinbarungen, BB 1989, S. 1905-1912

Lepke, Achim — Zum Wiedereinstellungsanspruch nach krankheits-bedingter Kündigung, NZA-RR 2002, S. 617-624

Linck, Rüdiger — Die Änderungskündigung, AR-Blattei SD 1020.1.1

Löwisch, Manfred — Anmerkung zu BAG 1 ABR 11/95, EzA § 99 BetrVG 1972 Nr. 130

Anmerkung zu BAG 2 AZR 543/82, AP Nr. 6 zu § 1 KSchG 1969 – Soziale Auswahl

Anmerkung zu BAG 1 ABR 49/81, AP Nr. 6 zu § 101 BetrVG 1972

Die Änderung von Arbeitsbedingungen auf individualrechtlichem Wege, insbesondere durch Änderungskündigung, NZA 1988, S. 633-644

Löwisch, Manfred / Spinner, Günter — Kündigungsschutzgesetz, 9. Auflage, Heidelberg 2004 (zit.: *Löwisch/Spinner*, KSchG)

Löwisch, Manfred / Bernards, Kordula — Anmerkung zu BAG 2 AZR 294/85, EzA § 2 KSchG 1969 Nr. 6

Löwisch, Manfred / Kaiser, Dagmar — Betriebsverfassungsgesetz, 5. Auflage, Heidelberg 2002

Martens, Klaus-Peter — Anmerkung zu BAG 5 AZR 56/79 sowie BAG 5 AZR 1241/79, SAE 1982, S. 159-162

Matthes, Hans-Christoph — Die Rechtsstellung des ohne Zustimmung des Betriebsrats eingestellten Arbeitnehmers, DB 1974, S. 2007-2011

Matthes, Hans-Christoph Die Rechtsstellung des ohne Zustimmung des Betriebsrats versetzten, eingruppierten und umgruppierten Arbeitnehmers, DB 1975, S. 1651-1654

Bearbeiter in Germelmann/Matthes/Prütting/ Müller-Glöge, ArbGG

Bearbeiter in MünchArbR

Maul-Backer, Henning Die Rechtsfolgen betriebsverfassungswidrig durchgeführter Einstellungen im Konflikt der Interessen zwischen Arbeitgeber, Arbeitnehmer und Betriebsrat, Dissertation Göttingen 1989 (zit.: *Maul-Backer*, Rechtsfolgen)

Meinel, Gernot / Bauer, Thorsten Der Wiedereinstellungsanspruch, NZA 1999, S. 575-581

Meisel, Peter G. Anmerkung zu BAG 4 AZR 158/79, AP Nr. 2 zu § 2 KSchG 1969

Die Mitwirkung und Mitbestimmung des Betriebsrats bei Änderungskündigungen, BB 1973, S. 944-947

Die Mitwirkung und Mitbestimmung des Betriebsrats in personellen Angelegenheiten, 5. Auflage, Heidelberg 1984 (zit.: *Meisel*, Mitwirkung)

Mestwerdt, Wilhelm Bearbeiter in HaKo

Meyer, Kurt Sind Einstellungen, Ein- bzw. Umgruppierungen oder Versetzungen ohne Beteiligung des Betriebsrats gegenüber dem betroffenen Arbeitnehmer wirksam?, BB 1982, S. 1614-1618

Miersch, Stefan — Die Rechtsfolgen mitbestimmungswidriger Maßnahmen für das Arbeitsverhältnis, Dissertation Göttingen, Frankfurt am Main 1998 (zit.: *Miersch*, Rechtsfolgen)

Misera, Karlheinz — Anmerkung zu BAG 5 AZR 56/79, AP Nr. 5 zu § 101 BetrVG 1972

Müller-Glöge, Rudi — Bearbeiter in ErfK

Bearbeiter in MünchKommBGB

Mummenhoff, Winfried — Anmerkung zu BAG 2 AZR 24/83, SAE 1985, S. 305-308

Anmerkung zu BAG 2 AZR 412/84, SAE 1986, S. 313-315

MünchArbR — Münchener Handbuch zum Arbeitsrecht

Band 1 (Individualarbeitsrecht I), Hrsg.: Reinhard Richardi, Otfried Wlotzke, bearb. von Rolf Birk, Wolfgang Blomeyer, Winfried Boecken u.a., 2. Auflage, München 2000

Band 2 (Individualarbeitsrecht II), Hrsg.: Reinhard Richardi, Otfried Wlotzke, bearb. von Georg Annuß, Rudolf Anzinger, Wilfried Berkowsky u.a., 2. Auflage, München 2000

Band 3 (Kollektives Arbeitsrecht), Hrsg.: Reinhard Richardi, Otfried Wlotzke, bearb. von Wolfgang Brehm, Claas-Hinrich Germelmann, Gerrick von Hoyningen-Huene u.a., 2. Auflage, München 2000

MünchKommBGB — Münchener Kommentar zum Bürgerlichen Gesetzbuch

Band 1 (Allgemeiner Teil, 1. Halbband: §§ 1-240), bearb. von Christian Armbrüster, Frank Bayreuther u.a., 5. Auflage, München 2006

MünchKommBGB	Band 2 a (Schuldrecht – Allgemeiner Teil, §§ 241-432), bearb. von Jürgen Basedow, Peter Bydlinski, Volker Emmerich u.a., 4. Auflage, München 2002
	Band 4 (Schuldrecht – Besonderer Teil II, §§ 611-704), bearb. von Jan Busche, Matthias Casper, Mathias Habersack u.a., 4. Auflage, München 2005
MünchKommZPO	Münchener Kommentar zur Zivilprozessordnung, Band 1 (§§ 1-354), Hrsg.: Gerhard Lüke und Peter Wax, bearb. von August Belz, Karl Günther Deubner, Oskar Feiber u.a., 2. Auflage, München 2000
Musielak, Hans-Joachim	Grundkurs BGB, 8. Auflage, München 2003
Musielak, Hans-Joachim (Hrsg.)	Kommentar zur Zivilprozessordnung, bearb. von Wolfgang Ball, Udo Becker, Helmut Borth u.a., 4. Auflage, München 2007 (zit.: Musielak/*Bearbeiter*, ZPO)
Nägele, Stefan	Die Renaissance des Wiedereinstellungsanspruchs, BB 1998, S. 1686-1689
Nikisch, Arthur	Die sogenannte Änderungskündigung, in: Festschrift für Friedrich Sitzler zu seinem 75. Geburtstag, Hrsg.: Hans Constantin Paulsen, Walter Freitag, Hans Carl Nipperdey u.a., Stuttgart 1956, S. 265-285
Oetker, Hartmut	Anmerkung zu BAG 2 AZR 336/97, EWiR 1998, S. 989-990
	Anmerkung zu BAG 2 AZR 183/89, SAE 1991, S. 15-21
	Der Wiedereinstellungsanspruch des Arbeitnehmers bei nachträglichem Wegfall des Kündigungsgrundes, ZIP 2000, S. 643-653

Oetker, Hartmut — Die zivilrechtliche Unwirksamkeit der Kündigung wegen einer Verletzung der Mitteilungspflichten im Rahmen der Betriebsratsanhörung nach § 102 BetrVG – eine geglückte richterliche Rechtsfortbildung? in: Festschrift für Alfons Kraft zum 70. Geburtstag, Hrsg.: Günther Hönn, Horst Konzen, Peter Kreutz, Neuwied, Kriftel 1998, S. 429-449

Bearbeiter in GK-BetrVG

Bearbeiter in ErfK

Otto, Hansjörg — Grünes Licht für die Wiedereinstellung bei betriebsbedingten Entlassungen? in: Festschrift für Alfons Kraft zum 70. Geburtstag, Hrsg.: Günther Hönn, Horst Konzen, Peter Kreutz, Neuwied, Kriftel 1998, S. 451-475

Palandt — Bürgerliches Gesetzbuch, bearb. von Peter Bassenge, Gerd Brudermüller, Uwe Diederichsen u.a., 66. Auflage, München 2007 (zit.: Palandt/*Bearbeiter*, BGB)

Palandt, 61. Aufl. — Bürgerliches Gesetzbuch, bearb. von Peter Bassenge, Gerd Brudermüller, Uwe Diederichsen u.a., 61. Auflage, München 2002 (zit.: Palandt/*Bearbeiter*, BGB)

Palm, Heinz — Bearbeiter in Erman, BGB

Peters, Egbert — Bearbeiter in MünchKommZPO

Pfeiffer, Gerhard — Bearbeiter in HaKo

Precklein, Tizia-Berit — Prüfungsmaßstab bei der Änderungskündigung, Dissertation München 1994

Preis, Ulrich — Bearbeiter in ErfK

Preis, Ulrich / Gotthardt, Michael | Schriftformerfordernis für Kündigungen, Aufhebungsverträge und Befristungen nach § 623 BGB, NZA 2000, S. 348-361

Quecke, Martin | Änderungskündigung mit tarifwidrigem Inhalt, NZA 2001, S. 812-818

Raab, Thomas | Anmerkung zu BAG 7 AZR 904/98, RdA 2001, S. 248-252

Anmerkung zu BAG 1 ABR 24/93, EzA § 23 BetrVG 1972 Nr. 36

Der Unterlassungsanspruch des Betriebsrats, ZfA 1997, S. 183-250

Der Wiedereinstellungsanspruch des Arbeitnehmers bei Wegfall des Kündigungsgrundes, RdA 2000, S. 147-165

Individualrechtliche Auswirkungen der Mitbestimmung des Betriebsrats gem. §§ 99, 102 BetrVG, ZfA 1995, S. 479-536

Bearbeiter in GK-BetrVG

Ramrath, Ulrich | Bearbeiter in KPK

Ratajczak, Thomas | Die Änderungskündigung des Arbeitgebers, Dissertation Heidelberg 1984

Richardi, Reinhard | Anmerkung zu BAG 6 AZR 520/82, AP Nr. 36 zu § 102 BetrVG 1972

Änderungskündigung und Versetzung nach neuem Betriebsverfassungsrecht (II), DB 1974, S. 1335-1340

Eingriff in eine Arbeitsvertragsregelung durch Betriebsvereinbarung, RdA 1983, S. 278-288

Richardi, Reinhard — Die Beschränkung der Vertragsfreiheit durch das Mitbestimmungsrecht des Betriebsrats in sozialen Angelegenheiten, in: Sein und Werden im Recht, Festgabe für Ulrich von Lübtow, Hrsg.: Walter G. Becker und Ludwig Schnorr von Carolsfeld, Berlin 1970, S. 755- 786

Kehrtwende des BAG zum betriebsverfassungsrechtlichen Unterlassungsanspruch des Betriebsrats, NZA 1995, S. 8-12

Kritische Anmerkung zur Reform der Mitbestimmung des Betriebsrats in sozialen und personellen Angelegenheiten nach dem Regierungsentwurf, DB 1971, S. 621-633

Streitfragen aus dem Ersten Arbeitsrechtsbereinigungsgesetz, ZfA 1971, S. 73-113

Richardi, Reinhard (Hrsg.) — Betriebsverfassungsgesetz, 10. Auflage, München 2006, bearb. von Reinhard Richardi, Gregor Thüsing, Georg Annuß (zit.: Richardi/*Bearbeiter*, BetrVG)

Betriebsverfassungsgesetz, 7. Auflage, München 1998 (zit.: *Richardi*, BetrVG)

Richardi, Reinhard / Annuß, Georg — Der neue § 623 BGB – Eine Falle im Arbeitsrecht? NJW 2000, S. 1231-1235

Rieble, Volker — Anmerkung zu BAG 2 AZR 422/98, RdA 2000, S. 40-42

Anmerkung zu BAG 1 ABR 38/93, EzA § 99 BetrVG 1972 Nr. 122

Rost, Friedhelm — Bearbeiter in KR

Roth, Günter H. — Bearbeiter in MünchKommBGB

Roth, Herbert — Bearbeiter in Staudinger, BGB

Roth, Herbert Bearbeiter in Stein/Jonas, ZPO

Rövekamp, Klaus Bearbeiter in Bamberger/Roth, BGB

Ruhl, Marion / Kassebohm, Kristian Der Beschäftigungsanspruch des Arbeitnehmers, NZA 1995, S. 497-503

Schäfer, Horst Inhalt und praktische Konsequenzen der Weiterbeschäftigungsentscheidung des Großen Senats, NZA 1985, S. 691-696

Schaub, Günter Der Kündigungsschutz bei Änderungskündigungen, RdA 1970, S. 230-237

Bearbeiter in Hromadka, Änderung von Arbeitsbedingungen

Schaub, Günter / Koch, Ulrich / Linck, Rüdiger Arbeitsrechts-Handbuch, 11. Auflage, München 2005 (zit.: Schaub/*Bearbeiter*, ArbR-Hdb.)

Schilken, Eberhard Zivilprozessrecht, 4. Auflage, Köln, Berlin, Bonn, München 2002

Schlaeper, Thomas Anmerkung zu BAG 2 ABR 15/85, AP Nr. 19 zu § 15 KSchG 1969

Schlochauer, Ursula Bearbeiter in HSWG

Schlünder, Guido Die Rechtsfolgen der Mißachtung der Betriebsverfassung durch den Arbeitgeber, Dissertation Freiburg 1990 (zit.: *Schlünder*, Rechtsfolgen)

Schmidt, Ernst Die Änderungskündigung nach den neuen Vorschriften des KSchG, NJW 1971, S. 684-688

Schwerdtner, Peter	Kündigungsschutzrechtliche und betriebsverfassungsrechtliche Probleme bei der Änderungskündigung, in: 25 Jahre Bundesarbeitsgericht, Hrsg.: Franz Gamillscheg, Götz Hueck, Herbert Wiedemann, München 1979, S. 555-581
Seiter, Hugo	Die Bindung des Arbeitgebers an eine Betriebsübung, DB 1967, S. 1585-1590
Silberberger, Uwe	Anmerkung zu BAG 2 AZR 283/93, AiB 1994, S. 424-425
Singer, Reinhard	Neue Entwicklungen im Recht der Betriebsübung – Die Rechtsprechung des Bundesarbeitsgerichts zur Vertragstheorie und zur Privilegierung öffentlicher Arbeitgeber –, ZfA 1993, S. 487-516
Soergel, Hans Theodor (Begr.)/ Siebert, Wolfgang (Hrsg.)	Bürgerliches Gesetzbuch, Band 2 – Allgemeiner Teil 2 (§§ 104-240), bearb. von Wolfgang Hefermehl, Manfred Wolf, Ulrich Leptien u.a., 13. Auflage, Stuttgart, Berlin, Köln, Mainz 1999
Spilger, Andreas Michael	Bearbeiter in KR
Stadler, Astrid	Bearbeiter in Musielak, ZPO
Stahlhacke, Eugen	Grundfragen der betriebsbedingten Kündigung, DB 1994, S. 1361-1368
	Kündigung und Kündigungsschutz im Arbeitsverhältnis, 3. Auflage, München 1977
Stahlhacke, Eugen / Preis, Ulrich / Vossen, Reinhard	Kündigung und Kündigungsschutz im Arbeitsverhältnis, 9. Auflage, München 2005

Staudinger	Kommentar zum Bürgerlichen Gesetzbuch mit Einführungsgesetz und Nebengesetzen, Buch 1, Allgemeiner Teil, §§ 134-163 (Allgemeiner Teil 4), bearb. von Reinhard Bork, Jürgen Kohler, Herbert Roth, Neubearbeitung 2003 (zit.: Staudinger/*Bearbeiter*, BGB)
Stege, Dieter	Versetzungen und Umsetzungen des Arbeitnehmers, DB 1975, S. 1506-1512
Stege, Dieter / Weinspach, Friedrich K.	Betriebsverfassungsgesetz, 8. Auflage, Köln 1999 (zit.: Stege/*Weinspach*, BetrVG)
Stein / Jonas	Kommentar zur Zivilprozessordnung, Band 3 (§§ 128-252), bearb. von Christian Berger, Reinhard Bork, Wolfgang Brehm u.a., 22. Auflage, Tübingen 2005 (zit.: Stein/Jonas/*Bearbeiter*, ZPO)
Stein, Jürgen vom	Fehleinschätzungen bei der Kündigung von Arbeitsverhältnissen, Dissertation Köln 1989
	Wiedereinstellungsanspruch des Arbeitnehmers bei Fehlprognose des Arbeitgebers? RdA 1991, S. 85-94
Steinmeyer, Heinz-Dietrich	Anmerkung zu BAG 2 AZR 183/89, EzA § 1 KSchG 1969 Nr. 65 – Betriebsbedingte Kündigung
Stoffels, Markus	Gestaltungsmöglichkeiten durch Änderungskündigungen, ZfA 2002, S. 401-426
Thomas, Heinz / Putzo, Hans	Zivilprozessordnung, 27. Auflage, München 2005 (zit.: *Thomas/Putzo*, ZPO)
Thüsing, Gregor	Bearbeiter in Richardi, BetrVG
Veit, Barbara	Die Sicherung des Mitbestimmungsrechts des Betriebsrats bei Eingruppierungen, RdA 1990, S. 325-343

Vollkommer, Max	Bearbeiter in Zöller, ZPO
Walker, Wolf-Dietrich	Anmerkung zu BAG 2 AZR 160/96, SAE 1998, S. 103-107
Wallner, Franz X.	Die ordentliche Änderungskündigung des Arbeitgebers, Berlin 2001 (zit.: *Wallner*, Änderungskündigung)
Waltermann, Raimund	Anmerkung zu BAG 2 AZR 283/93, SAE 1995, S. 367-373
Wank, Rolf	Anmerkung zu BAG 2 AZR 24/83, AP Nr. 2 zu § 1 KSchG 1969 – Soziale Auswahl
Weber, Christoph	Anmerkung zu BAG 1 AZR 531/86, EzA § 99 BetrVG 1972 Nr. 58
Weber, Claus	Individualrechtliche Auswirkungen betriebsverfassungs-widriger personeller Einzelmaßnahmen, Dissertation Rostock 2000 (zit.: *Claus Weber*, Auswirkungen)
Weber, Ulrich / Ehrich, Christian	Direktionsrecht und Änderungskündigung bei Veränderungen im Arbeitsverhältnis, BB 1996, S. 2246-2254
Wendtland, Holger	Bearbeiter in Bamberger/Roth, BGB
Wernery, Jörg	Die betriebliche Mitbestimmung bei Versetzungen – Versetzungsbegriff, Verfahren und Sanktionen –, Dissertation Köln 1999 (zit.: *Wernery*, Mitbestimmung)
Westermann, Harm Peter	Bearbeiter in MünchKommBGB
Wiese, Günther	Anmerkung zu BAG 1 AZR 390/01, AP Nr. 113 zu § 87 BetrVG 1972 – Lohngestaltung
	Anmerkung zu BAG 6 AZR 520/82, EzA § 102 BetrVG 1972 Nr. 59

Wiese, Günther	Notwendige Mitbestimmung und Vertragsfreiheit – Kritische Anmerkungen zur Rechtsprechung des Bundesarbeitsgerichts, in: Festschrift für Alfons Kraft zum 70. Geburtstag, Hrsg.: Günther Hönn, Horst Konzen, Peter Kreutz, Neuwied, Kriftel 1998, S. 683-700
	Bearbeiter in GK-BetrVG
Wlotzke, Otfried	Anmerkung zu BAG 2 AZR 283/93, AP Nr. 33 zu § 2 KSchG 1969
	Betriebsverfassungsgesetz, 2. Auflage, München 1992 (zit.: *Wlotzke*, BetrVG)
Wlotzke, Otfried / Preis, Ulrich	Betriebsverfassungsgesetz, 3. Auflage, München 2006 (zit.: *Wlotzke/Preis*, BetrVG)
Wolf, Manfred	Bearbeiter in Soergel, BGB
Wolter, Henner	Die Wirksamkeit der Theorie der Wirksamkeitsvoraussetzung, RdA 2006, S. 137-149
Worzalla, Michael	Bearbeiter in HSWG
Ziemann, Werner	Die Klage auf Wiedereinstellung oder Fortsetzung des Arbeitsverhältnisses, MDR 1999, S. 716-721
Zöller, Richard (Begr.)	Zivilprozessordnung, bearb. von Reinhold Geimer, Hans-Joachim Heßler, Reinhard Greger u.a., 26. Auflage, Köln 2007 (zit.: Zöller/*Bearbeiter*, ZPO)
Zöllner, Wolfgang / Loritz, Karl-Georg	Arbeitsrecht, 5. Auflage, München 1998
Zwanziger, Bertram	Bearbeiter in Kittner/Däubler/Zwanziger, KSchR

Toralf Pohl

Mitbestimmung des Betriebsrats bei Fragen der Ordnung des Betriebs und des Verhaltens der Arbeitnehmer im Betrieb gemäß § 87 Abs. 1 Nr. 1 BetrVG

Frankfurt am Main, Berlin, Bern, Bruxelles, New York, Oxford, Wien, 2006.
231 S.
Europäische Hochschulschriften: Reihe 2, Rechtswissenschaft. Bd. 4399
ISBN 978-3-631-55470-8 · br. € 42.50*

Das Mitbestimmungsrecht des Betriebsrats nach § 87 Abs. 1 Nr. 1 BetrVG zählt zu denjenigen Beteiligungsrechten, deren Wurzeln bis zu den ersten Anfängen der gesetzlichen Betriebsverfassung in der Gewerbeordnung zurückreichen. Dennoch bereitet das Mitbestimmungsrecht hinsichtlich seiner tatbestandlichen Reichweite, ungeachtet einer gefestigten Judikatur, indes unverändert Kopfzerbrechen. Die Unterscheidung zwischen dem mitbestimmungspflichtigen Ordnungsverhalten und dem mitbestimmungsfreien Arbeitsverhalten, mit deren Hilfe die Rechtsprechung des Bundesarbeitsgerichts seit über zwanzig Jahren operiert, hat nur scheinbar eine hinreichend berechenbare Präzisierung der mitbestimmungspflichtigen Sachverhalte herbeigeführt. Der Autor weist diesen Missstand nach und erstellt im Rahmen einer eigenen Auslegung einen Kriterienkatalog zur Bestimmung der Mitbestimmungspflichtigkeit.

Aus dem Inhalt: Darstellung der Ansichten der Rechtsprechung und der Literatur hinsichtlich der Bestimmung des Regelungsbereiches des § 87 Abs. 1 Nr. 1 BetrVG · Aufzeigen von Widersprüchen und Unstimmigkeiten der Rechtsprechung · Erstellung eines Kriterienkataloges im Rahmen einer eigenen Auslegung · Beurteilung der Mitbestimmungspflicht praxisbedeutender Arbeitgebermaßnahmen anhand des erstellten Kriterienkataloges

FSC
www.fsc.org
MIX
Papier | Fördert
gute Waldnutzung
FSC® C083411

Kolibri 360 GmbH
Ferdinand-Jühlke-Straße 7
99095 Erfurt, Deutschland
produktsicherheit@kolibri360.de

Druck:
CPI Druckdienstleistungen GmbH
im Auftrag der
Kolibri 360 GmbH
Ferdinand-Jühlke-Str. 7
99095 Erfurt